해황상륙

〈일러두기〉
이 책에 표시된 달(月)은 삼국사기 표현대로 모두 음력에 해당한다.
이 책에서 백제의 왕은 황제(중국식 표현), 천황(일본 서기식 표현)으로 표기하며, 고구려의 왕은 태왕으로 표기한다.

의사가 쓴 백제이야기 · 1
해황상륙

초판 1쇄 인쇄 2008년 5월 25일
초판 1쇄 발행 2008년 5월 30일

지은이 | 이성근
펴낸이 | 김태봉
펴낸곳 | 한솜미디어
등   록 | 제5-213호

편   집 | 황은진, 김주영, 김미란
기   획 | 정종해
일러스트 | 조시형
마 케 팅 | 박상필, 김명준
홍   보 | 이준혁

주소 | (우143-200) 서울시 광진구 구의동 243-22
전화 | (02)454-0492
팩스 | (02)454-0493
이메일 hansom@hansom.co.kr
홈페이지 www.hansom.co.kr

값 12,000원
ISBN 978-89-5959-149-7 (04810)
ISBN 978-89-5959-148-0 (04810) (세트 3권)

*잘못 만들어진 책은 구입하신 서점에서 친절하게 바꿔드립니다

의사가 쓴 백제이야기 · 1

해황상륙

이성근

한솜미디어

| 머리말 |

진료실에서 환자를 보면서 뭔가 새로운 의학정보나 신약이 없는지 인터넷을 검색하다가 우연히 북위 기병 10만을 백제 동성왕이 전멸시켰다는 기록을 보았다. 문득 중학교 때의 국사 시험문제가 생각났다.

"다음 중 백제 최고의 전성기를 이룬 왕은?"
① 근초고왕, ② 근구수왕, ③ 동성왕, ④ 무령왕

당연히 근초고왕과 근구수왕에서 고민했는데, 무령왕은 알려진 바가 좀 있지만 동성왕은 금시초문이었다. 문제를 출제한 국사 선생님은 동성왕이 훌륭한 왕인 것을 알기 때문에 보기로 예시한 거 같았다.

그래서 동성왕에 대한 기록을 찾아보면서 백제는 우리가 알고 있는 것보다 훨씬 대제국이었음을 알게 되었다.

역사를 쓰는 사람은 패배주의적인 관점에서 쓰면 안 된다는 것이 내 생각이다. 그래서 일제 식민사학자들에게서 배운 그대로 우리 역사를 패배적인 관점으로 조작하여 기록한 사람들과 그것을 그대로 배운 이들에게 진정한 우리 역사를 보여 주고 싶었다.

 이 글의 내용이 100% 사실이라고 주장하고 싶지는 않다. 최대한 사실에 가깝게 삼국사기의 내용과 중국 역사를 참고했으며, 일부 인터넷에 퍼진 주장도 실었다.
 전투 장면과 전략은 역사책을 바탕으로 최대한 사실에 가깝게 적도록 노력했다. 하지만 중요한 것은 당시 상황을 고려해서 사실로 생각되는 내용을 적었다.
 혹 어떤 이는 이 글의 내용을 받아들이지 않고 식민사학자의 말이 옳다고 주장할지도 모른다. 하지만 이것만은 충고하고 싶다.
 "역사를 조작해도 안 되지만 되도록이면 민족의 자긍심을 높이는 방향으로 써야 한다고…."

이성근

Contents

머리말 / 4

 제1부 백제, 해양 강국이 되다

강국의 새로운 출발 / 11
사도성 전투 / 16
관우의 죽음 / 23
유비, 백제성에서 죽다 / 35
고이왕의 반란 / 48
고구려 정벌 / 54
팔왕의 난 / 62
자비로운 비류왕 / 67
선비족의 중원 도모 / 72
연나라 건국 / 78

 제2부 중원을 향하여

대제국의 시작 / 85
요서 정벌 / 96
백제와 전연의 전쟁 / 105
동진 정벌 / 111
저우산군도 해전 / 117

요동반도 공격 / 123
막고해, 고구려 수도를 치다 / 127
백제, 부피가 필요하다 / 134
백제와 동진의 전쟁 / 143
백제의 함정 / 149
건강 전투 / 155
백제와 전진 / 160
백제를 반석 위에 올려놓은 근구수천황 / 165
백제, 거란을 정벌하다 / 169
백제, 남만주를 침공하다 / 175
부견, 100만 대군을 일으키다 / 185
중원 공격 / 199
영웅 침류황제 / 214
역 모 / 230
태왕과 황제 / 241
광개토태왕을 밀어내다 / 249
제국의 몰락 / 258
평화의 시대 / 272
북위, 고구려에 저항하다 / 280
복수는 복수를 부르고 / 294

참고문헌 / 303

제1부
백제, 해양 강국이 되다

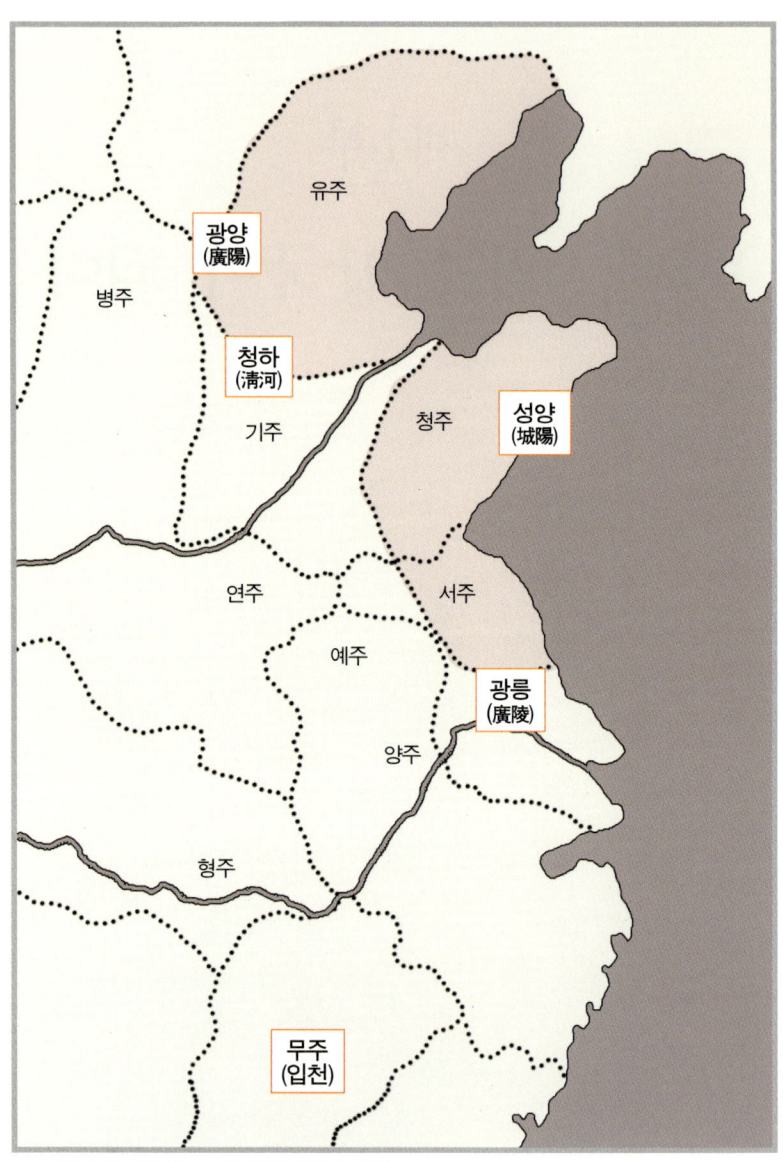

▲ 구수왕 등극 당시 대륙백제 영토

강국의 새로운 출발

214년, 백제에 새로운 시기가 도래했다. 초고왕肖古王이 닦아놓은 발판 위에 구수왕仇首王이 등극했다. 구수왕(혹은 귀수왕)은 초고왕의 맏아들로서 신장이 7척이고 풍채가 특이했다.

초고왕이 재위 49년에 붕어하자 그가 왕위에 올랐다. 아버지 초고왕이 장수했기에 구수왕은 40이 넘어서야 왕위에 오를 수 있었다.

당시 대륙은 위나라 조조가 촉나라 유비와 오나라 손권의 연합군에 의해 적벽에서 대패한 뒤 조조, 손권, 유비의 세 영웅들이 나라를 세우고 정비해 가는 시기였다. 껍질뿐인 한나라는 이미 멸망한 것이나 다름없었다.

사실 한나라는 172년, 20만의 정예군을 동원하여 고구려를 침공하다 좌원에서 대패했다. 이후 황건적의 난을 거치면서 좌원대첩에서 입은 손실로 황건적의 난을 진압할 정규군이 부족한 탓에 각지의 군벌들이 창궐하게 되었고 사실상 나라가 사분오열되었다.

이때 구수왕의 아버지인 초고왕이 국토를 넓히고 강국 백제국의 기틀을 닦았다. 백제국은 시작부터 하남 땅에 정착한 온조백제와 한강유역에 정착한 비류백제로 나뉘어졌으나 온조백제로 통일된 후 백가제해로 나라 이름을 바꾸었다. 이후 줄여 '백제'로 불려졌으나 아직 강국은 아니었다.

고구려가 개국 초부터 한나라와 버금가는 강력한 국력을 자랑한 반면, 백제는 초고왕 때부터 사실상 무시 못할 강국으로 발전했다. 한나라의 유주와 기주, 청주 영역을 차지한 백제는 위나라 조조에게는 눈엣가시 같은 존재였다. 더구나 조조가 적벽에서 대군 24만을 모두 잃은 뒤에 초고왕이 10만 백제군을 이끌고 기습공격을 감행하여 넓은 강토를 차지했다. 조조가 적벽에서 패한 뒤 재기하는 데 상당한 시일이 걸린 것도 북방에서 백제군의 위협에 대처해야 했기 때문이다.

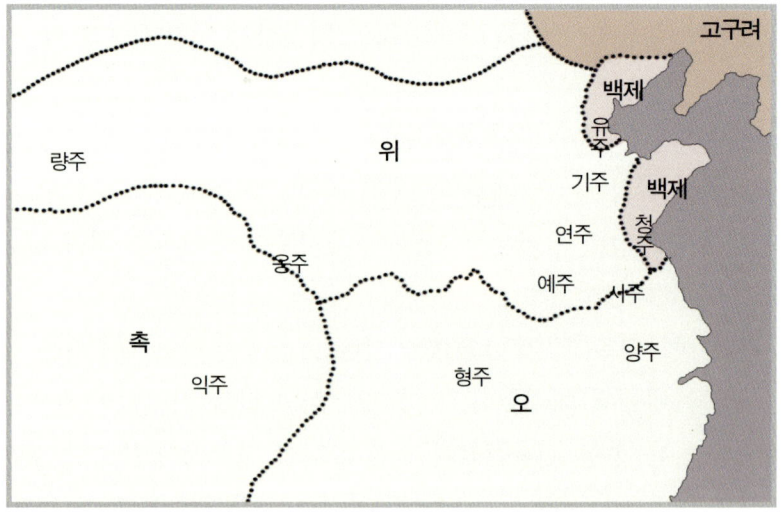

▲ 당시 각국의 영역

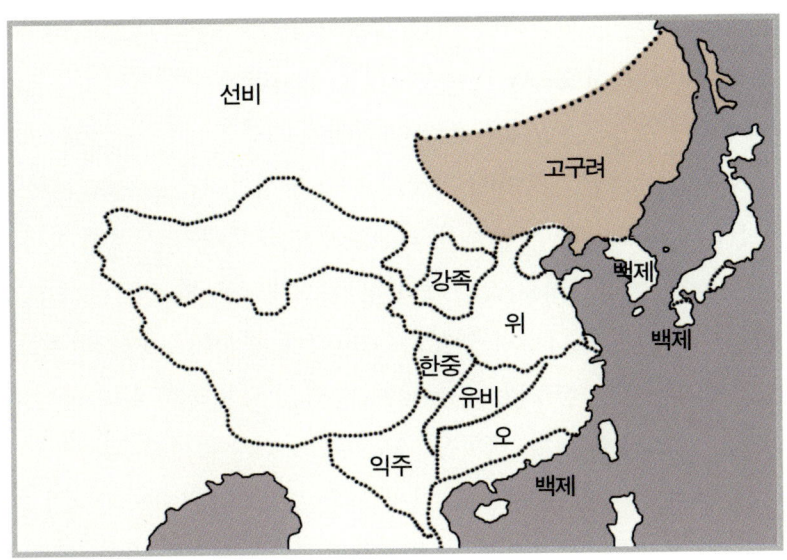

▲ 당시 천하지도

〈당시 천하의 국력〉

나라	병력
위나라	20~30만
고구려	10~15만
백제	10만~15만
오나라(손권)	10~15만
유비	10만

영토 면에서는 한나라를 격파하고 선비족을 복속시킨 고구려의 영토가 제일 거대했으나 인구수에서는 위나라에게 밀렸다. 비옥한 황하유역에는 그 당시 대륙 인구의 절반에 가까운 인구가 살고 있었다. 구수왕은 이런 상황에서 개국 초부터 경쟁관계인 고구려와 새로운 신흥강국 위나라 사이에서 외교관계를 모색하기 시작했다.

구수왕과 마찬가지로 오나라의 손권도 새로운 활로를 모색하고 있었다. 손권은 오나라의 영토가 위나라에 견주어 모자람이 없지만 인구에서 1/3 정도밖에 안 되는 열세를 극복하기 위해 북방의 강국 고구려와 동맹할 계획을 세웠다.

고구려는 명재상 을파소의 치세 동안 강국의 입지를 확고히 다지고 서서히 남하할 준비를 세우고 있었다. 특히 위나라와 접경한 태원과 북평 인근은 과거 모본태왕이 점령한 곳이었다. 이후 고구려의 왕위계승 다툼으로 잠시 한나라에 빼앗겼다가 좌원대첩에서 승리한 후 다시 빼앗아온 뒤 조조에게 빼앗겼다. 고구려, 백제, 위나라의 각축장은 태원 인근이었다.

조조가 고구려에게 화해의 손길을 내밀었다. 고구려는 위나라와 백제 사이에서 양국을 모두 적으로 돌리기엔 힘이 부쳤다. 제아무리 선비족을 몰아내고 한나라를 격파한 고구려이지만 신흥강국 2개 나라와 전쟁을 하기엔 힘이 드는 상황이었다.

고구려 산상태왕은 그리 훌륭한 왕은 아니었다. 재위기간 중 후궁 문제로 왕족과 신하들의 추궁을 받았고, 위나라에 밀리는 듯한 모습을 보여주어 대내외적으로 어려움이 많았다. 그리하여 산상태왕은 국민들의 관심을 돌리기 위해 전쟁을 계획했다. 고구려 정예군보다 말갈군을 이용하기로 한 것이다.

216년 8월, 산상태왕은 말갈군 1만, 고구려군 3천을 파견하여 백제 북방경계인 적현성을 공격한다. 적현성을 말갈군이 포위했으나 성주 사비계가 굳게 수비하니 말갈군이 성에 오르지 못했다. 기병 중심의 말갈과 고구려군은 보름 동안 포위하고 공격했다.

백제 구수왕이 이 소식을 전해 듣고 병력 1만을 직접 거느리고 성을 포위한 말갈군을 후방에서 공격했다. 고구려군 총사령관은 고우로서 벼슬이 태대형이었다. 고우가 보니 적현성이 높고 험하여 쉽사리 점령할 수 없는 데다 1만의 백제군이 후방에서 포위하며 들어오자 퇴각령을 내렸다.

구수왕은 기병 3천과 보병 7천으로 말갈군을 급습했고 말갈군은 당황했다. 말갈 장군 걸원이 즉시 철수시켰으나 백제 구수왕이 정예기병 8백 명을 거느리고 그들을 추격하여 뒤쳐진 말갈병을 쳐서 1천을 죽이고 5백을 사로잡았다.

사도성 전투

사도성 인근에 다시 군대를 재정비한 고구려군과 말갈군은 지원병을 포함해 2만의 대군을 배치시켰다. 고우가 이끄는 고구려군 1만과 걸원이 이끄는 말갈군 1만은 사도성 외곽에 포진했다. 철기군 3천, 경무장 기병 1만, 보병 7천의 대규모 원정군이었다.

사도성 수비대장 진계력은 3천의 사병으로 성을 지키고 있다가 대군을 맞아서 구수왕에게 구원요청을 했다. 구수왕은 적현성 수비군 중 1천을 남기고 3천을 차출했고, 왕성에서 급파된 지원군을 포함하여 2만5천의 대병을 직접 이끌고 사도성으로 향했다.

당시 위의 조조가 호시탐탐 백제 영토를 노리고 있는 와중에서 대규모 군대를 동원하는 것은 위험했으나 구수왕은 이번 기회에 고구려군을 북쪽으로 밀어낼 결심을 했다.

백제를 중심으로 오나라와 유비가 동맹을 맺어 북방의 강국 고구려와 위나라에 대항하는 형세였다. 구수왕은 위나라가 군을 백제 국경으로 이동하지 못하도록 오나라 손권과 유비에게 군을 북

〈당시 외교관계〉

나라	관계
위나라—고구려	동맹
위나라—유비(촉나라)	적대
위나라—오나라	적대
고구려—백제	적대
백제—유비(촉나라)	동맹
백제—오나라	동맹
백제—위나라	적대

진시킬 것을 요청했다.

　당시 유비는 한중에 눈독을 들이고 형주에 주둔하고 있었다. 관우를 형주에 남기고 유비는 한중을 위시한 익주 땅으로 군을 진군시켰다. 오나라 손권 또한 병력을 북진시켜 위나라 조조를 위협했다.

　조조는 고구려 산상태왕의 백제 공격요청에 응하기 위해 군을 유주와 기주로 이동시켰으나 남방의 적 출몰소식에 군을 남하하기로 한다. 게다가 위왕으로 등극한 조조는 한나라의 충신들이 황제를 복위시키려 한다는 계획까지 듣게 된다. 안팎으로 복잡해진 조조는 백제 공격을 포기하고 남방의 오나라 군대와 유비, 관우의 군대를 견제하게 된다.

　한나라 충신들은 비교적 한에 우호적인 유비의 군대에 연락을 취한다. 특히 관우의 5만 대군은 허창에서 그리 멀지 않은 곳에 주둔하고 있는 터였다. 유비가 5만을 이끌고 익주로 들어가자 관우의 대군은 백제의 요청과 한나라 충신들의 요청을 받아들여 북진하기 시작한다.

조조는 15만 대군을 둘로 나누어 오나라와 관우를 견제하도록 하고 자신은 5만의 군을 이끌고 한중으로 달려간다. 익주를 유비에게 뺏길 수 없다고 생각한 것이다.

예상치 못한 위왕 조조의 배신으로 고구려군은 당황했다. 산상태왕은 고구려군에 철수 명령을 내렸다. 단독으로 백제군과 교전하는 것은 오히려 위를 도와주는 것으로 생각했기 때문이었다. 또한 산사태왕은 백제에 사신을 보내 양국이 교전하여 서로 군을 잃으면 그것은 위나라에게 어부지리를 얻게 하는 것이라고 설득했다.

그러나 구수왕은 응하지 않고 고구려군 철수 예상지점에 몰래 군을 배치시켰다. 요하를 건너 백제를 공격한 고구려군은 돌아갈 때 다시 요하를 건너야 했다. 구수왕은 전군을 둘로 나누어 절반은 고구려군을 추격하고 절반은 날랜 기병 위주로 계곡에 배치시켰다.

고구려군은 백제군과 교전하지 않기 위해 서둘러 퇴각했다. 멀리서 백제 추격군이 보이자 총사령관 고우는 말갈군 대장 걸원에게 명하여 기병 4천기로 추격하는 백제군을 막도록 했다. 고우가 나머지 군을 이끌고 계곡에 들어섰을 때, 계곡이 험하니 복병이 있을지 모른다고 부장들이 그를 말렸다. 그러나 워낙 빠르게 추격하는 백제군 때문에 고우는 바로 계곡으로 나아갔다. 계곡을 막 벗어나려는 순간 미리 대기해 있던 백제군은 계곡 위에서 돌과 화살을 날렸다. 계곡 출구에서는 백제 철기군 3천이 고구려군 선두를 공격했다.

삽시간에 포위된 고구려군은 고우가 백제 철기군에게 목이 잘리면서 기세가 꺾여버렸다. 걸원이 이끄는 말갈 기병이 고구려군의 후미를 방어하며 백제군과 교전했으나 이기지 못하고 뿔뿔이 흩어졌

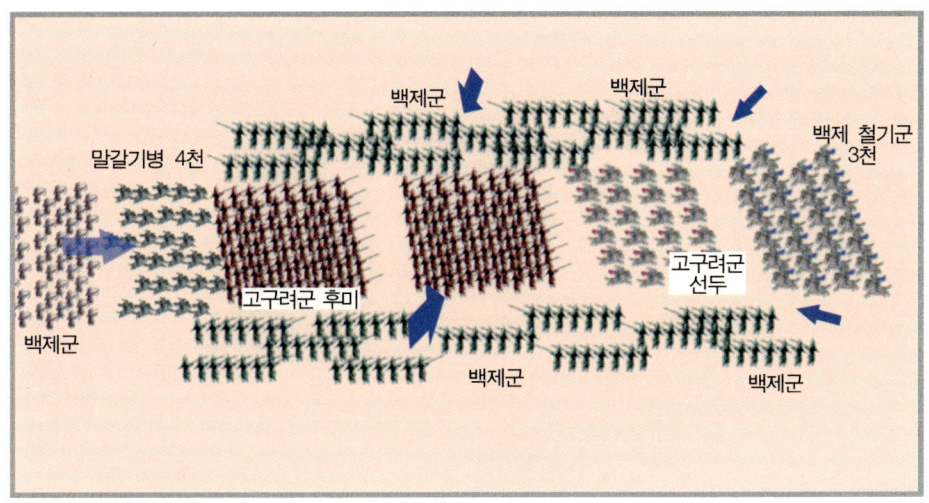

▲ 전투 상황도

다. 계곡에 갇힌 고구려군은 반수 이상이 죽거나 포로가 되었다. 2만의 군대 중 살아 돌아간 이가 5천 정도밖에 되지 않는 대패였다. 구수왕은 한성으로 군을 이끌고 귀환했다.

백제의 수도는 북경 이남에 있었는데 이를 북쪽 수도라 했고, 왜의 아스카에 있는 수도를 동쪽 수도라 했다. 그리고 한반도 평양에도 수도를 두어 중앙의 수도라 했다. 이후 백제가 발전하면서 현재의 북경, 남경, 서경(산서성 평양), 동경(왜), 중경(한반도 한성)을 모두 다스리는 대국으로 발전하게 된다.

217년 2월, 구수왕은 사도성 옆에 두 곳의 목책을 세웠다. 동서의 거리가 10리였다. 적현성의 군사를 나누어 이곳을 수비하게 했다. 이제 요하 서쪽의 백제 국경은 사도성과 적현성을 중심으로 곳곳에 수비군을 두고 요새를 설치하여 고구려군의 남하를 막게 했다.

이즈음 바위 같았던 오나라 손권과 유비의 동맹에 금이 가기 시작했다. 이들은 원래 형주를 양분하기로 했으나 유비가 사실상 형주를 독차지하자 손권이 이를 시샘한 것이다. 유비가 익주까지 손에 넣자 손권은 삼국 중 오나라가 가장 약체가 되는 것이 아닌가 두려워했다. 이에 손권은 비밀리에 조조에게 사신을 보냈다. 조조 또한 지난번 고구려가 백제를 침공할 때 돕지 않은 것 때문에 고구려로부터 미움을 받고 있던 상황에서 동맹국이 절실한 터였다.

218년, 구수왕이 군사를 보내 신라의 장산성을 포위했다. 구수왕은 대륙정세가 안정되었다고 판단하고 한반도 평양으로 거처를 옮겼다. 한반도의 소국들은 대부분 백제에 귀속되었다. 신라와 가야 또한 사실상 백제의 영향권에 있었다.*

구수왕은 숙부인 고이를 시켜 병력 1만으로 신라 장산성을 시작으로 신라 수도 월성까지 정복하여 신라를 백제 영토 내에 완전히 편입시키려 했다. 가야와 신라는 백제에 조공을 바치는 소국이었지만 당시 독립적인 활동을 했다. 고이의 대부대는 고작 1천 명이 지키는 장산성을 완전히 포위하고 성벽을 부수었다. 3일 만에 장산성 성벽 서쪽이 무너지고 백제군이 진입했다.

신라왕 내해가 직접 8천의 군대를 이끌고 도착했다. 신라군은

---

*중국 기록에는 신라가 백제에 부용(附庸)하는 국가라고 되어 있는데, 이는 구소련에서 각 지방의 공화국들이 소련연방에 속해 있으면서 행정자치를 일부 행사했지만 외교·국방 등의 중요한 권리는 행사하지 못한 관계와 비슷한 것으로 보인다. 이는 적은 백성으로 많은 민족과 지방을 다스리는 데는 이런 방법이 유목민족 계통에게는 자주 쓰였던 것 같다.
이후 고구려의 광개토태왕도 신라, 가야, 토욕혼, 말갈, 거란, 북위, 유연, 북연 등에도 같은 방법을 써서 통치했다.

▲ 구수왕 때의 백제 영토(한반도)

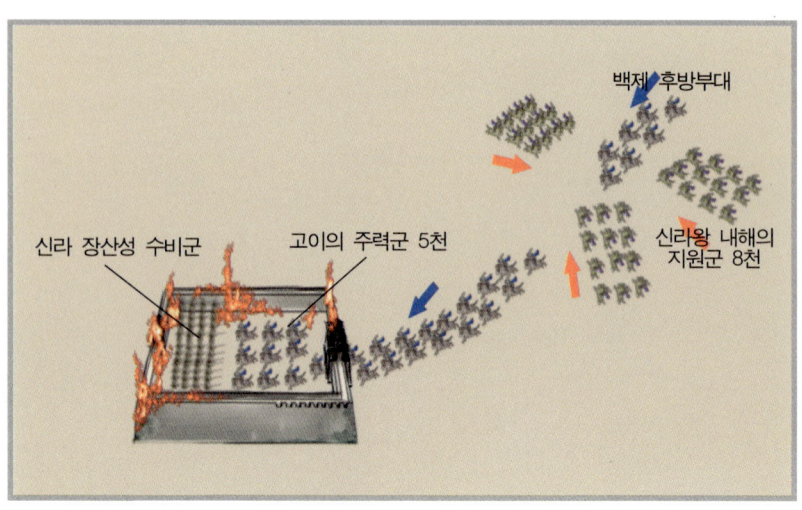

▲ 전투 상황도

　기병을 선두에 세우고 장산성 안으로 들어가지 않은 백제군 후방부대를 기습했다. 고이가 성안에서 신라군 패잔병을 쫓는 동안 백제군 후방부대는 신라군에게 크게 패했다. 내해는 나라의 명운을 건 전투였기에 죽을힘을 다해 백제군과 싸웠다.

　백제군 후방부대가 전멸에 가까운 피해를 입을 동안 고이의 기병부대는 장산성 신라 수비군을 완전히 궤멸시켰다. 그제서야 신라 구원군이 백제 후방부대를 공격한다는 보고를 접한 고이가 군을 되돌리려 했지만 신라군이 이미 성을 포위했다. 그러나 고이는 북쪽 문으로 군을 이끌고 탈출하여 돌아갔다.

관우의 죽음

219년, 한나라의 충신들로부터 구원요청을 받은 관우가 허창으로 군을 진격시켰다. 위왕 조조는 내부의 한나라 충신들을 모두 찾아내어 죽이고 관우를 막기 위해 군을 이동시켰다.

그즈음 유비는 익주에 무혈입성하여 익주를 완전히 장악했다. 한중으로 유비군이 이동하자 조조는 친히 군대를 대동하여 한중으로 이동했다. 마침 오나라 손권으로부터 밀사가 도착했다. 오와 위가 힘을 합쳐 촉을 양분한 뒤 백제를 공격하자는 거창한 내용이 담겨있었다.

오나라는 원래 백제의 눈치를 보는 상황이었으나 이제 스스로 대륙의 중심이 되고자 했던 것이다. 그러기 위해서 먼저 위와 손잡은 후, 촉과 백제를 치고 이후 고구려와 동맹하여 위를 친다는 계획을 세웠다.

오나라군 5만이 형주로 진입했다. 관우의 주력부대는 허창으로 진격하는 중이었다. 형주의 주도를 장악하고 북진한 오나라군은 관우를 고립시켰다. 관우가 북쪽의 조조군과 남쪽의 손권군에 둘러싸여 결국 포로로 잡힌 뒤 죽임을 당한다.

관우가 죽었다는 소식이 천하에 퍼졌다. 촉한을 세운 유비는 백제에 지원요청을 했다. 백제는 의리를 저버린 오나라를 징벌하는 데 도와주기로 결정한다. 그리하여 촉의 군사 10만과 백제군 5만은 오나라를 공격하기 시작했다.

그러나 오나라 내부에서는 위나라가 한중 가까이 주둔 중이던 군대를 철수하여 촉에게 싸울 의지가 없음을 보이자 촉의 군사가 오나라 국경으로 이동 중인 것으로 파악했다. 조조가 배신한 것이다. 게다가 백제군까지 같이 움직이자 오나라군은 당황하기 시작했다. 서둘러 사과사절을 보내고 촉의 유비를 달래었다.

220년, 오왕 손권의 사절이 배 한 척을 타고 북쪽으로 이동했다. 바다를 뒤덮고 있는 백제 전함을 피해 고구려 요동으로 이동했다. 손권은 백제군의 개입을 차단하기 위해 고구려에 막대한 금은보화를 상납했다. 아울러 동맹도 제의했다. 위의 배신으로 새로운 동맹국을 찾던 고구려는 오나라의 호의에 반기며 백제 견제를 약속한다.

그해 10월, 고구려군 조의부대는 비밀리에 변복하여 백제 왕성에 잠입한다. 구수왕은 북경 이남의 백제 수도 위례성에서 촉의 사절과 함께 오나라 공략계획을 세우고 있었다.

고구려군 조의부대는 왕궁 동문 근처에 대기한 후 서문에 화재를 냈다. 왕성 수비군을 서문으로 이동시키려는 계획이었다. 백제 왕성 수비군은 즉각 서문으로 이동하여 불을 끄기 시작했다. 이때 고구려군이 동문을 부수고 진입했다. 3백 명 규모의 고구려군은 백제군 5백 명이 지키는 궁궐을 서서히 접수해 나갔다. 궁성 수비군의 무예도 대단하지만 조의들의 무술실력이 더 뛰어났다. 조의 선봉 수십 명이 구수왕 침전 근처까지 쳐들어왔지만 구수왕은 직접 호위무사 수십 명과 함께 조의들과 싸웠다. 조의의 칼에 구수왕의 의복이 찢길 정도로 싸움은 격렬했으나 궁궐 밖 백제군이 들어와 조의들을 모두 전멸시켰다.

 산상태왕은 1차 시도에 실패하자 직접 3만의 군을 이끌고 백제 북쪽 변경을 침략했다. 구수왕은 대장군 해도에게 명하여 3만의 병력을 이끌고 막도록 했다. 고구려 산상태왕은 전면전을 펼칠 의향은 없었다. 다만 성 1~2개 정도만 빼앗고 돌아갈 작정이었지만 백제군이 예상외로 대군을 파병하자 섣불리 진격할 수가 없었다.

 요하를 건넌 후 백제 요서군을 공격하려던 산상태왕은 요서군 경계에서 더 이상 진격하지 않았다. 산상태왕은 위에 사신을 보내 백제를 견제해 줄 것을 요청했다. 이른바 고구려, 위, 오 등 3국이 백제를 견제하여 영토를 분할하자는 계획이었지만 이때 조조가 사망했다.

 조조는 위왕으로 있다가 황위를 찬탈하지는 않았지만 사실상 황제나 마찬가지였다. 허수아비 한나라 황제는 곧 황위를 조조의 큰아들 조비에게 물려주고 연금된다.

 고구려군과 백제군이 대치상태에서 지루하게 세월을 보낼 때 위, 오, 촉 세 나라는 곧 다가올 대규모 전쟁을 준비하고 있었다.

 221년, 촉의 유비는 자신을 황제라 칭하고 나라 이름을 한나라로 정한다. 유비는 백제에 사신을 보내 한나라의 계승자임을 자처하고 도움을 요청했다. 삼국 중 가장 약한 촉은 백제의 힘을 빌려 통일을 이루려는 계획을 세웠다.

위나라는 새로 등극한 조비가 고구려에 사신을 보내 동맹을 체결했다. 조비는 또한 촉에 사신을 보내 위나라는 관우의 죽음에 책임이 없으며 오나라 손권의 비열한 배신 때문이라고 몰아붙였다. 아비인 조조가 죽은 후 위나라는 촉과 전쟁할 준비가 되어 있지 않으며 전쟁을 개시할 이유도 없거니와 힘도 없다고 아쉬운 소리를 했다. 즉 유비가 오나라를 치는 데 방해하지 않겠다는 약속이었다. 게다가 북방의 강국 고구려가 위나라를 위협하는 상황에서 촉의 군대가 오나라로 진군할 때 촉을 칠 군대는 없다고 전했다. 유비는 관우의 죽음에 분노하여 이미 이성을 잃은 상태였다.

오나라 손권은 사태의 변화추이가 오나라에 이롭지 않자 당황했다. 북방의 고구려는 백제군과 대치할 뿐 본격적으로 대군을 이동시키지 않았고 믿었던 위나라는 오히려 촉과 동맹하려는 듯이 보였다. 사태의 심각성을 깨달은 손권이 선택한 것은 고구려였다. 고구려에 또 한 번 막대한 금은보화와 미녀 수십 명, 노비 수백 명을 배에 실어 선물로 보냈다.

5월, 백제 동쪽 한반도지방에 홍수가 나서 40여 곳의 산이 무너져 구수왕은 직접 한반도 한성으로 행차해 백성들을 위무했다.

6월, 그믐 무진일에 일식이 있었는데 역관들이 곧 큰 전쟁이 일어날 징조라 했다. 그리하여 구수왕은 전쟁 준비를 본격적으로 가동했다.

8월, 구수왕이 황하강(한수) 서쪽에서 대대적으로 군사를 사열했다. 철기병 1만, 경기병 3만, 보병 6만 등 도합 10만 대군을 배치시켰다.

촉의 유비가 사신을 백제에 보내 금은보화와 미녀, 노예를 바쳤다. 목적은 위를 견제함과 동시에 지원병을 보내달란 요청이었다. 구수왕은 오의 영토를 촉과 분할하기로 합의하고 5만의 병력을 지원하기로 한다.

222년, 백제 구수왕은 대륙남부 백제군 5만에게 오나라를 침공하도록 명령한다. 때를 맞추어 백제 북방군단 10만은 기주와 청주에서 서쪽으로 일제히 진격한다. 요서군에는 유주자사 사비구가 유주의 정병 3만을 이끌고 고구려군의 남하에 대비한다. 위나라의 조비는 백제군의 서진을 막기 위해 12만 병력을 낙양에 집결하여

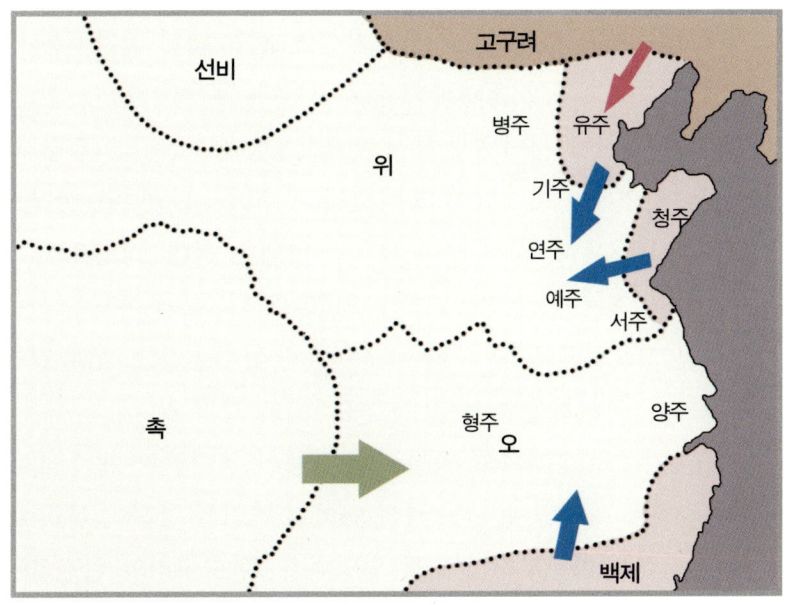

▲ 222년 전투 상황도

이동시킨다.

촉의 유비는 10만을 이끌고 오의 서쪽 국경을 넘는다. 한중에 있는 제갈량은 4만의 병력으로 위를 견제한다. 고구려 대장군 고연은 산상태왕의 명으로 5만의 군대를 이끌고 백제 요서군으로 남하한다. 이른바 대륙의 모든 나라가 전쟁에 휘말리게 된다.

개전 초기에 유비의 촉한군은 파죽지세로 오나라 국경을 돌파했다. 형주의 주요 군현들이 속속 항복하고 오군은 계속 밀렸다. 백제군은 또한 오나라 수도 건업을 향해 진격했다. 백제 구수왕은 북쪽의 고구려, 서쪽의 위, 남쪽의 오나라와 동시에 전쟁을 해야 하는 어려움 때문에 전쟁을 신속히 끝내고 싶었다.

그러나 위나라 조비는 생각보다 빨리 나라를 정비하여 백제군의 공격에 대처했다. 과거 5만의 군대로 한나라 20만 대군을 좌원에서 전멸시킨 고구려군과 비교해 모자람이 없는 백제 철기군은 위군을 격파하며 기주의 청하군까지 차지했다.

구수왕은 맏아들 사반에게 대륙 남쪽 백제 남부군단을 맡겼고, 한반도에는 숙부인 고이에게 혹시 있을지 모를 고구려의 한반도 남진을 막도록 했다. 당시 오나라의 전 병력은 최대 14만으로 그 중 수만 명이 관우의 부하였던 형주 병력이었다. 오왕 손권은 육손 등의 주변 장군들의 의견을 받아들여 백제와 화친하고 촉과 전면전을 벌인다는 계획을 세웠다.

백제군은 계속 승전하고 있었으나 백제의 국력으로 세 나라와 전쟁하는 것은 무리였다. 구수왕은 위의 혼란기를 틈타 일부 영토를 빼앗고, 오나라로부터 영토를 할양받은 후 고구려와 일전하여 북쪽으로 고구려를 밀어내보겠다는 야심 찬 계획을 세우고 전쟁에

임한 터였다. 이미 황하유역을 차지한 백제는 오왕 손권으로부터 남부지방 할양을 약속받고 진격을 멈추었다.

위나라 조비는 조조가 죽은 후 위나라의 혼란기를 틈타 백제가 침공해오자 분노가 극에 달했다. 즉시 고구려에 사신을 보내 양국이 협력하여 백제를 멸망시키자고 제안했다. 위군 20만이 낙양에 집결했다. 목표는 청하군이었다. 또한 고구려 산상태왕은 10만의 대병을 보내겠다고 약속했다. 오나라 손권으로부터 받은 선물에 대한 대가를 치르기로 한 것이다.

백제와 오는 촉의 유비 몰래 비밀협약을 맺었다. 오나라 남부지방을 백제에 할양하고 양국은 화친하기로 한 것이다. 유비는 이 사실을 모른 채 계속 동진하고 있었다. 형주의 절반 이상을 탈환하고 오나라 영토 내로 들어갔다. 오의 대장군 육손은 촉군을 계속 유인한 후 이릉에서 진을 펼쳤다.

유비가 분노로 이성을 잃어 오로지 진격만 하자 육손이 군을 뒤로 물린 후 화공으로 유비의 전함을 공격하여 대패시켰다. 유비가 오나라 수군에게 쫓기자 백제 남부군단 총사령관인 사반은 즉시 백제군 1만을 이동시켜 유비를 보호했다. 유비에게 백제성으로 올 것을 권유했고 유비는 남은 패잔병을 이끌고 백제성으로 들어왔다.

오나라 손권은 유비를 패전시키긴 했지만 타격이 막대했다. 게다가 백제성으로 피신한 유비를 쫓아가다간 백제군을 자극할 가능성이 있으므로 섣부른 진격은 피하기로 했다.

낙양에서 출발한 위군 20만은 황하 근처 청하군에서 백제군 10만과 마주했다. 구수왕과 조비는 서너 차례 교전했으나 우열을 가릴 수가 없었다. 위나라 곳곳에서는 위군이 속속 증원되었다. 결국

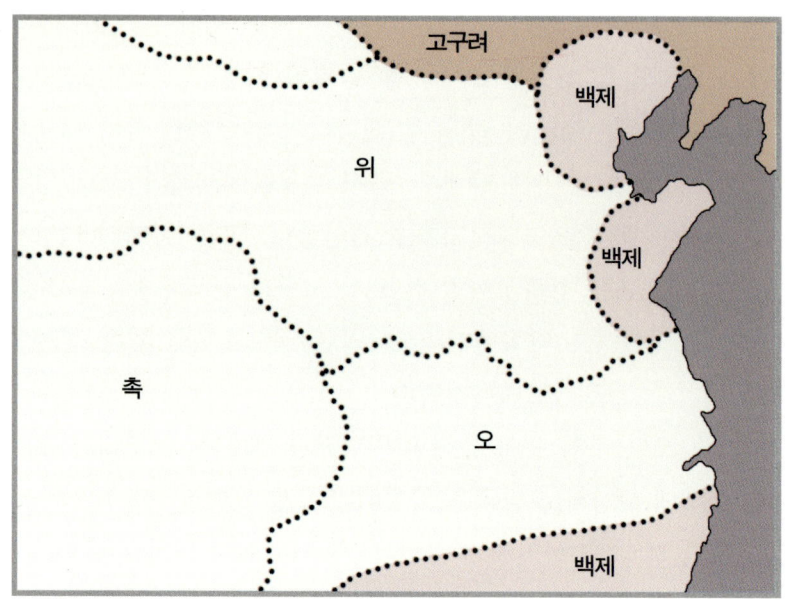
▲ 백제의 영토(위, 오, 촉이 영토를 할양함)

　구수왕은 조비와 화친했다.

　양군은 청하군을 중심으로 동서로 나뉘어 영토를 분할했다. 협약의 내용은 고구려가 백제를 공격할 때 위가 백제를 공격하지 않기로 하고, 오와 촉이 위를 공격할 때 백제가 위를 공격하지 않기로 했다. 영토경계선은 현재 주둔 중인 양군의 위치를 기점으로 동서로 분할했다.

　당시 최고 강국은 고구려였다. 몽고족 일원인 선비족을 격파하고 남하하여 위와 백제를 압박했고, 인구가 가장 많은 위는 남쪽의 오와 촉을 견제하느라 북방에 힘을 쓸 수 없었다.

　백제는 초고왕 이후 구수왕대에 이르러 군대를 정비하고 그 힘이 커져서 무시 못할 강국이 되었다. 구수왕은 황하강과 한강의 잦

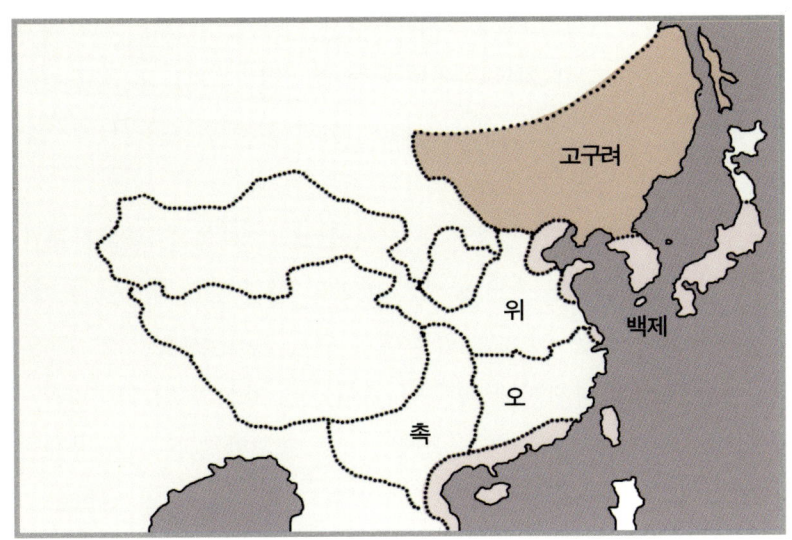
▲ 222년 당시 각국의 영향권

은 홍수를 대비해 제방을 쌓고 농업을 장려했다. 위와의 화친협정 후 구수왕은 대내외적으로 황제임을 공표했다. 백가제해의 백제는 이제 대백제국으로 불렸고 위, 오, 촉 삼국이 백제와 동맹을 맺기 위해 앞다투어 선물을 보낼 정도였다.

백제는 이름처럼 백 개 이상의 소국들로 구성되어 있었다. 신라, 가야와 같은 소국들도 겉으로는 백제에 복속한 소국이었다. 왜에는 백제인들이 세운 소국 외에도 가야, 신라, 고구려인들이 세운 소국들도 많았다. 왜의 절반 이상은 백제인들의 직접적인 통치를 받았고 일부 소국들은 자치국 수준으로 백제에 복속되어 있었다. 대만, 하이난, 흑치국(필리핀) 같은 섬나라들도 이미 초고왕 시절부터 백제군이 상주해 있었고 구수왕은 이 영역을 확대해 나갔다.

10월, 구수왕의 황제 즉위식 때 신라왕이 오지 않았기 때문에 신라왕 내해에게 왕의 칭호를 주지 않고 제후로 봉했다. 즉위식 때 봉한 왕이 너무 많아 기록하기가 힘들 정도였다. 지금의 경주 일대에 해당하는 작은 땅을 가진 신라가 백제 황제의 즉위식 때 오지 않은 것은 큰 이변이었다.

구수황제는 한반도 한성으로 거처를 옮겨 겨울을 지내기로 했다. 표면적인 이유는 겨울 궁전인 한반도 한성으로 거처를 옮기는 것이었지만 실상은 신라를 압박하기 위한 것이었다.

동부군단 총사령관이자 황숙인 고이왕은 자신의 영지인 한반도를 안정시킬 것을 명받았다. 백제 동부군단 1만 명은 고이왕을 총사령관으로 남진했다. 신라의 우두진으로 군사를 보내 민가를 약탈했는데 신라군을 유인하기 위함이었다.

신라 제후 내해가 분노하여 이벌찬 충훤을 필두로 5천 군사를 파병했다. 당시 신라군의 총 규모가 2만 내외였으므로 신라 입장에서는 엄청난 대군이었다.

고이왕은 웅곡에 진을 쳤다. 웅곡은 산세가 험해 대군이 움직이기에 불리한 곳이었다. 길의 폭도 좁아서 매복이 있으면 크게 당할 위험이 있는 곳이었다. 고이왕은 군을 둘로 나누어 5천의 보병을 웅곡의 입구에 배치시켰다. 그리고 5천의 기병은 신라 땅 곳곳에 풀어놓았는데 이 기병들은 신라 땅을 약탈하며 금은보화를 수집했다. 신라 백성들의 분노가 극에 달하자 신라군 또한 분노가 극에 달했다.

충훤이 병사들을 진정시켰지만 군대의 분노가 커서 가라앉지 않았다. 마침 웅곡 입구에서 백제군을 본 신라 부장과 일반 병사들이 백제군과 신라군의 규모가 비슷하니 대규모 회전(평원에서 대결하

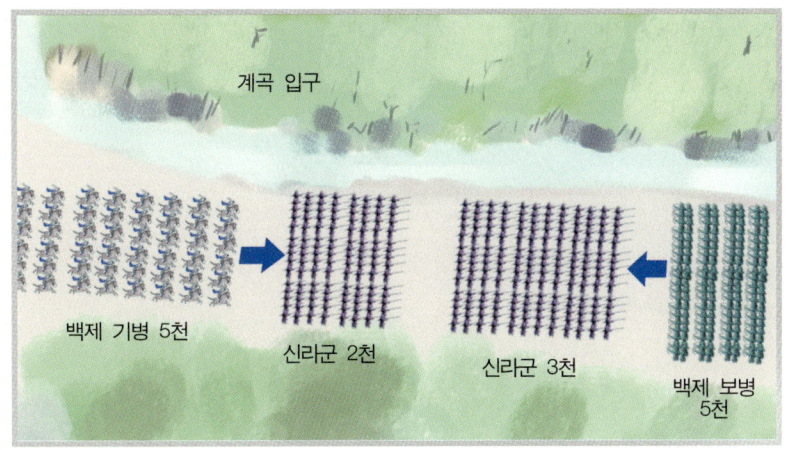

▲ 전투 상황도

는 것)을 주장했다. 게다가 백제 기병들이 신라 땅 각지로 흩어져 있다고 들은 신라군은 앞뒤 가리지 않고 달려들었다. 백제 보병들은 용감하게 진격해오는 신라군을 맞아 한 시진(2시간)을 버텼으나 더 이상 버티지 못했다. 신라군의 사기가 높아 백제군이 이길 수 없었다. 고이왕은 전군을 후퇴시키고 계곡으로 들어갔다.

충훤은 뜻밖의 승리에 들떠서 군을 계속 전진시켰다. 계곡으로 5리 정도 전진하자 갑자기 뒤에서 큰 소리가 들렸다. 신라 땅 각지로 보내졌던 백제 기병들이 신라군 후방으로 집결한 뒤 공격한 것이다. 5천의 신라군 중 이미 절반 이상이 계곡으로 들어간 상황에서 계곡 밖의 2천 신라군은 배가 넘는 백제 기병에게 유린당했다.

완전 포위된 신라군은 이날 전멸했다. 5천 명의 신라 정예군 중 3천이 죽고 2천이 포로가 되었다. 충훤은 호위병 몇 명을 거느리고 도망쳤으나 이마저 추격군의 화살에 맞아 죽고 결국 혼자 돌아왔지만 충훤은 이벌찬직에서 파직당한다.

고이왕의 백제군 1만이 서라벌로 진군하자 신라왕이 서둘러 사신을 보내 입조를 약속하고 공물과 금은보화를 바쳤다. 백제 황제 구수는 내해를 신라왕으로 봉했다.

유비, 백제성에서 죽다

223년, 촉한의 유비가 죽었다. 자칭 한나라의 정통 왕위계승자라고 했던 유비가 백제성에서 운명을 달리한 것이다. 백제 남방군단의 보호 하에 촉한의 왕 유비는 제갈량에게 후사를 기탁하고 백제군이 지켜보는 가운데 숨을 거두었다. 제갈량은 백제에 동맹을 요청했는데 한의 왕실을 복구하는 데 백제가 도움을 준다면 이후 고구려와의 전면전에서 백제를 지원하겠다고 했다.

위, 오, 촉 중 가장 약한 촉의 왕이 죽고 삼국의 정세가 불안하게 변했다. 제갈량은 백제, 오와 동맹하여 위를 견제하고 나아가 통일의 위업을 달성하려 했다. 백제 태자 사반은 촉의 승상 제갈량과 담판하여 제갈량에게 오와 화해할 것을 권했다. 마침 오나라도 위로부터 굴욕적인 오왕 칭호를 얻기는 했으나 내심 황제 즉위를 바라고 있었다. 그리하여 백제, 촉, 오는 서로를 황제로 인정하고 동맹을 맺기로 한다. 반면 위의 조비는 고구려에 더 의지하게 된다.

7월, 신라 이벌찬 연진이 내해왕의 명으로 백제 땅 봉산을 공격한다. 3천 명의 정예군은 기습공격하여 봉산 아래 주둔하고 있던 백제군 2천을 쳐서 1천을 죽이거나 포로로 잡았다.

　봉산에 성을 쌓고 신라군 2천이 주둔했다. 백제 황제 구수가 이에 노하여 정예병 1만으로 신라를 치도록 우현왕 고이에게 명했다. 우현왕 고이가 출진하려는 찰나에 청주에서 소식이 날아왔다. 위나라 대군 30만이 둘로 나뉘어 10만은 오나라로, 20만은 백제 청주로 진격 중이라는 소식이었다. 아울러 고구려군 10만이 요하를 건너 남하하려 한다고 했다.

　오왕 손권은 촉에 사절을 보내 구원을 요청했고 제갈량은 한중

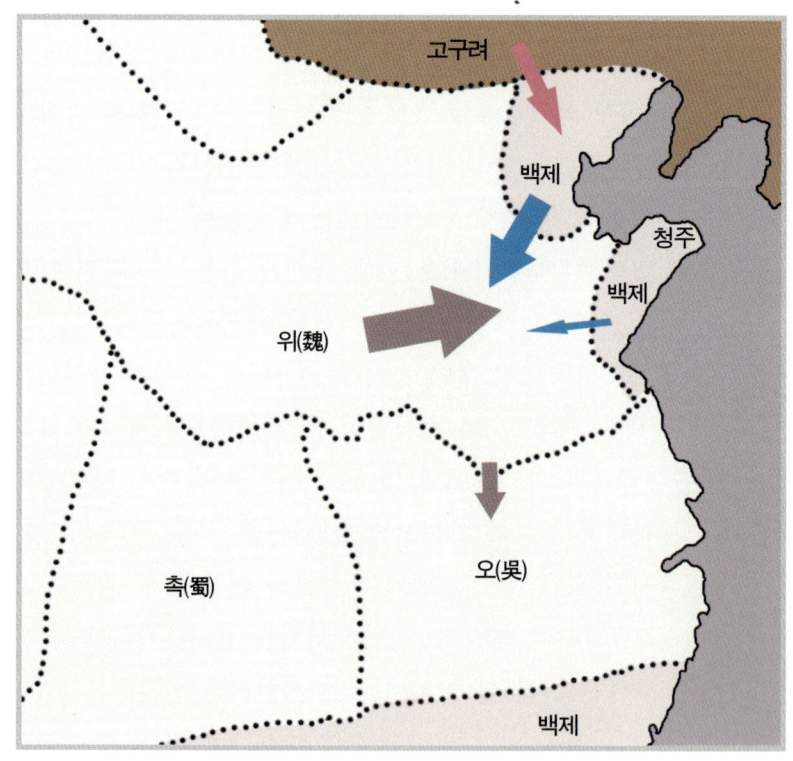

에서 군대 5만을 출병시켜 장안을 위협했다. 백제 청주군 7만과 유주 기주군 10만이 위군을 맞으러 황하강으로 집결했다.

한반도 백제군은 고이왕을 필두로 가야, 신라, 사벌국 등 소국들의 군대와 왜에 있던 주둔군, 소국연합군인 흑치국, 대만과 대륙남부 태자 사반의 군대 등 각지에서 10만의 병력이 한반도 평양에 집결하여 요동군으로 출격할 준비를 했다. 고구려군의 배후를 위협하여 고구려군의 대륙방면에서 남하를 막으려는 계획이었다.

황화강 하류 부근에서 백제군 14만과 위군 20만이 대치했다. 구수황제는 직접 군의 중앙에서 지휘했는데 상대편 위군도 조비가

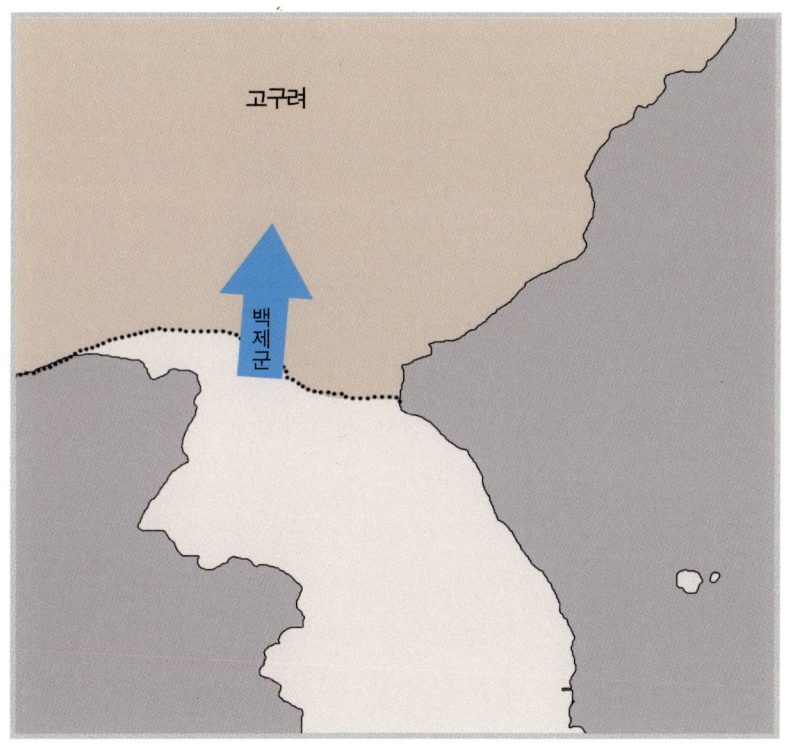

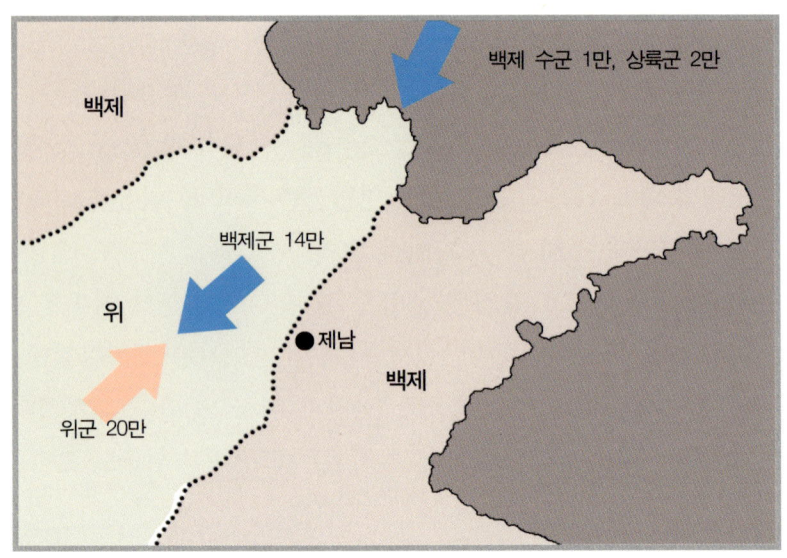

직접 나와 군을 지휘하고 있었다.

　양군이 대치 중인 가운데 은밀히 백제 수군과 상륙군이 유주에서 황하로 진입했다. 조비는 백제군의 규모가 위군보다 적은 것을 보고 회전을 벌여 백제군을 전멸시키려 했다.

　기병 4만, 보병 16만의 위군은 기병을 중앙에 배치하고 보병을 후미로 하여 일제히 공격을 가했다. 백제군은 철기군 2만, 기병 5만, 보병 7만으로 철기군을 중앙에 배치하고 기병을 양 날개에 배치한 후 보병을 후미로 했다.

　구수황제는 조비의 대군이 진격하자 곧장 전군을 출동시켜 막도록 했으나 들판에서 반 시진(1시간)을 싸운 뒤 백제군은 밀리기 시작했다. 백제군은 계속 후퇴하여 백제 땅 청주 근교까지 밀렸다. 1만이 넘는 희생자를 내고 군의 사기도 저하되었다. 조비는 초반 승리에 도취되어 계속 진격을 명했다.

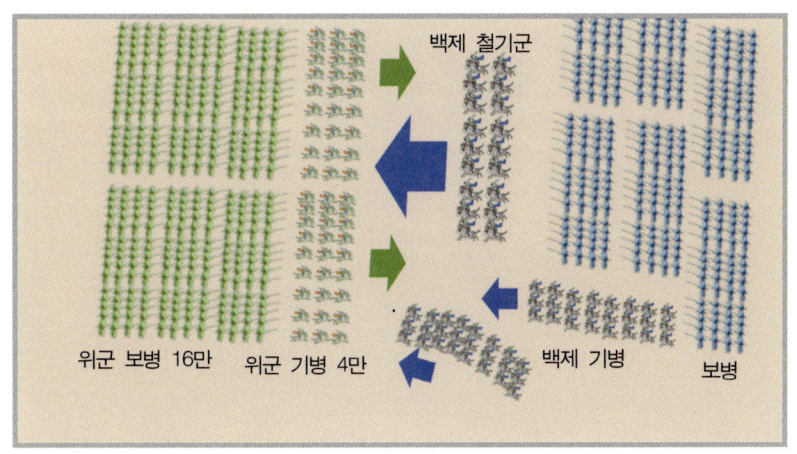
▲ 전투 상황도

　제남까지 후퇴한 백제군을 쫓아가던 위군은 잠시 휴식을 취하며 벌판에서 야영을 했다. 그날 저녁, 황하강으로 몰래 진입한 백제 수군은 2만5천의 병력을 위군 후방으로 배치시켰다. 위군의 경계가 느슨한 것을 확인한 백제 수군대장 정계원은 기병 1만을 앞세워 위군을 기습했다. 백제 수군의 상륙소식을 들은 구수황제는 전군을 동원해 위군을 포위했다.

　야간 순찰을 돌던 위군 초병이 엄청난 수의 횃불을 발견하고 보고했다. 위왕 조비가 기습을 알아채고 방어태세를 갖추려 했으나 이미 백제 철기군이 위군의 중앙을 돌파했고 그 뒤로 기병과 보병이 밀려왔다. 일부 위군이 도망쳤으나 상륙한 백제 수군들이 길목을 먼저 포위하고 있었다.

　구수황제는 직접 호위무사 수십 명과 함께 조비를 잡으려고 위군 진영에 뛰어들었다. 조비는 서둘러 군을 정비하여 중앙에 기병을 집결시켰다. 삽시간에 2만의 기병이 모여들었고 보병 또한 3만

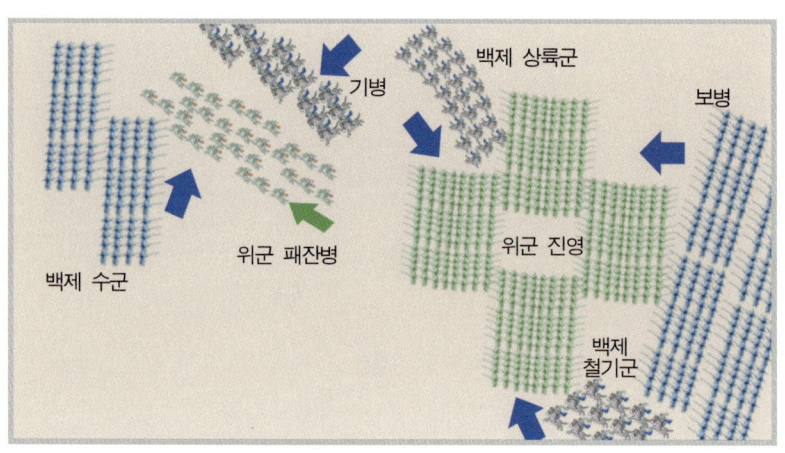
▲ 전투 상황도

이나 중앙에 모였다. 하지만 백제 철기군 2만은 위군 기병의 중앙을 돌파했다. 기병들이 철기군을 막으려고 칼과 창을 던졌지만 속수무책이었다. 백제 철기군은 밀집대형으로 모인 뒤 위군 기병을 반으로 나누고 다시 뒤돌아서 위군 기병을 포위 공격하는 전략을 썼다.

위군 기병은 포위를 막기 위해 사방으로 흩어졌다. 보병 또한 백제 철기군에게는 속수무책이었다. 위군 중앙의 대열이 무너지자 사방에서 백제군에 항복하거나 도망쳤다. 조비는 대세가 기울었음을 느끼고 서둘러 황하강가로 후퇴했다.

남쪽에는 이미 백제군이 쳐놓은 덫에 수만의 위군이 걸려들었다. 위군이 강으로 막힌 북쪽 대신 남쪽이나 서쪽으로 도망칠 것을 예상하고 백제 수군이 서쪽에 매복하고 백제 육군 일부가 남쪽에 매복했던 것이다.

황하강가에 도착한 조비는 마침 군량을 보급하기 위해 도착한

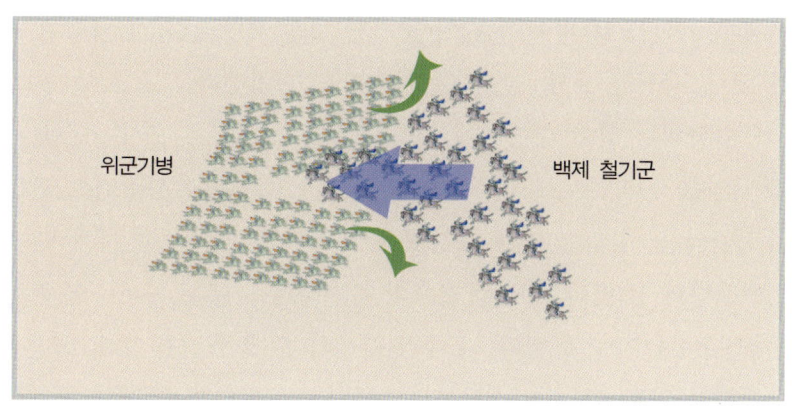

▲ 전투 상황도

위군 수군의 배에 올라타 급히 퇴각했다. 배에 타지 못한 수천의 위군은 모두 백제군의 포로가 되었다. 위군 20만 중 6만이 죽고 8만이 포로로 잡혔다. 위군의 대패소식에 오나라를 공격하던 위군마저 사기가 꺾여 오나라군의 기습을 받고 후퇴했다.

위군의 대패소식에 요하를 건너 백제성 여러 개를 빼앗은 고구려군은 더 이상 진격하지 않았다. 백제 요서군 태수 협려와 고구려군 사령관 연정모가 화친했다. 백제는 요서의 4개 성을 할양했지만 위나라의 영토를 얻고 결과적으로 영토를 넓혔다.

228년, 위나라의 조비는 몇 해 전에 죽고 어린 아들 조예가 왕이 되었다.

백제는 구수황제의 내정으로 국력이 증강되고 농업생산이 증대되었다. 내부적으로 우현왕, 좌현왕, 왜왕, 가야왕, 신라왕, 남방왕 등 10여 명의 왕을 봉하고 제후 수십 인을 임명했다.

촉의 제갈량은 위나라에 대한 대규모 북벌을 개시했다. 제갈량이 백제에 사신을 보내 위를 같이 공격할 것을 요청했다. 제갈량이 또한 오에 사신을 보내 같이 북진할 것을 요청했다.

구수황제는 정서 대장군에 태자 사반을 임명하고 군사 3만을 주어 낙양을 공격하도록 했다. 오왕 손권은 육손을 총사령관으로 하여 3만의 군사를 일으켜 북진했다.

제갈량이 10만의 대병을 일으켜 북진하자 조예는 사마중달에 전권을 부여해 막도록 했다. 조예가 백제와 오에 사신을 보내 화친을 모색하며 영토 할양을 조건으로 철군을 요구했다. 오군은 촉과의 동맹 때문에 어쩔 수 없이 출전했지만 실리만 얻고 돌아갈 생각에 쉽게 응했다. 백제군 또한 내정에 충실하기 위해 몇 개의 성을 할양 받고 진격을 멈추었다.

제갈량이 무서운 기세로 북진했으나 수하 장수 마속의 패전으로 결국 진격을 멈추어야 했다.

229년, 촉한의 패배 이후 백제군은 위를 압박할 필요를 느꼈다. 계속되는 촉한의 무리한 북벌은 곧 촉한의 붕괴를 초래할 수 있다고 파악한 백제 조정은 촉한에 대한 지원책을 강구했다. 그러나 촉한의 무리한 공격에 오나라 손권은 위를 별로 압박하지 않았다. 내심 손권도 통일을 이루고 싶었으나 오나라 인구의 감소세 때문에 국력에서 3배 정도 차이가 나는 위를 감히 공격하지 못했다.

대륙의 인구는 황하유역에 집중되어 있었고 이를 위와 백제가 양분하고 있었다. 관중의 기름진 땅은 위의 차지였다. 중원의 백성들은 기나긴 전란으로 양자강 남쪽으로 피했으나 정세가 안정되자 황하유역으로 돌아가기 시작했다. 오나라의 인구는 50만 호가 채 되

⟨당시 인구상황⟩

나라	인구
위나라	70만호 ― 1천만
백제	60만호 ― 9백만
고구려	40만호 ― 6백만
오나라	40만호 ― 5백만
촉한	25만호 ― 3백만

지 않았다.

 오랜 전란으로 인구는 감소했고 막중한 세금을 회피하기 위해 양민들은 유랑했다. 특히 과거 동이족 출신의 백성들은 고구려와 백제로 많이 이주했다. 한나라 말기 5천만에 달하던 한인들은 고구려와 백제의 침공과 각 지방 호걸들의 난립으로 급감해버렸다.

 고구려는 건국 초부터 계속 한나라를 압박하여 수십만의 포로를 모두 노예로 만들었다. 호수가 많지 않았음에도 인구가 많은 것은 유목민족국가인 고구려의 전통적인 특징이었다.

 백제 구수황제는 황하강 인근 위나라 국경 가까이 한천에서 1만의 정예기병을 동원하여 사냥을 했다. 대규모 기병의 이동에 위군 첩자들은 긴장했다. 구수황제는 또한 북쪽 국경을 정비하기 시작했다. 선비족과 거란족이 백제 북쪽 국경에서 소요를 일으켰기 때문이다.

 11월, 대륙 남쪽 태자 사반의 관할구역에 대규모 역질이 발생했다. 대륙 북쪽은 겨울이지만 남방은 아직 따뜻했다. 수만의 이재민이 발생했고 수천이 죽었다. 한창 성장하던 백제의 기운에 먹구름이 끼게 된 것이다. 백제 남방지역을 돌보기 위해 백제 북방군단 소속 2만 명이 대함대를 동반하여 남하했다. 오나라 군대는 역질이 국경을 넘을까봐 남쪽에 군을 배치했다.

고구려 태왕 동천은 백제 남방 영토에 역질이 돈다는 소식에 기뻐하며 백제 원정군을 일으킨다. 보기병 2만에 말갈군 1만을 동반한 대규모 정벌군은 요하를 건너 요서군 우곡에 집결한다.

요서군 태수로 새로 부임한 사원계는 아직 전쟁을 하기에는 미숙한 인물이었다. 황제의 처조카라는 배경으로 태수에 부임했지만 능력은 부족했다. 사원계는 1만의 요서군을 이끌고 나아갔지만 고구려군이 일부러 패한 척하며 유인하자 걸려들었다. 포위된 백제군은 사원계가 전사하고 휘하 병졸 8천이 죽는 대패를 했다. 살아남은 기병 수십 명이 보고하지 않았다면 전투 자체를 백제 황제가 모를 뻔했다.

구수황제는 유주군과 기주군, 청주군 등 도합 5만을 이끌고 요서로 출진했다. 동천태왕은 지원군을 포함해 5만의 보기병으로 백제군과 마주했다. 군을 둘로 나누어 3만은 백제군 정면에 배치하고 2만의 기병과 날랜 보병은 후방 깊숙이 백제군이 보이지 않는 곳에 숨겨 두었다.

구수황제는 철기군 5천을 앞세우고 고구려군의 중앙을 돌파했다. 고구려군은 쉽사리 무너졌고 마치 오합지졸처럼 사방으로 흩어졌다. 황제가 이를 보고 고려군은 기강이 잡히지 않은 지방군과 말갈군 위주의 병력인 것으로 오해하고 곧 전군에 공격 명령을 내려 고구려군의 뒤를 쫓았다. 그런데 10리를 쫓아가자 백제군의 선두 철기군 앞에 수만의 고구려군이 나타났다. 미리 매복한 고구려군

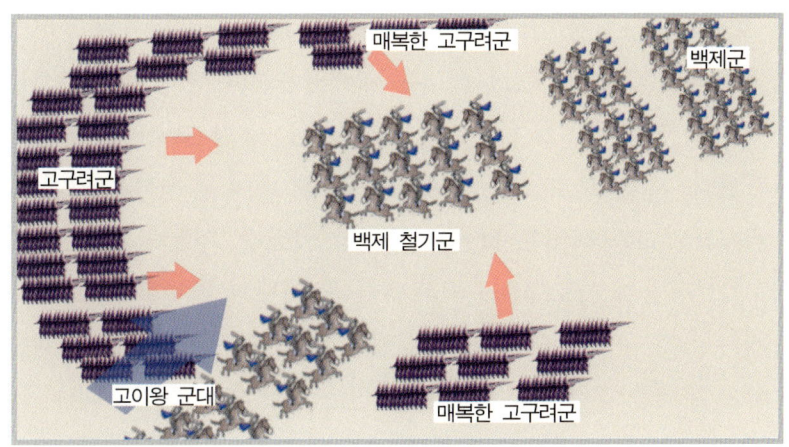
▲ 전투 상황도

2만은 초승달 모양의 큰 진형을 만든 뒤 백제군을 각개격파했다.

도망가던 고구려군은 백제군의 좌우측면에서 공격을 시작하여 크게 위협했다. 구수황제는 군을 돌이켜 포위망에서 빠져나오려 했으나 백제군은 속수무책이었다. 철기군이 앞장서서 고구려군의 포위망을 돌파하려 했지만 불가능이었다. 구수황제는 호위군 1천의 희생으로 가까스로 후방으로 나올 수 있었지만 수만의 백제군이 고구려군의 포위망에 갇혀 있었다.

한편 백제 동방군단 총사령관이자 우현왕인 고이왕은 1만의 동방군단을 이끌고 요하에 상륙했다. 곧장 요서군으로 달려온 고이왕은 백제군이 고구려군과 싸우는 장소로 향했다. 일부 도망하는 백제 기병으로부터 전투 상황을 들은 고이왕은 고구려군의 후방으로 군을 돌려서 기습했다. 동천태왕이 지휘하는 고구려 중앙군은 뜻밖의 백제군 기습에 놀라 대열이 무너졌다.

고구려군의 중앙 포위망이 약해지자 포위당했던 수만의 백제군이 그제야 죽을힘을 다해 고구려군을 공격했다. 구수황제는 포위망을 빠져나왔지만 곧장 돌아와서는 백제군을 지휘했다. 호위무사들이 황제를 둘러싸며 보호하려 했지만 황제는 곧장 고구려군을 향해 진격했다. 이를 보고 모든 백제군은 힘을 내어 총공격을 가했다.

　백제군과 고구려군은 날이 저물도록 싸웠다. 양군의 피해가 커서 해가 저물자 서로 10리씩 후퇴했다. 이날의 전투로 백제 구수황제는 조정 내에서 크게 위신이 떨어졌다. 반면 고이왕은 백제를 구하고 황제를 구한 공로로 크게 위신이 높아졌다. 태자 사반이 급히 청주로 돌아와 황제를 알현했다. 구수황제는 당분간 고구려와 위나라와의 전쟁을 중지했다.

　24년, 구수황제가 붕어했다. 황제의 장자인 사반이 황위에 올랐다. 젊은 황제 사반은 즉위 후 대대적인 고구려 정벌을 계획했다. 백제의 전 국력을 모아서 위나라와 고구려에 동시 공격을 할 작정이었다. 전 황제의 숙부인 고이왕은 황실과 번왕, 제후로부터 광범위한 지지를 받고 있었다.

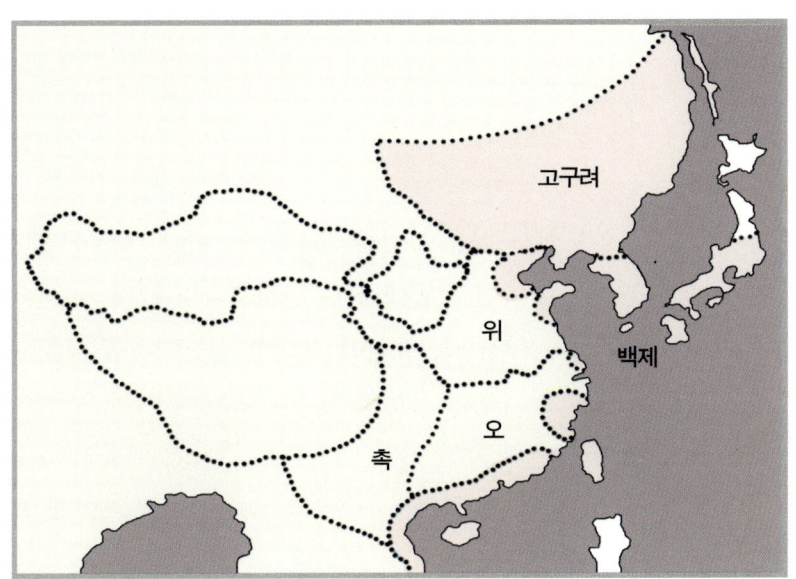

▲ 구수황제 붕어 당시 각국 영토

고이왕의 반란

　청주에 있는 황도에서 젊은 사반황제와 황족, 번왕, 제후, 장군들이 모여 고구려와 위나라 정벌에 관한 전략을 논의했다. 고이왕은 현재의 국력으로 두 나라를 동시에 상대하기는 어려울 듯하니 우선 위나라에 대한 공격부터 감행하자 했다. 그리하여 오와 촉에 사신을 보낸 황제는 촉과 오가 위의 배후를 공격하면 백제는 유주와 청주의 대군으로 서진할 것이며, 한반도 남부의 군대는 곧장 요동반도를 차지할 것이라는 계획을 세웠다.

　총 병력 20만에 10만은 청주와 유주에서, 10만은 한반도 평양성에서 출발하기로 했다. 사반황제의 근위군 2천은 황제를 호위하고 유주로 갔다. 최종전략 계획을 다듬고 군부대를 시찰하기 위해서였다. 유주자사 사계는 고이왕의 처남이었다. 사계는 황제를 맞이하는 행궁을 짓고 주변에 유주 군대를 배치시켰다.

　고이왕은 황제를 수행하며 행궁에 들어섰다. 황제가 연회를 열어 장군들을 위무했다. 사계는 따로 고이왕을 불러서 현재 백제의 국력으로 두 나라를 동시 침공하는 것은 무리이니 고이왕이 황실의 어른으로서 황제를 말리기 바란다고 설득했다. 그러나 고이왕을 의심하던 황제 사반은 유주자사 사계와 고이왕이 비밀리에 회합했다는 말을 듣고 노하여 이들을 붙잡아오도록 명한다. 그러나 행궁수비대 일부가 이 사실을 고이왕에게 일러바쳤고 고이왕은 유주자사와 함께 자리를 피하게 된다.

다음날, 고이왕은 따라온 사병 1천과 유주군 5천을 이끌고 행궁을 기습한다. 행궁에는 2천의 근위대와 유주군 2천이 있었다. 하지만 유주군 2천은 유주자사의 명을 받는 군대였다. 고이왕과 유주자사가 멀리서 다가오자 행궁을 지키던 유주군이 반기를 들었다. 고이왕이 다가오기 전에 이미 근위대와 유주군 사이에 살육전이 벌어졌다. 유주군이 정병이라고는 하나 근위대를 당해낼 수 없었다. 삽시간에 수백 명의 유주군이 죽어나갔다. 고이왕이 제때에 도착하지 않았다면 아마 유주군은 전멸했을 것이다. 고이왕의 6천 병력이 도착하자 상황이 달라졌다. 근위대는 행궁 안으로 황제를 모시고 최후의 저항을 했다.

고이왕은 황제의 목숨을 보장하며 편히 살게 해주겠다고 약속했다. 사반황제가 이를 거부하자 유주자사 사계가 행궁 안으로 들어가서 황제에게, "이곳은 유주이며 사방 수백 리에 모두 고이왕을 따르는 군대가 지키고 있습니다. 또한 황실과 번왕, 제후들의 대부분이 고이왕을 지지하며 황제를 구하러 올 군대는 없습니다"라고 했다.

황제는 자신과 가족의 생사를 보장하며 이후 상황의 지위를 요구했고 고이왕이 이를 받아들였다. 사반은 황위에서 물러나 태상황이 되었다. 그리하여 고이왕이 황제가 되었고 백제 중흥의 기초를 닦았다.

236년 10월, 고이황제가 따뜻한 남쪽의 해남도에서 대규모 사냥을 했다. 황제는 무용을 과시하며 직접 40마리의 사슴을 쏘아 맞혔다.

오나라 손권은 위나라의 남하에 대항하기 위해 백제에 사신을 보냈다. 아울러 고구려에도 사신을 보내 도움을 요청했다. 백제 고이황제는 위나라의 국력에 부담을 느끼고 있었기 때문에 흔쾌히 응했다. 그러나 고구려는 사신을 감금하고 목을 베어 위나라에 보낸다. 백제, 오, 촉의 동맹에 가담하기보다는 위나라와의 동맹을 강화하여 백제를 밀어내고 나아가 중원을 차지하는 것이 목표였기 때문이었다.

이 해에 촉은 무능한 왕 때문에 멸망하고 말았다.

238년, 백제 고이황제가 병사 5천을 이끌고 부산(대릉하 인근)에서 사냥을 했다. 사냥이라고는 하지만 사실상 군사훈련이었다. 부산에서 백제군은 무력시위를 통해 고구려와 위나라 양국에 위협을 가했다.

이 무렵 공손연은 자신의 세력권을 지키기 위해 안간힘이었다. 공손 가문은 유주 북방에서 영향력이 있었다. 이들은 위나라가 강하면 위나라에 충성하고, 백제가 강하면 백제에 충성하고, 고구려가 남하하면 고구려에 붙어버렸다. 인접국으로부터 눈엣가시가 된 공손 가문을 위나라에서 먼저 공격하기 시작했다. 위나라 태부 사

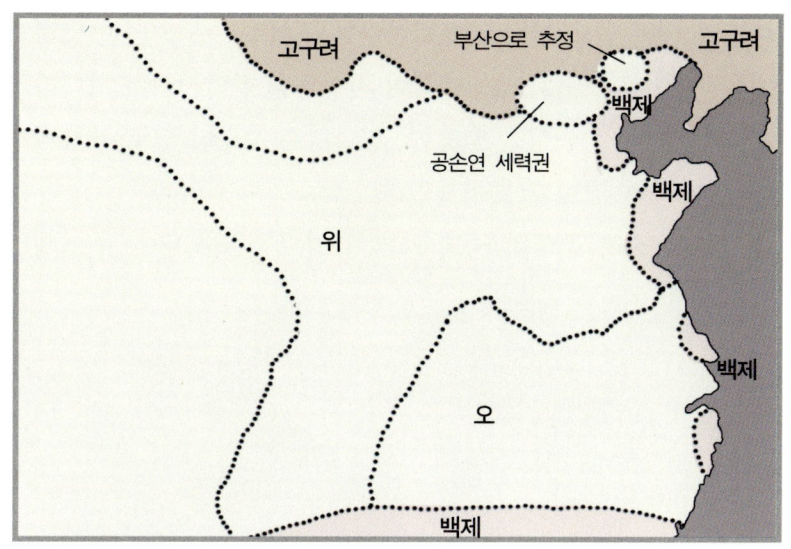

▲ 공손연의 영역(촉은 위에 흡수됨)

마선왕이 군사 2만을 이끌고 공손연을 쳤다. 고구려도 병사 1만을 보내 공손연을 대파하고 땅을 양분했다.

240년, 백제는 신라왕이 조공을 소홀히 하자 군사를 보내 응징했다. 대장군 진충이 군사 1만을 거느리고 신라 국경을 침공하여 대구를 지나 영천까지 밀고 들어왔다. 신라왕 조분이 즉시 사신을 보내 사죄하고 조공과 몇 해 전 골벌국(영천)을 병합하면서 얻은 재물의 반을 보냈다. 진충이 신라 사신과 함께 돌아오자 황제가 크게 상을 내려 치하했다.

한편 백제가 신라의 골벌국 병합을 인정하면서 골벌국은 사라졌다. 골벌국의 대신과 왕족들이 백제에 투항하여 귀족의 작위를 받았다.

242년, 공손연의 잔당을 토벌한다는 구실로 고구려군이 남하하여 서안평을 공격했다. 고구려군이 서안평을 함락시키자 위나라가 발칵 뒤집혔다. 동안평은 백제에, 서안평은 고구려 영토에 합쳐지면서 위나라의 영토가 줄어들었다.

위나라는 당시 조예가 죽고 조방이 왕이 되었으나 겨우 8세였

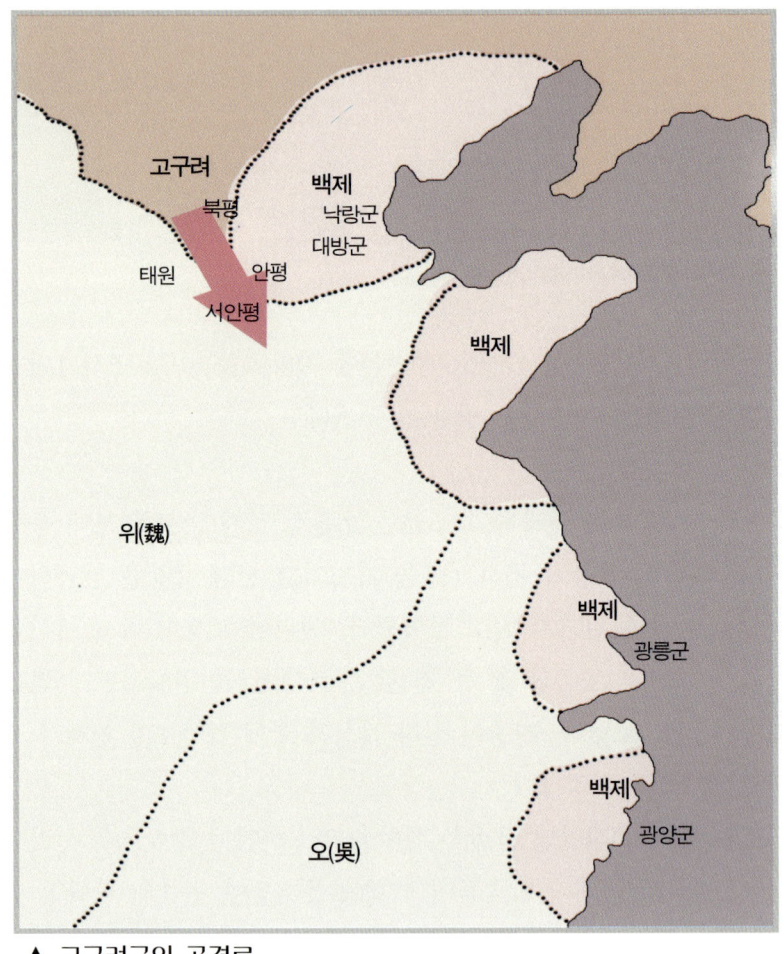

▲ 고구려군의 공격로

다. 어수선한 틈을 타서 왕족 조상과 대신 사마의가 대결하는 구도였는데 서안평이 함락되자 조상과 사마의가 화해했다. 공동의 적 고구려에 맞서 위나라는 전쟁을 준비한다.

고구려 정벌

246년, 사마의가 백제 고이황제에게 사신을 보냈다. 고구려의 요동반도를 위협해 주면 차후 점령하게 될 고구려 영토의 절반을 할양하겠다고 했다. 백제도 고구려의 요동반도를 노리고 있었던 까닭에 흔쾌히 동맹제안에 응한다.

위나라 유주자사 관구검이 낙랑태수 유무, 삭방태수 왕준과 함께 병사 10만으로 고구려의 현토를 침공했다. 동천태왕이 보병과

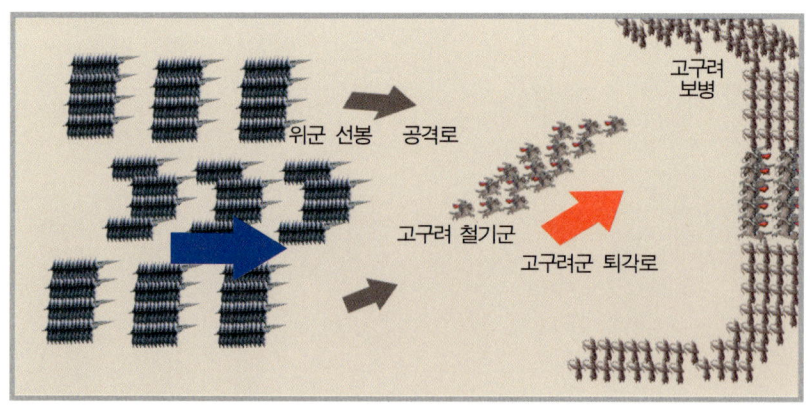

▲ 전투 전반 상황도

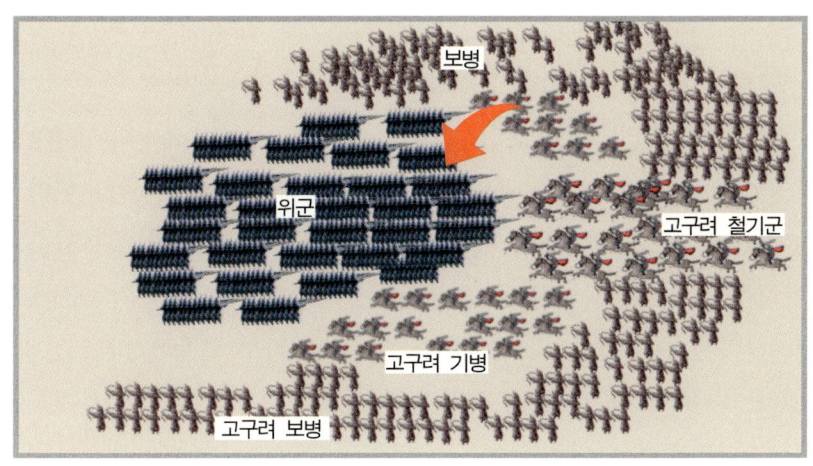

▲ 비류수 전투

기병 2만 명을 거느리고 비류수에서 위나라 선봉 군대 3만과 전투를 벌였다.

동천태왕은 비류수 맞은편에 고구려군 1만을 보여준 후 나머지 1만을 숲 속에 숨겨두었다. 위나라군이 고구려 병사가 적음을 얕잡아 보고 얕은 하천을 건너 고구려군을 공격했다. 고구려군이 퇴각하는 척하며 흩어지며 숲으로 유인했고 위나라 선봉군이 숲으로 따라 들어왔다. 숨어있던 고구려군이 화살을 쏘며 철기병과 기병 5천이 숲에서 뛰어나와 위나라군을 포위하니 위군이 겁에 질려 도망쳤다. 한 시진도 못 되어 위군 3천 명의 목을 베고 포로 5천을 잡았다.

고구려 동천태왕이 승세를 몰아 다시 군사를 이끌어 양맥 골짜기에서 철기병을 앞세우고 위군 후속부대를 밀어붙였다. 위군은 계곡 근처에서 고구려군을 맞아 전투를 벌였다. 위군 후속부대 7만은 동천태왕의 4만 대군과 맞서 낮부터 저녁까지 싸웠고 그날 위군은 3천 명이 죽고 8천 명이 부상당했다. 위군은 50리 가량 후퇴하여 진영을 세웠다.

잇따른 승리에 고무된 동천태왕이, "위나라의 대병력이 오히려 우리의 적은 군사만도 못하다. 관구검이란 자는 위나라의 명장이지만 오늘날에는 그의 목숨이 나의 손에 달려 있구나"라고 했다.

위군이 처음 10만으로 왔으나 진영에 남은 것은 7만 정도였다. 동천태왕이 고구려 요동군단 2만을 불러들여 도합 6만의 대병으로 진격했다. 태왕은 몸소 철기군 5천을 이끌고 선두에 서서 진격했다. 승세가 기울었지만 관구검은 본국의 지원군과 백제 지원군을 기다리고 있었다.

관구검은 진영을 일직선으로 세우고 결사적으로 방어했다. 아침부터 고구려군이 철기군를 앞세우고 밀어붙였으나 뚫리지 않았다. 관구검의 초기 패배소식에 사마의가 병사 4만을 지원했다. 백제 철기군 3천이 고구려군의 후방으로 잠입하여 군량기지를 불태웠다는 소식에 고구려군의 사기가 떨어졌다.

위군이 대낮에 고구려군을 선제공격하여 태왕이 앞서서 진두지휘하며 싸웠으나 승패가 나지 않았다. 이때 지원군 4만이 위군에 충원되어 관구검이 힘을 내어 진격했다. 이날 고구려군은 사망자가 1만8천, 포로가 1만, 부상자가 1만에 이르는 대패를 했다. 동천태왕은 기병 1천여 명을 거느리고 요하 근방 압록원*으로 도주했다.

10월, 위나라 관구검이 고구려 환도성에 입성하여 위나라 장군

---

*요하는 과거에 압수라 불리었다. 여기서 압록원은 한반도 북부의 압록강이 아니라 요하이다. 당시의 요하는 현재의 대릉하로 생각된다

왕기를 보내 동천태왕을 잡도록 했다. 태왕은 남옥저로 퇴각 후 결국 죽령까지 이르러서야 군대를 수습했다. 동부군단 소속 병사 1만이 태왕을 보호하기 위해 죽령에 이르렀다. 그 중 밀우와 유유가 있었는데 유유가 거짓항복을 위해 왕기에게 갔다. 그리고 선물과 태왕의 항복문서를 보여주며 안심시킨 후 단도로 왕기를 죽였다.

지휘관을 잃은 위군이 당황해하는 사이 태왕은 군대를 세 방향으로 나누어 위군을 공격하여 패퇴시켰다. 고구려군의 승리소식에 사방에서 지원군이 당도했고 4만의 대병을 모은 후 다시 환도성으로 돌아왔다.

백제 고이황제는 위군의 절반이 고구려 정벌에 동원되어 낙랑군이 비었음을 알고 군대를 보내 점령했다. 그리하여 낙랑군의 넓은 들과 18성이 모두 백제의 영역이 되었다.*

관구검은 백제군이 위나라 국경을 침공했다는 소식에 놀라 군대를 철수시키면서 고구려 각지에 비석을 세워 승전을 기념했다.

이보다 앞서 230년에 백제는 관제를 개편했다. 황제 아래로 왕 8명을 두고 제후 10인을 세웠으며, 군을 동부군단(한반도 왜), 북부군단(유주), 중앙군단(청주), 남방군단(대륙 남쪽 남해군), 수군 등으로 편제를 운영했다.

내각에는 내신좌평을 두어 왕명의 출납에 대한 일을 맡게 하고, 내두좌평을 두어 물자와 창고에 대한 일을 맡게 하고, 내법좌평을 두어 예법과 의식에 대한 일을 맡게 하고, 위사좌평을 두어 숙위

---

*낙랑군은 대륙 유주와 기주 근방에 있는 군이며, 낙랑은 우리나라를 칭하는 옛말인 듯하다.

병사에 대한 일을 맡게 하고, 조정좌평을 두어 형벌과 송사에 대한 일을 맡게 하고, 변관좌평을 두어 지방의 군사에 대한 일을 맡게 했다. 또 달솔·은솔·덕솔·한솔·나솔·장덕·시덕·고덕·계덕·대덕·문독·무독·좌군·진무·극우 등을 두었다.

6개 좌평은 모두 1품, 달솔은 2품, 은솔은 3품, 덕솔은 4품, 한솔은 5품, 나솔은 6품, 장덕은 7품, 시덕은 8품, 고덕은 9품, 계덕은 10품, 대덕은 11품, 문독은 12품, 무독은 13품, 좌군은 14품, 진무는 15품, 극우는 16품이었다.

2월, 6품 이상은 자줏빛 옷을 입고 은꽃으로 관을 장식하고, 11품 이상은 붉은 옷을 입으며, 16품 이상은 푸른 옷을 입게 하라는 명령을 내렸다.

3월, 황제의 아우 우수를 내신좌평 겸 우현왕으로 삼았다.

251년 2월, 진가를 내두좌평, 우두를 내법좌평, 고수를 위사좌평, 곤노를 조정좌평, 유기를 변관좌평으로 임명했다.

위나라 권신 사마의(사마중달)가 죽었다. 사마의는 라이벌인 왕족 조상을 제거하고 권력을 독차지해 왕을 허수아비로 만들어 장차 그 후손들이 왕이 되는 기반을 닦아놓았다. 조조가 한나라 황제를 허수아비로 만들고 그 아들 조비가 왕이 된 것처럼 같은 운명을 조조의 후손들이 겪게 되었다. 참으로 아이러니한 역사이다. 결국 사마의의 아들 사마사가 전권을 장악하게 되었고, 위왕 조방이 사마사를 몰아내려 했으나 힘이 적어 어찌할 수 없었다.

한편 촉이 멸망하고 오나라는 태자를 둘러싼 내분으로 시끄러웠다. 위나라 또한 왕과 대신의 권력투쟁이 심했다. 고구려는 수도를

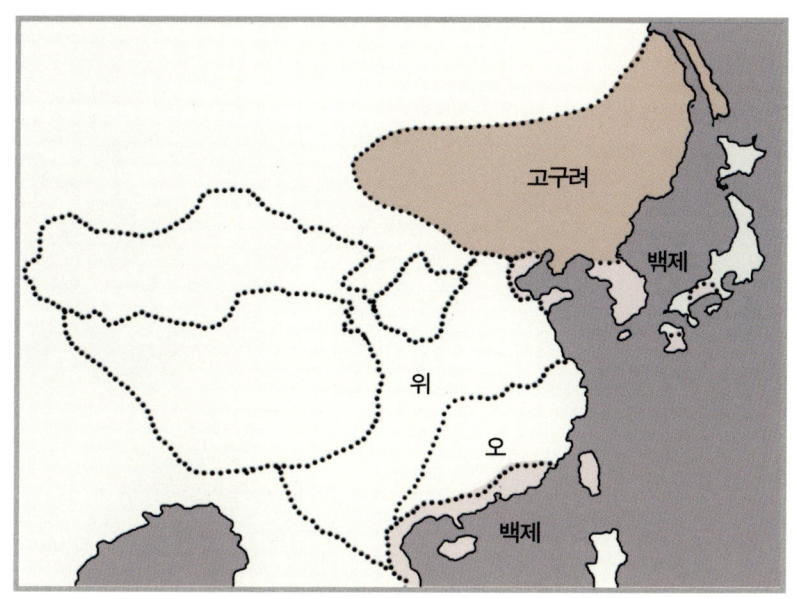

▲ 고이황제 제위 초기 백제 영토

재건하는 데 바빴으며 고조선의 수도인 요동반도 남부의 왕검성으로 수도를 옮기고 평양*이라 했다.

258년, 한반도 북부 말갈의 추장 나갈이 좋은 말 열 필을 백제에 바쳤다. 백제의 국력이 한반도 북부에서 만주로 확대되는 것에 불안을 느낀 나갈이 미리 와서 항복한 것이다. 황제는 크게 치하하며 지방관으로 임명하고 돌려보냈다.

286년, 대백제국의 번영의 기초를 닦은 고이황제가 붕어했다.

---

*평양은 수도를 뜻하는 고구려 말이다.

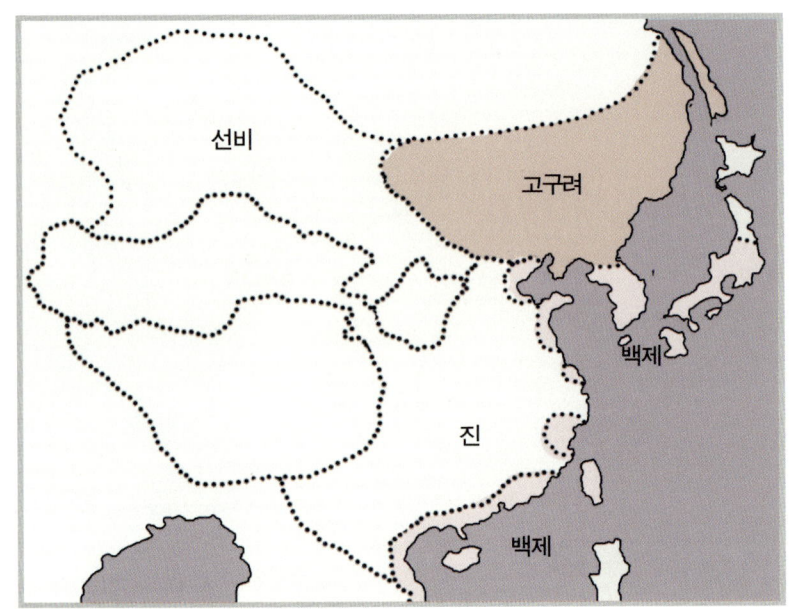
▲ 고이황제 붕어 당시 백제 영토

안으로 제도를 정비하고 밖으로 한반도 남부의 소국들에 대한 지배력을 강화했으며, 북방의 고구려를 위협하고 한반도 북부에서 만주에 이르는 말갈인들에 대한 영향력을 강화했으며, 대륙의 낙랑군을 점령하여 풍부한 물자와 인구를 얻었다. 제위기간 중 백제는 국력이 2배나 성장했으며 인구가 늘어 백제인들이 넘쳐났다.

선황제의 아들인 책계왕이 황제에 등극한 후 청주의 백성을 동원하여 위례성을 보수했다.

고구려가 황해도 대방국을 치자 대방국이 구원을 요청했다. 고구려군 2만이 대방국의 수도(지금의 평양)를 점령하기 위해 밀고 내려왔다.* 책계황제는 대방왕의 딸 보과를 황후로 맞이했기 때문에, "대방은 우리와는 장인과 사위 관계의 나라이니, 그들의 요청을 들어 주어야 한다"고 이르고는 군사 3만을 보내 돕게 했다. 고구려군이 백제군의 출동소식을 듣고 물러갔다. 책계황제는 고구려군의 남하를 염려하여 대방국의 성을 고치는 데 돕게 하고 한강 유역의 성까지 모두 보수하게 했다.

'대방군은 대륙 유주와 기주 사이에 있는 한나라가 설치한 군의 이름이고, 대방국은 황해도에 있던 백제연맹 소속의 소국으로 생각된다. 대방도 역시 우리나라를 달리 부르는 고대언어인 듯하다.
대방국 수도 평양은 백제의 북방 전진기지와 조금 떨어져 있는 것으로 보인다. 즉 평양 인근에 2개의 성이 있는데 1개는 대방국 수도이고, 1개는 백제의 북방전진기지로 생각된다.

팔왕의 난

290년, 위·오·촉시대를 마감하고 새로이 등장한 진나라에 팔왕의 난이 일어난다.

사마씨 일족은 전국에 걸쳐 왕을 세우고 통치했는데 너무 많은 지방의 왕들이 반란에 동참하게 되어 진나라는 사실상 혼돈상태에 이르게 된다. 번국의 왕 중 초왕(양자강 남부를 다스리는 왕)과 여남왕이 낙양에 왔다가 진나라 황후에게 살해당하자 그들이 맡은 지역이 중앙의 통제를 벗어나게 된다.

진나라의 혼란으로 수많은 유민이 발생하여 백제로 피난했는데 책계황제는 이 틈을 놓치지 않았다. 백제는 이들을 수용하고 군대를 양성하여 20만 대군을 길러냈다.

우선 진나라 통치력이 덜 미치는 과거의 초나라지역(초왕이 다스리던 곳)을 공격한다. 이미 초왕이 살해당하고 이 지역은 무법천지였다. 백제군 5만은 남해군을 시점으로 북진하여 주변지역을 장악해 갔다. 오나라 수도였던 건업 주변에는 백제 수군이 상륙하여 장악해 가기 시작했다. 진나라는 이미 내분으로 백제의 공격을 당해낼 수 없었다. 책계황제는 진나라를 평정했다는 뜻으로 '진평군, 진평현'을 새로 정복한 땅에 이름 붙였다.

진나라는 계속된 내분으로 힘이 다하여 각 지방의 왕과 제후들이 북방의 이민족을 끌어들이기 시작했다. 고구려에 제압된 이후 대부분의 선비족이 고구려의 지배에 들어갔지만 일부 선비족은 사분오열하여 여러 부족을 세웠다. 이들은 진나라의 변방 제후들이 서로 황제가 되기 위해 반란을 일으키자 상당한 금액의 보물과 영토를 약속받고 내전에 관여하게 된다.

백제군은 점차 해안지대를 모두 석권해가기 시작했다. 진나라 중앙에서도 백제의 위협에 대처하기 위해 대책을 세우기 시작했다.

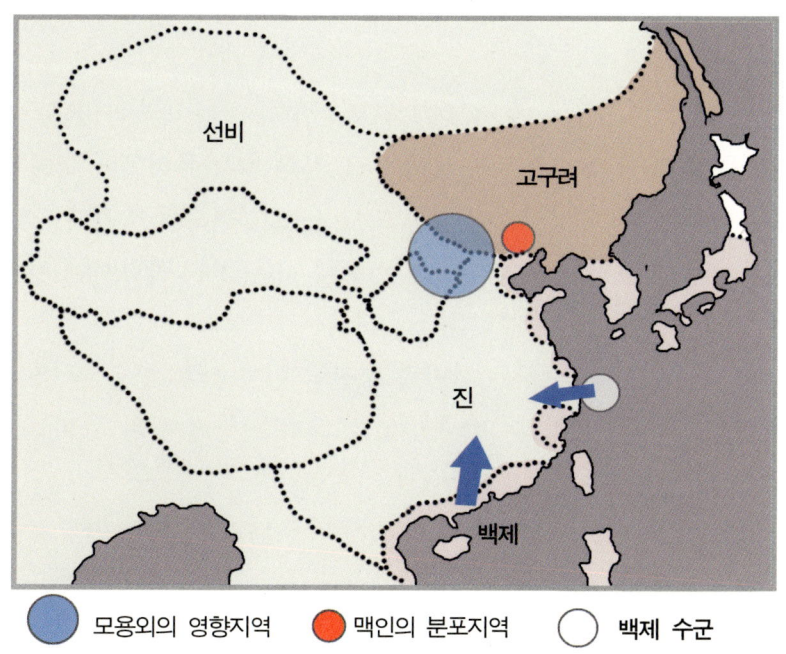

298년 8월, 진나라는 고구려에 사신을 보내 도와줄 것을 요청했다. 고구려는 당시 모용외의 선비족을 물리치고 한껏 기세가 높았다. 고구려 봉상태왕은 백제가 날로 번창해가는 것에 불안감을 느끼던 터에 진나라의 요청을 받고 군대를 파견하기로 한다.

9월, 진나라 군대 3만과 고구려군 3천, 맥인* 1만의 연합군은 백제 유주지방으로 진격한다. 책계황제가 직접 5만 대군을 이끌고 전투에 나섰다. 진나라 군대는 보병 중심의 나약한 군대였다.

황제는 진나라 군대의 진영을 보고 비웃었다. 백제군은 이미 철기군 1만에 기병 2만의 강병을 대동하고 나온 터라 숫자도 적은 진나라 군대는 상대가 되지 않는다고 생각했다. 낙랑군의 넓은 평원에서 진나라군은 창병과 궁병을 앞세우고 길게 나열했다. 이들은 곧 도착할 고구려 지원군이 백제 후방을 공격할 때까지만 버티도록 명령받았다.

백제 철기군은 선봉에 서고 그 뒤로 기병과 보병이 뒤따랐다. 아침밥을 먹고 황제는 선두에 서서 군을 지휘했다. 부하들이 책계황제는 체격이 다른 병사보다 훨씬 크고 용모가 훤하여 멀리서도 보이기 때문에 표적이 되기 쉬우니 선봉에 서는 것을 말렸지만 황제의 고집을 꺾을 수는 없었다.

진나라 병사 중 도계는 선비족 출신의 병사였다. 활을 잘 쏘아 궁병 중에서도 인정받는 병사였다. 진나라 변방에서 활약하던 선

---

*맥인은 고구려인을 달리 부르는 말이다. 고구려는 맥인과 쥬신 대다수와 동호계 일부가 합쳐진 국가이다
 · 맥인 : 대릉하와 요하에 걸쳐 살던 사람. 즉 고조선 유민
 · 쥬신 : 압록강 이북에 살던 사람. 즉 말갈, 여진
 · 동호계 : 몽골에서 요하 서북쪽에 살던 사람. 즉 선비족, 몽골족

비족 병사들은 진나라의 요청으로 진나라 각 왕부의 사병이 되기도 했다. 그는 지금 조왕 사마륜의 사병이었다.

조왕 사마륜은 진나라 황후와 대립하며 군대를 모으던 중 선비족 군대까지 끌어들였다. 황후가 이번 백세 전쟁에 조왕을 떠밀었다. 진나라 황제인 혜제는 무능하고 황후에게 끌려 다녔으며 각 왕들의 반란에 속수무책이었다. 그나마 조왕 사마륜이 권력을 쥐고 지방 왕들의 반란을 막고 있었다.

권력을 황후인 가씨 일당과 조왕 사마륜이 양분하고 있었으나 황후가 백제와의 전쟁에 조왕 사마륜이 적당하다고 천거하여 어쩔 수 없이 나온 것이다. 조왕이 이번 전쟁에서 패배하면 황후는 그것을 구실로 죽일 생각이었다. 조왕 사마륜도 이 사실을 알고 고구려군까지 끌어들인 것이었다.

조왕의 사병들은 최전선에서 백제군을 맞았다. 반 시진 만에 백제 철기군은 진나라군 중앙을 돌파했다. 조왕이 패배를 인정하고 퇴각하려는 순간 고구려 철기군이 도착해 백제군 보병을 공격했

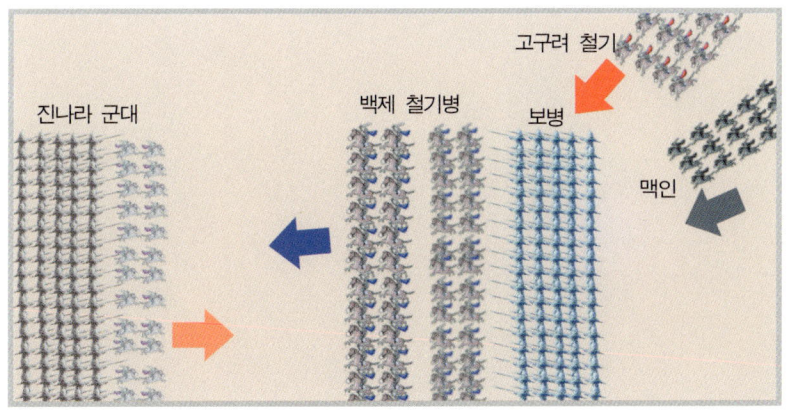

▲ 전투 상황도

다. 뜻밖의 기습에 놀란 백제군의 전열이 흐트러졌다. 책계황제는 기병을 빼서 고구려군을 막도록 명령했다.

그때였다. 도계가 쏜 화살이 책계황제의 말에 맞는 바람에 말이 넘어지면서 황제가 거꾸로 땅에 넘어졌다. 황제가 넘어지자 곧바로 백제 근위병이 호송하여 퇴각했으나 이틀 뒤 황제는 붕어했다. 목뼈가 부러져 죽은 것이다. 백제는 낙랑군 일부를 진나라군에 내주었고 고구려군은 요하 인근을 얻었다.

황제의 죽음에 백제군은 당황하여 유주 일부에서 철군했다.

자비로운 비류왕

298년 10월, 선황제 책계의 맏아들 분서왕이 나이 30세에 황위를 계승했다.

나이 50이 안 돼 죽은 선황제는 수많은 아들 중에서 분서황제를 유난히 사랑했다. 그는 어려서부터 전략에 밝았으며 나라를 다스리는 데 힘썼다. 선황을 닮아 체격이 크고 무술을 잘했다. 왕과 제후, 백성들이 분서황제를 크게 신임했고 분서황제는 선황의 복수를 위해 대군을 모았다. 등극하자마자 죄수들을 크게 사면했고 황숙 비류왕을 신임하여 군권을 맡기고 돕게 했다.

299년 정월, 분서황제가 시조 동명왕의 사당에 들러 제사를 지내며 복수를 다짐했다.

304년 2월, 분서황제는 백제군 10만을 일으켜 5만을 비류왕에게 맡겨 대륙 남해안을 공격케 하고 5만의 군대는 직접 이끌고 낙랑군의 서현을 기습하여 빼앗았다.

한편 진나라는 혜제가 폐위되었다가 다시 복위되었고 조왕 사마륜은 자결했다. 장사왕 사마애, 동해왕 사마월, 하간왕 사마옹이 군사를 일으켜 서로 황제가 되려고 다투었다. 이 중 동해왕 사마월의 군대가 가장 강력하여 주변 왕들을 복속시키고 수도 낙양을 차지했다.

낙랑군은 동해왕의 관할구역으로 동해왕은 기나긴 내란의 종지부를 찍어 가던 중 백제의 기습을 받고 당황했다. 고구려 또한 302년에 진나라를 공격하여 많은 백성과 땅을 빼앗아 갔다. 동해왕은 정면대결하여 백제군을 이길 수 없음을 깨닫고 낙랑태수에게 비책을 지시한다.

낙랑태수 위문은 미인을 골라 백제에 선물로 보낸다. 젊은 분서황제는 진나라가 보낸 선물에 만족했다. 또한 사절을 보내어 더 많은 땅을 내놓지 않으면 다시 대군을 일으켜 침공하겠다고 경고했다. 진나라 미인 중 2명이 후궁이 되었고 그 중 하나가 총애를 받았다. 화연이란 이름의 진나라 여인은 고향인 낙랑군에 가고 싶어했다. 그리하여 청주의 위례성에 머물던 황제는 제국을 순시하기로 하고 백제 영토 내의 낙랑군에 들렀다.

낙랑군의 2/3는 백제 영토였다. 진나라 낙랑태수가 미리 연락을 받고 자객 50인을 풀어 황제의 순시길에 매복해 놓았는데 5천 명이나 되는 황제의 근위대도 자객을 막지 못했다. 황제가 아픈 백성의 손을 잡고 위문할 때 자객은 독이 묻은 칼로 황제의 손을 찔렀다. 곧바로 어의에게 갔으나 해독이 늦어 붕어하고 말았다. 그 후 자객 50인은 모두 붙잡혀 산 채로 바닷물에 던져졌다.

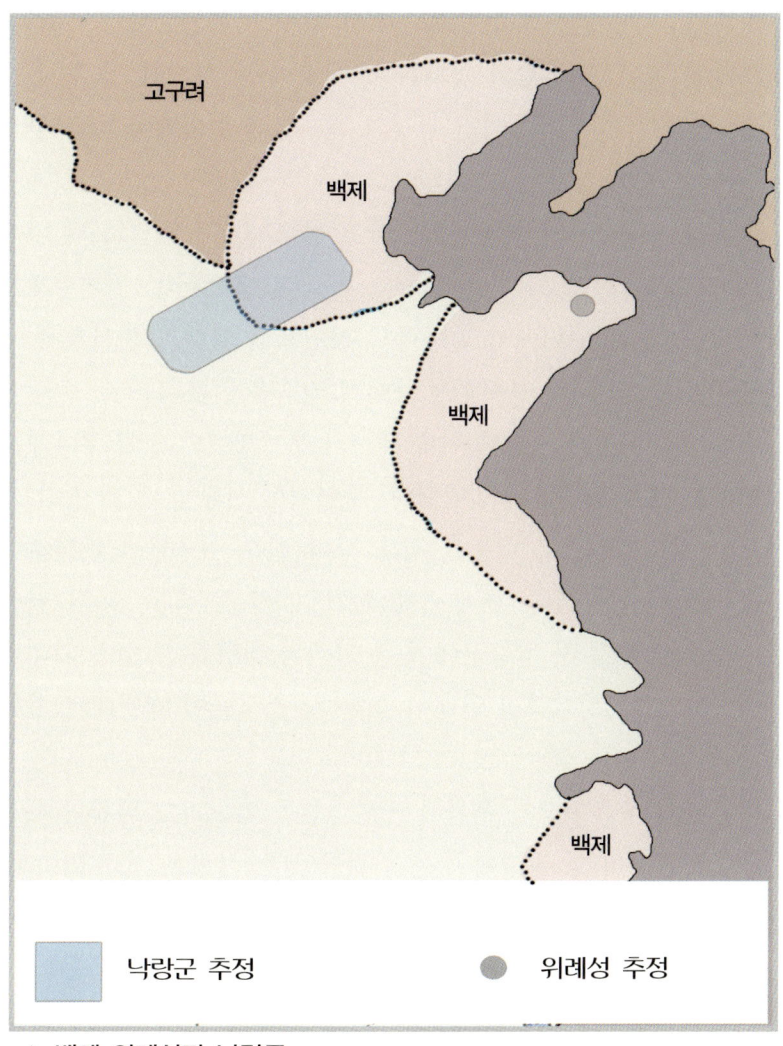

▲ 백제 위례성과 낙랑군

*위례성의 위치는 산둥과 유주 둘 중 하나로 생각된다. 별자리 관측 기록으로 본 위치는 북경 인근이지만 하남 땅 위례란 기록 때문에 하를 황하로 해석하여 필자는 산둥으로 본다.

304년, 비류왕은 대륙 남해안에서 청주 위례성으로 돌아왔다. 선황제가 붕어 후 선황의 장자는 12세로 아직 황제가 될 수 없었다. 그리하여 비류왕이 여러 왕들과 제후들과 협의하여 다음 황제를 뽑기로 했다.

비류왕은 구수왕의 둘째아들이라고 삼국사기에 써 있으나 나이가 맞지 않아 실제로는 고이황제의 아들로 생각된다. 책계황제가 황위에 오른 후 권력에서 밀려나서 평민으로 살다가 분서황제 때 등용되어 활약하다가 분서황제 붕어시 권력을 잡은 것으로 보인다.

비류왕을 지지하는 남쪽 귀족 세력과 분서황제의 장자 부여계를 지지하는 북쪽 귀족들이 대립했다. 부여계는 선황제 때 태자 겸 설왕으로 임명되었으나 내분을 겪는 사이 일부 귀족들이 이탈하여 독자 세력을 형성했다. 백제 유주와 기주, 청주, 서주, 교주, 남해군, 진평군, 광양군, 광릉군에 속한 귀족이 대립했다. 한반도 내의 통제력도 많이 상실하여 연맹에 속한 각 소국들이 제멋대로 활동했다.

비류왕의 이복동생인 우복이 군사 3천을 거느리고 설왕의 사병 2천을 공격하여 양 진영에 전운이 감돌았다. 설왕은 진씨 귀족 대다수와 해씨 일부의 지지를 받고 있었고, 비류왕은 진씨 일부와 해씨 대부분의 지지를 받고 있었다. 비류왕이 먼저 청주와 인근을 장악했으나 이복동생인 우복은 유주로 진격하여 유주의 각 제후와 귀족들로부터 지지를 이끌어냈다.

설왕의 나이가 어리므로 양쪽에서 황족과 왕들이 중재에 나섰다. 결국 다음 황제는 비류왕이 이어 가기로 하되 비류왕이 선황제의 장자인 설왕을 태자로 봉하여 그 다음 황위를 약속하는 것으로

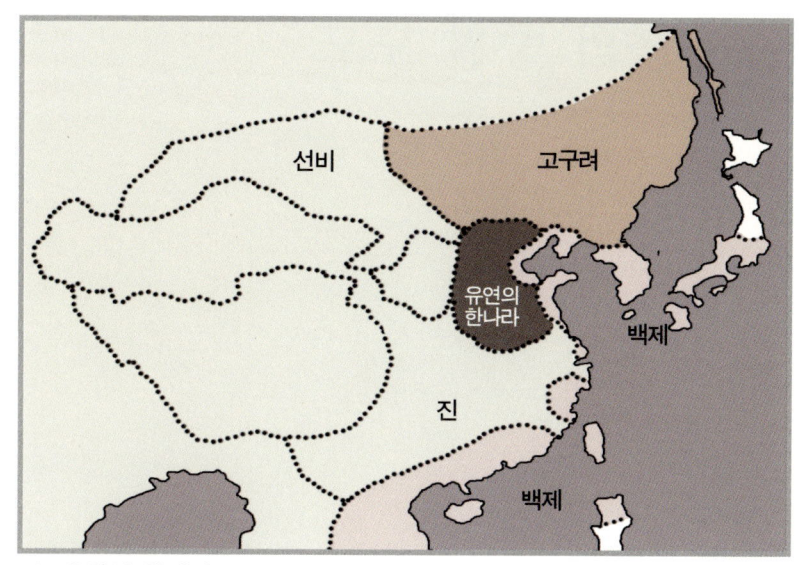
▲ 유연의 한나라

일단락되었다.

　비류왕의 남방군단 8만과 청주의 귀족 세력들이 손을 잡은 까닭도 있지만 평민생활에서 인격을 수양한 비류왕의 인격이 훌륭하여 폭넓은 지지를 얻은 이유도 있었다. 진씨 귀족들도 그 점을 인정했고 설왕을 해치지 않고 약속을 지킬 것이라는 믿음을 갖게 된 것이 결정적이었다.

선비족의 중원 도모

306년, 진나라의 내분이 종료되었다. 사마월이 혜제의 동생 회제를 황제로 추대하고 전권을 장악했다. 하지만 곧 진나라는 그들이 끌어들인 선비족 유연에게 공격을 당하게 된다. 이미 허약해진 진나라는 유연이 세운 한나라에 고전했다.

비류왕은 우여곡절 끝에 황제에 즉위했으나 대륙 북쪽의 영토를 많이 잃게 되었다.

308년, 유연은 황제라 칭하고는 대군을 이끌고 남하하여 산서성 평양에 도읍을 옮기고 제국이라 선포한다. 진나라는 사마월이 각 지방에 있는 번왕의 군대를 모아 막으려 했으나 중과부적衆寡不敵으로 패퇴했고 회제는 낙양에서 탈출하다가 포로가 된다. 이후 장안이 점령되고 사실상 진나라는 멸망한다. 일부 황족이 도망하여 동진을 세웠다.

선비족 유연이 세운 전조가 관중에서 황하 하류까지 차지하게

▲ 중원을 장악한 전조

된다. 전조는 고구려, 백제와 충돌하고 싶지 않았다. 진나라를 멸망시키고 남쪽으로 쫓아냈지만 여러 유목민족들이 아직 통제되지 않았기 때문이다. 게다가 전조의 장군인 석륵이 딴마음을 품고 사병을 육성하고 있었다.

312년 2월, 비류황제가 각지에 사신을 파견하여 관리의 부패를 파악하고 암행하며 귀족들의 전횡을 막았다. 이들은 각지의 가난한 백성들과 억울한 백성들을 구제했고, 특히 홀아비, 과부, 고아, 자식 없는 노인에게 일인당 곡식 3석(=6가마니=480kg)씩을 주었다. 백성들이 황제를 칭송하는 소리가 이웃 나라에까지 들렸다.*

4월, 비류황제가 시조 동명왕의 사당에 제사 지내며 하늘에 백성들을 돌봐줄 것을 기도했다. 나라의 통치는 부국강병도 중요하지만 힘없는 백성을 돌보는 것이 더 중요하다.

비류황제는 해구를 지방군 총사령관인 병관좌평으로 임명했다.

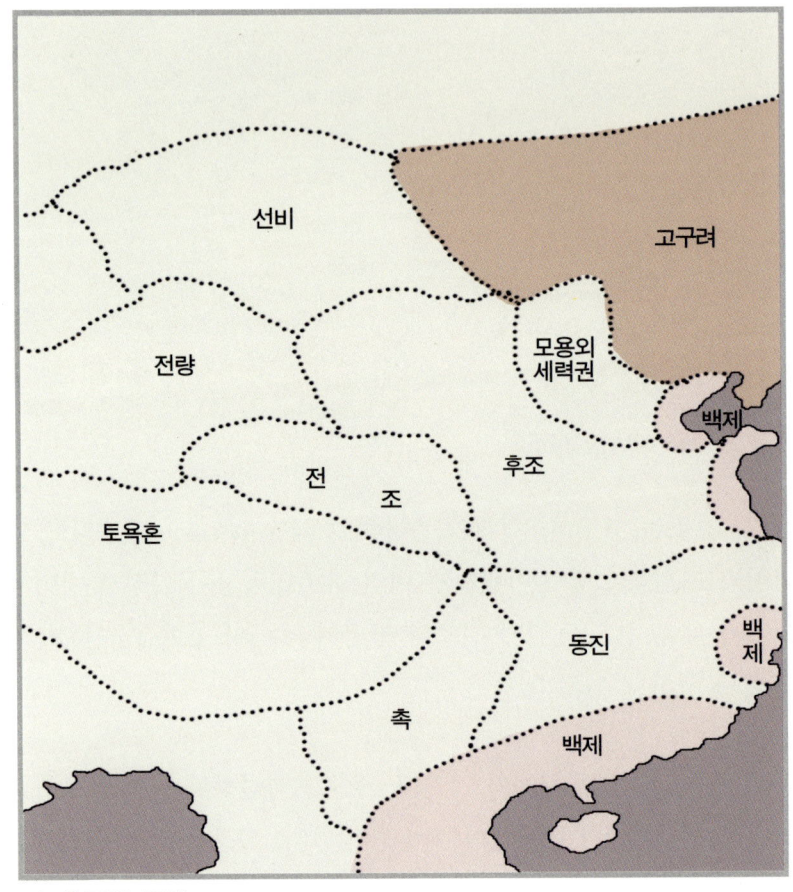

▲ 후조의 등장

---

*백제 역대 황제 중 백성들에게 이처럼 인기 있는 황제는 드물었다. 이후에 등장하는 근초고황제나 근구수황제, 동성황제 모두 전쟁에 능하고 백제를 대제국의 반열에 올려놓으며 사방을 통치했으나 비류황제보다 백성들에게 신망을 얻지는 못했다.

319년, 후조를 건국한 석륵이 그 위세를 떨쳐 전조의 땅을 거의 다 빼앗았다.

320년, 선비족 모용외가 세력을 키워 고구려와 전쟁을 벌였다. 고구려 내의 귀족인 우문씨와 단씨가 고구려 정예군과 함께 자신들의 영역을 지키기 위해 모용외와 자주 싸웠다.

322년 정월, 비류황제는 이복동생이자 공신인 우복을 내신좌평으로 삼았다.

7월, 유주 남쪽 지방에 메뚜기 떼가 나타나 곡식을 해쳤다. 비류황제는 내치에 힘쓰며 정복전쟁은 하지 않았다(역대 백제황제 중 가장 평화를 사랑한 황제로 생각된다). 비류황제는 숙적 고구려와도 전쟁을 하지 않았고 연맹에 속한 소국들에게도 인정으로 대했다. 백성을 아끼고 사랑하기를 자식같이 하여 주변국의 백성이 이를 부러워하여 이주하는 자가 많았다. 국제 정세는 혼란의 시기였으나 뚜렷한 강국은 없었으므로 백제로서는 크게 두려워할 상대가 없었다.

당시 백제는 인구가 천만에 가깝고 병사가 25만이 넘었으며 각지의 창고마다 곡식이 풍성하여 수십 년 뒤 제위에 올라 천하를 호령하는 근초고황제의 대제국 건설 기반이 완벽하게 닦여졌다.

선비족은 그 갈래가 여러 가지이나 절반 이상이 고구려에 복속되어 우문씨와 단씨처럼 고구려 내에 일정한 지분을 가지고 귀족으로 살았다. 모용외 또한 원래 고구려에 속한 선비족이었으나 진나라에 귀의한 후 힘을 키워 북방의 혼란시기에 제왕이 되었다. 전

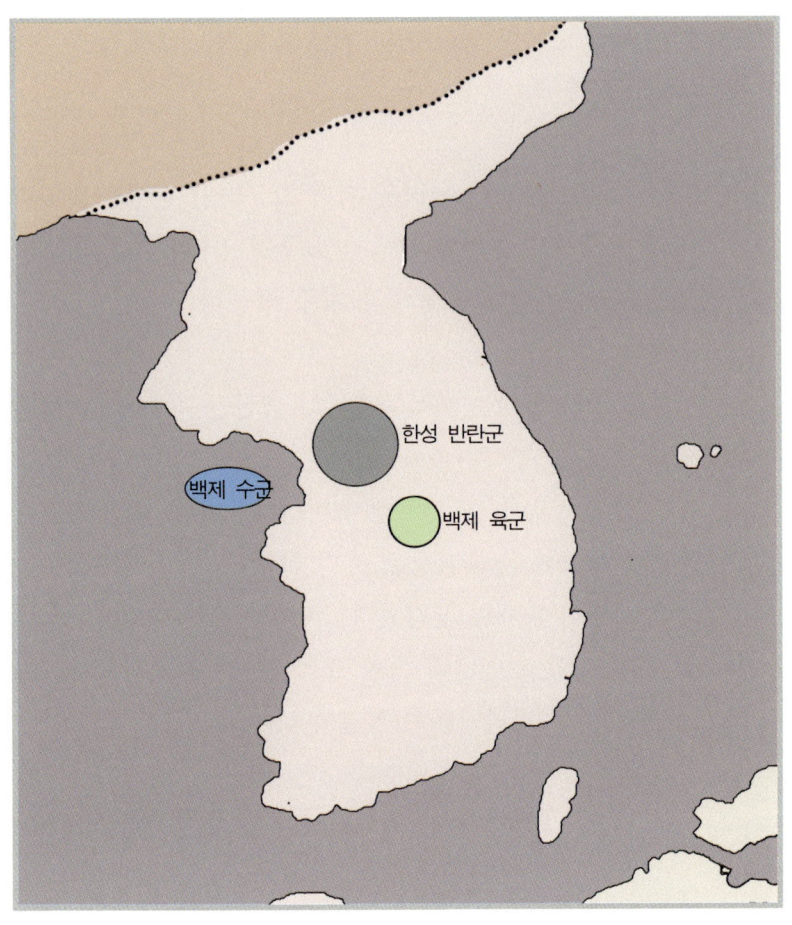

조, 후조로 넘어가는 시기에도 독자 세력화하며 결국 황하 이북의 강자로 떠올랐다.

327년 9월, 비류황제의 동생이자 내신좌평 우복이 한반도 한성을 거점으로 병사 2만을 모아 반란을 일으켰다. 황제는 수군 2만과 육군 2만을 동원하여 한성을 포위했다. 한성(몽촌토성)은 당시

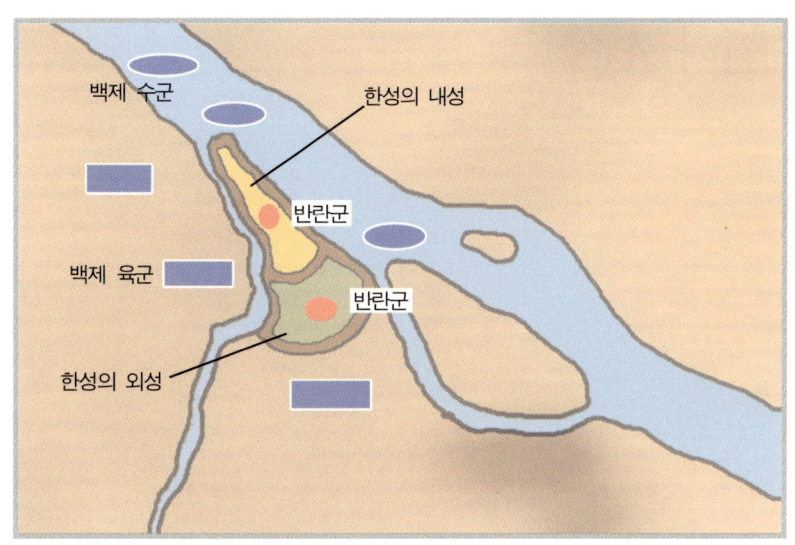

▲ 군대 배치도(현재의 서울시 몽촌토성)

한반도 백제를 통치하는 중심지역이었다.

　비류황제는 백제 정예군을 파견하여 한성을 포위했다. 성의 높이는 15m 이상, 폭은 40m에 이르고 발석차 수십 대를 보유한 난공불락難攻不落의 성이었다. 한반도 내의 백제연맹에 속한 소국들로부터 지지를 받지 못한 반란군은 백성들의 현저한 지지를 받는 황제의 군대를 이길 수가 없었다.

　비류황제는 성이 높고 견고하여 쉽사리 점령당하지 않자 포위하여 군량이 떨어지기를 기다렸다. 한 달을 포위하자 성내의 반란군끼리 내분이 생겨 반란 수괴인 내신좌평 우복이 포박되어 끌려나왔다. 이후 백제 수군 총사령관 진의가 내신좌평이 되었다.

연나라 건국

337년, 연나라가 건국되었다. 아직 초창기 세력인 연나라는 백제와 수교하고 공동의 적인 고구려에 대항하기로 한다. 아직 관중에서 황하까지는 후조의 땅이었다. 연나라는 백제와 후조에 저자세를 취하고 그들의 배후지원으로 북방의 강자 고구려를 밀어내기 시작했다.

342년 10월, 연왕 모용황이 용성으로 수도를 이동했다. 연나라의 대신들은 모용황에게 후조와 백제의 지원을 등에 업고 북방의 고구려를 쳐야 한다고 주장했다. 선비족의 절반이 고구려 영향력 아래에 있으니 고구려를 패퇴시키면 자연히 선비족은 모두 연에 귀의할 것이며, 게다가 단씨와 우문씨 같은 고구려에 귀의한 선비족 세력을 밀어내고 모용씨가 선비족의 진정한 왕이 돼야 한다고 주장했다.

연왕이 백제에 군사를 요청했다. 비류황제가 태자 설왕으로 하여금 병사 3만을 주어 연나라의 고구려 침공에 동행하게 했다.

11월, 백제 설왕 부여계의 3만 군대와 연왕 모용황의 4만 대군이 고구려의 요동반도로 진격했다. 병사를 나누어 연나라 장군 모용한과 모용패를 선봉으로 삼고, 백제군과 연나라 주력군은 요동반도의 남쪽 길로, 연나라 장군 왕우의 1만5천 군대는 북쪽으로 진격했다. 예로부터 요동 북쪽 길은 평탄하여 대군이 이동하기 쉽고 남쪽 길은 험하여 이동이 어려웠다. 그러나 이번에 백제군과 연나라군은 주력을 남쪽에 보내 고구려의 허를 찔렀다.

고국원태왕은 아우 무에게 고구려 정예군 5만을 주어 북쪽 방어선으로 보내고 자신은 군사 3만을 이끌고 남쪽을 지켰다. 설마 남쪽으로 적의 대군이 오리라고는 예상하지 못한 것이다. 연나라 선봉군 1만과 장군 모용한이 남쪽의 고구려군을 선제공격했고 태왕

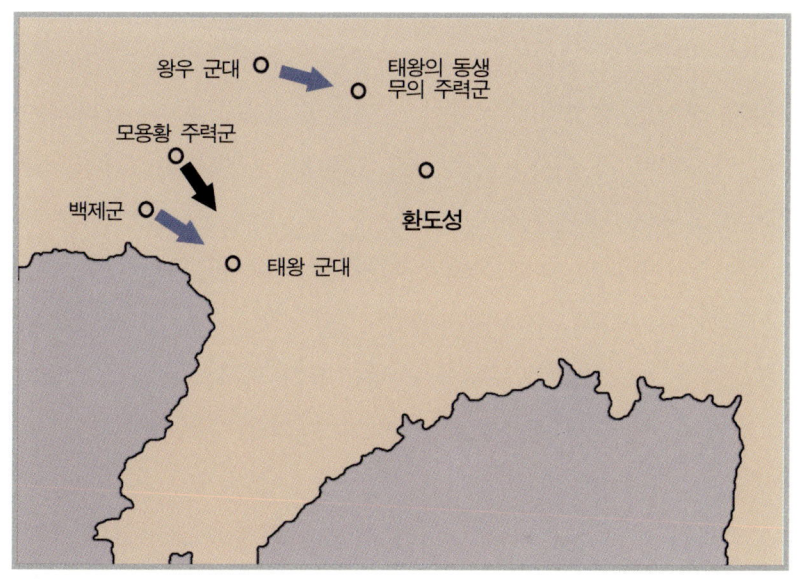

▲ 각군 배치도

이 이들을 격퇴시켰다. 태왕이 이들을 추격하자 곧이어 도착한 연나라 주력군과 백제군에게 격퇴당했다.

　태왕이 군대를 수습하여 평야에 진을 쳤다. 뒤따라온 백제군과 연나라군이 진영을 세웠다. 연나라 좌장군 한수가 일기토를 제안해 고구려 장군 아불화도가를 보내어 싸우게 했다. 아불화도가는 고구려 북부 출신으로 무예로는 그를 당해낼 자가 없었다. 한수가 아불화도가와 한참을 싸워 승부가 나지 않자 아불화도가의 말을 창으로 내리쳤다. 말이 넘어지며 아불화도가가 자신의 창을 놓치자 한수가 창으로 찔러 죽였다.

　이를 본 백제군과 연나라군이 총공격하여 고구려군을 패퇴시켰다. 곧장 백제군과 연나라군이 수도 환도성을 함락시켰다. 태왕은 기병 수천을 이끌고 단웅곡으로 후퇴했다. 연나라군은 고구려 태후와 황후 등 수많은 귀족을 잡아가고 보물을 약탈해 갔다.

　반면 북쪽 길로 공격한 연나라 장군 왕우의 군대는 고구려 대장군이자 태왕의 동생인 고우에게 포위되어 전멸당했다. 그러자 고구려 각지에서 지원군이 속속 수도 근처로 집결했다. 고우의 5만 군대와 고구려 동부군단 3만, 만주에 있던 남방군단 2만, 태왕의 패잔병 5천이 모두 수도 근처로 집결했다. 백제군과 연나라 군은 포위될까 우려하여 즉각 철군했다.

　모용황은 미천태왕의 무덤을 도굴하여 그 시체와 보물을 탈취하고, 남녀 5만여 명을 포로로 끌고 가고, 대궐을 불태우며 환도성벽을 부수고 회군했다.

　고구려는 백제와 연나라에 사신을 보내 화의를 요청했다. 비류황제는 화의에 동의했고 연왕 모용황도 동의했다.

344년, 백성의 사랑을 받던 비류황제가 붕어했다. 80이 넘을 때까지 장수한 황제는 약속대로 선황제의 장남 계를 다음 황제로 지목했다. 부여계가 다음 황제가 되었으나 그의 나이가 이미 51세였다.

비류황제의 맏아들은 이미 죽었고 둘째아들 근초고왕도 부황의 명을 받들어 부여계의 황제 즉위를 반대하지 않았다. 부여계는 황제가 되어 설명황제라 했다. 그 후 그도 나이가 많아 곧 붕어하고 근초고왕이 다음 황제가 되었는데 이가 바로 대백제의 번영을 이룬 백제 역사상 최고의 황제이다.

제2부
중원을 향하여

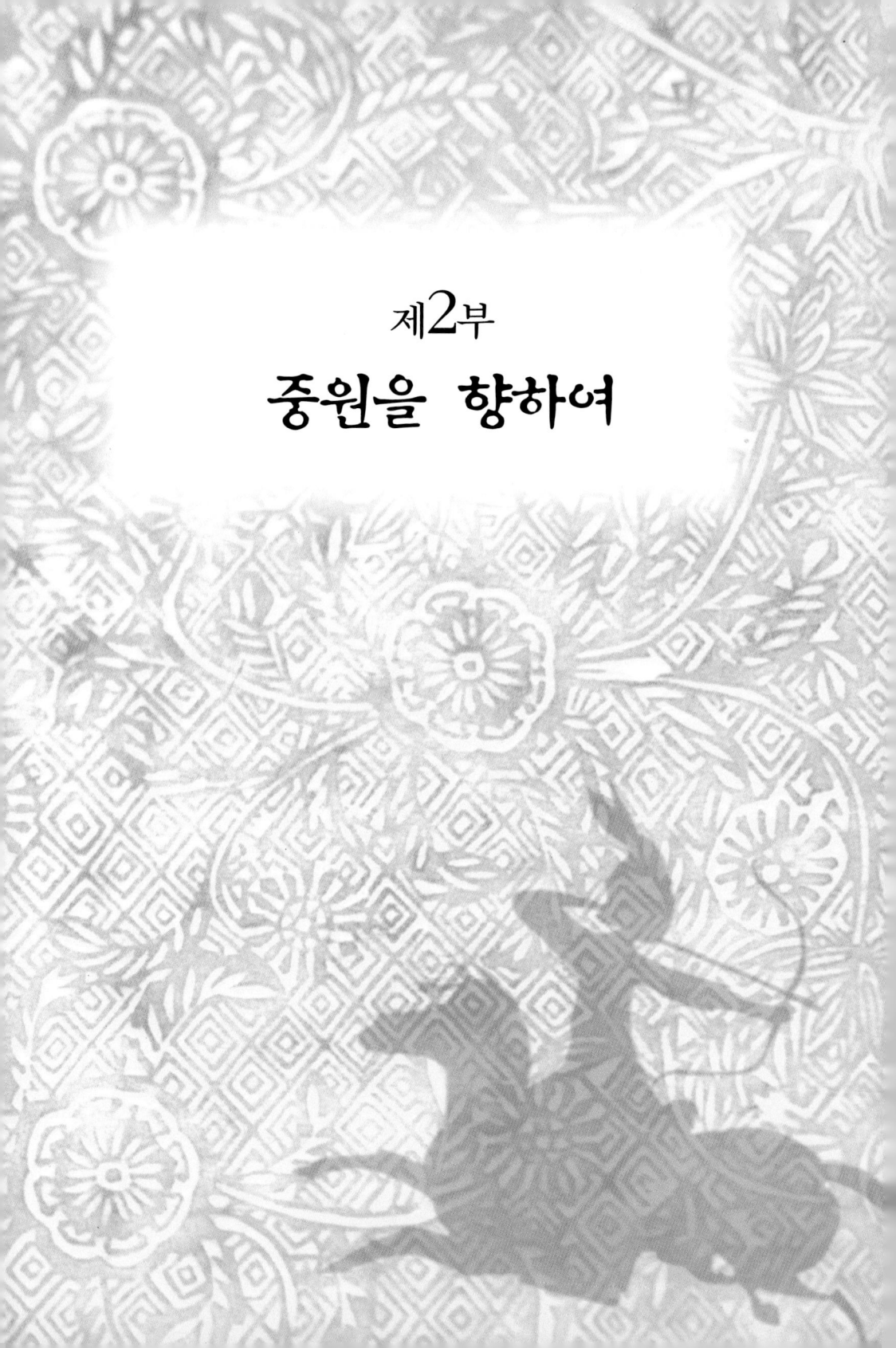

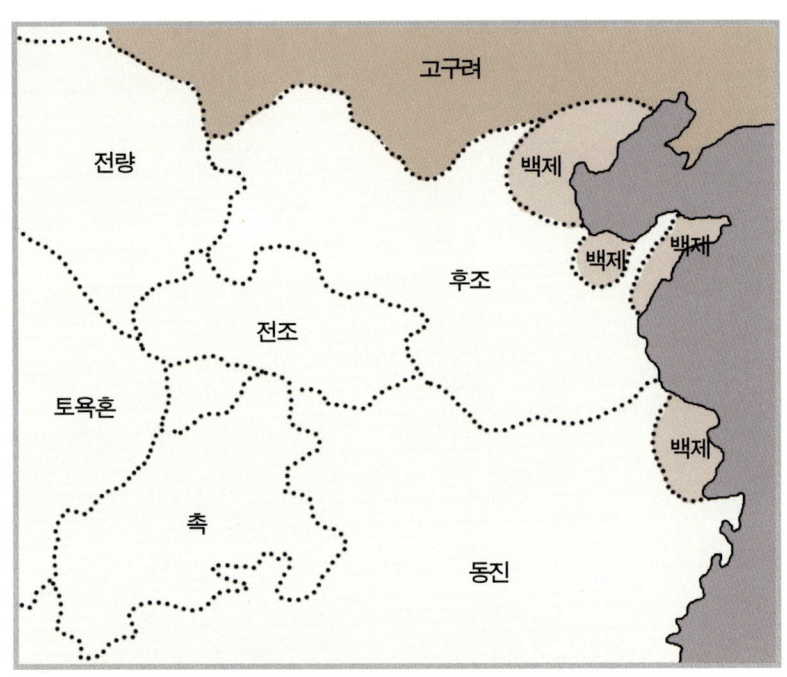
▲ 근초고천황 즉위 초기 백제와 고구려의 영토

대제국의 시작

346년, 새로이 등극한 근초고천황은 비류천황의 둘째 아들이다. 그는 체격이 크고 용모가 기이했으며 원대한 식견이 있었다. 설명천황이 붕어하자 그가 왕위를 이었다. 근초고천황 등극 이전에 백제의 영토는 한반도와 산둥성 일부, 일본 규슈 근처 등지로 고구려에 비해 많이 좁았다.

백제는 건국 초기 산둥반도에 정착한 동생 온조백제와 한반도 한수 이남에 정착한 비류백제 두 국가였다. 비류백제가 온조백제에 병합되어 근초고천황까지 이어져 내려오고 있었다.
백제의 시조 비류와 온조가 추모태왕의 자손이 아니라고 한 것은 고구려 쪽에서 퍼뜨린 소문으로 추모왕의 정식 황후 소생인 비류와 온조를 폄하하고 자신들의 태왕인 유리태왕을 추모왕의 직계로 내세우기 위함이었다.

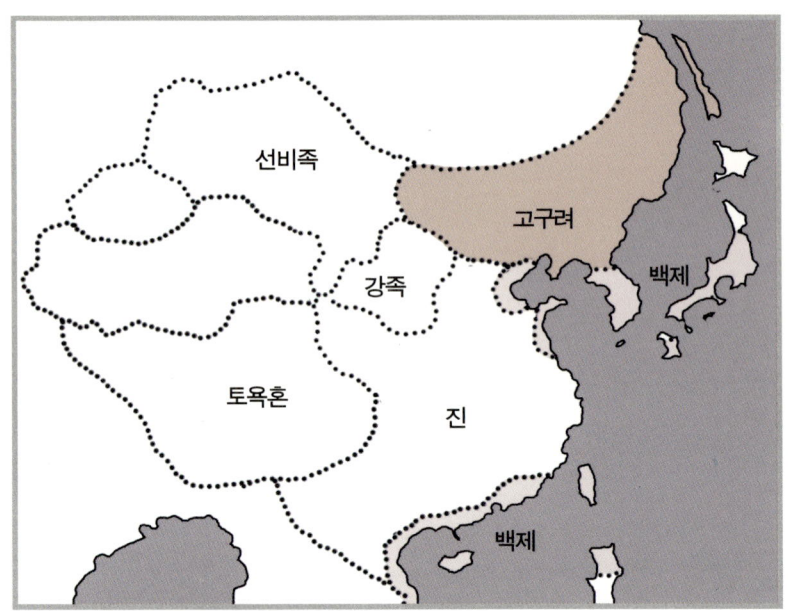
▲ 근초고천황 이전의 백제 영토

 백제 쪽에서도 고구려의 유리태왕의 어머니가 정식 황후가 아니라 일반 백성이라고 소문을 내었다. 반면 자신들의 시조인 온조천황은 계루 공주이자 고구려 개국공신이며 추모왕의 정식 황후인 소서노의 아들이라고 내세웠다.

 근초고천황 이전에 백제는 형제국 고구려에 비해 열세였다. 고구려는 개국 초반부터 황하 이북의 땅을 차지하고, 한나라와 전쟁하여 여러 번 이기고, 좌원(북경 이남으로 추정)대첩에서는 한나라군 20만을 전멸시킨 예가 있었다. 위나라군에 고구려가 패하여 수도를 버린 적도 있지만 아직까지 고구려는 백제보다 대국이었다.
 현재 중원은 후조의 포악한 독재자 석호가 지배하고 있었다. 고구려는 건국 초기에 강력한 힘을 발휘하여 선비족을 몰아내고 북방의 패자가 되었으나 이후 선비족과 위나라에 밀려 요동과 요서를 빼앗기고, 이후 일어선 진나라에 계속 땅을 뺏기고 있었다. 하지만 백제도 진나라가 허약한 틈을 타서 요서 일부와 대륙남부 일부를 차지하고 있지만 아직 그 힘은 미약한 상태였다.

후조의 왕인 석호는 잔인한 인물로서(제위 334~349) 별명이 백정이었다. 그가 얼마나 잔인했는지 유명한 일화가 있다.

자신을 암살하려 했던 아들 앞에서 자신이 총애했던 손자와 며느리를 산 채로 찢어 죽였고, 아들 역시 잔인하게 죽였다. 자신의 가장 예쁜 첩을 불속에 밀어 넣었고 아무 이유 없이 살인을 밥 먹듯했다. 그야말로 미치광이였다.

아이러니하게도 석호는 불교에 심취해 있었는데 도무지 이해가 안 가는 인물이었다. 하지만 그의 치세에 후조의 영역은 섬서와 산서, 호북, 산동 일부, 호남, 강서 북부와 안휘성까지 확대되어 북으로는 선비계 유목민인 탁발의 영역과 고구려 땅과 경계를 이루었고, 남으로는 동진을 심하게 압박했다.

대륙은 지금 후조의 독재자 석호의 포악한 정치로 혼란해져가고 새로 일어난 전연은 그 힘을 키워가고 있었다.

전연은 북방의 강국 고구려를 밀어내고 고구려의 땅을 요하 동쪽으로 축소시켜버렸다. 근초고천황은 즉위 후 새로이 떠오르는 중원의 강자 전연과 동맹을 맺기로 한다. 전연과의 동맹은 고구려를 밀어내기 위함이었다. 전연은 북방의 고구려와 서쪽의 후조에 둘러싸여 있으므로 동맹국이 필요했다.

349년, 후조의 독재자 석호가 죽자 제국은 혼란에 빠졌다. 후조의 동쪽은 전연이, 서쪽은 전진이 지배하고 있었다.

351년, 저족의 추장 부견이 장안을 공략하여 도읍으로 정하고 스스로 천왕대선우天王大單于라 칭하며 국호를 대진大秦이라 했다. 제3대 부견符堅 때는 현신賢臣 왕맹王猛을 얻고 국력을 착실히 쌓아 5호시대 왕조 중 가장 융성했다. 그야말로 왕조가 우후죽순 들어서고 나라가 바뀌는 혼돈의 시대였다.

백제의 지원을 등에 업고 북방의 강자 고구려를 제압한 전연은 고구려의 태자를 인질로 잡고 고구려의 수도를 함락시키고 태후와 황후를 빼앗아가는 등 큰 모욕을 주었다. 이들은 자칭 북방의 패자이자 강국으로 성장했다. 하지만 너무 강국으로 성장하자 근초고

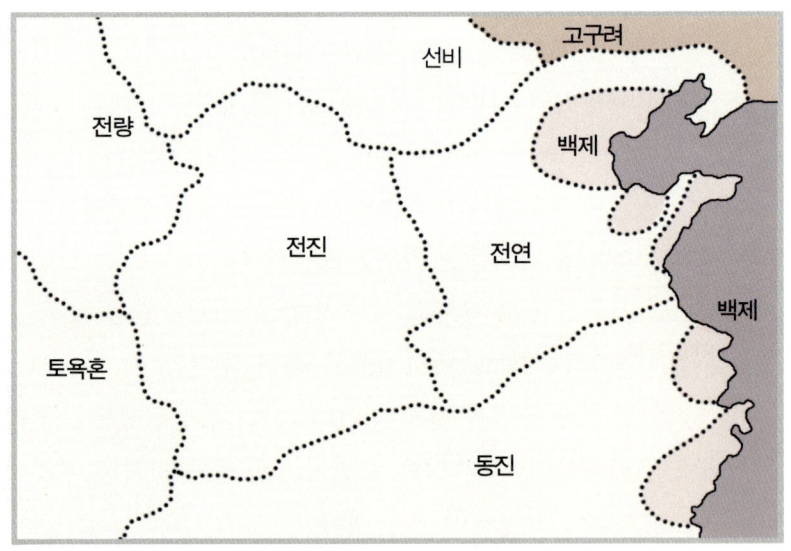

▲ 전연과 전진, 동진의 세력권

천황이 경계하기 시작했다. 인구가 많은 황하유역을 대부분 차지했기 때문에 동원할 수 있는 군대도 엄청났다.

350년, 연나라 군사 20만 명이 북경을 함락하자 곧 수도를 이곳으로 옮기고, 이윽고 352년에 염민을 죽이고 후조 이래의 수도인 업을 점령했다. 모용준이 북경에서 대연大燕의 황제 자리에 오르자, 이에 전연前燕 제국이 탄생하게 된다.

전연은 옛 후조의 잔존 세력을 제거하면서 하남으로부터 산동 방면으로 진출하여 357년에는 수도를 북경에서 업으로 옮기고, 대체로 황하 북부를 평정해 나갔다. 더 나아가 산서성에도 진출했다. 그러나 당시 남쪽에서는 환온 대장군이 지휘하는 동진東晉의 세력이 낙양을 탈환하여 황하 연변에까지 뻗어왔고, 서쪽에서는 저족의 전진前秦이 발흥하여 섬서성을 중심으로 하는 그 세력들을 산서성에까지 뻗치고 있었다.

전연의 군대가 30~40만에 이른다는 보고를 받은 백제 근초고천황은 긴장하지 않을 수 없었다. 백제군 정병은 도합 10만 정도에 불과했기 때문이었다. 이에 황제는 전연의 왕이 자칭 황제라 칭하자 축하사절을 보내고 겉으로는 동맹관계인 것처럼 행동했다.

근초고천황은 우선 한반도 남쪽의 마한 세력을 평정하기로 결심한다. 즉위 후 몇 년간 국가를 부강하게 하고 군대를 양성한 뒤 350년경 5만의 대군을 이끌고 남벌에 나선 근초고천황은 가는 곳마다 승리하여 동쪽으로 신라와 남으로 가야까지 모두 휘하에 복속시켰다. 또한 수군 3만을 동원하여 일본 규슈 일대에 상륙하여 그때까지 수많은 소국들이 제각기 나라를 세워 다스리던 왜국을 통일했다. 가야의 땅인 후쿠오카지방에도 상륙하여 가야군을 복속시켰다.

근초고천황은 마한의 소왕국과 가야, 신라, 진한의 소왕국(사벌주, 실직주) 모두를 대백제국에 속한 소왕국으로 편입시켰으며, 전쟁이 나면 모든 소왕국의 군대를 동원할 수 있도록 했다. 또한 대륙의 동진과 협력관계를 모색하여 사절을 파견하여 함께 전연을 견제하기로 한다(당시 일본에는 백제 땅이 있었으나 근초고황제 때 전 일본을 통치하게 된다).

360년, 근초고 천황은 동청주(산둥)에서 대규모 군사사열을 실시한다. 제국을 정비하고 확장한 끝에 드디어 전연과의 전쟁에 나서기로 한 것이다. 10만 대군을 징발한 황제는 전연에 대한 대규

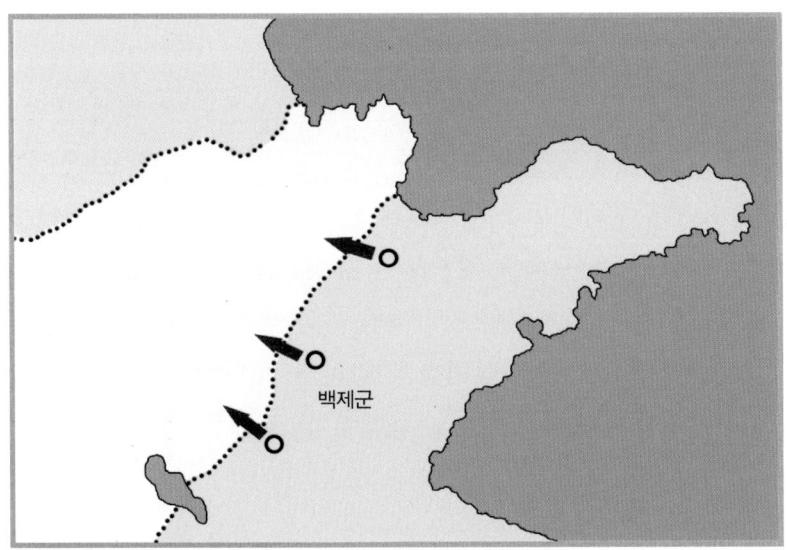

▲ 백제군 이동방향

모 공격을 시작한다.

제1대는 3만으로 내신좌평 해서를 총사로, 제2대는 3만으로 병관좌평 연소가, 제3대는 황제가 직접 지휘하여 4만의 군대로 전연의 수도 업을 향해 전진해갔다. 당시 연나라왕 모용준은 고령에도 불구하고 병사 20만을 동원하여 백제군과 마주한다.

3대로 나뉘어져 산둥성을 공략한 백제군은 제녕 근처에 집결한다. 연왕 모용준도 20만 대군을 이끌고 제녕 앞에 진영을 꾸린다. 연나라군은 10만 기병과 10만 보병으로 이루어져 있고 백제군은 7만 기병과 3만 보병으로 구성되었다. 이번에 백제군은 철기군 3

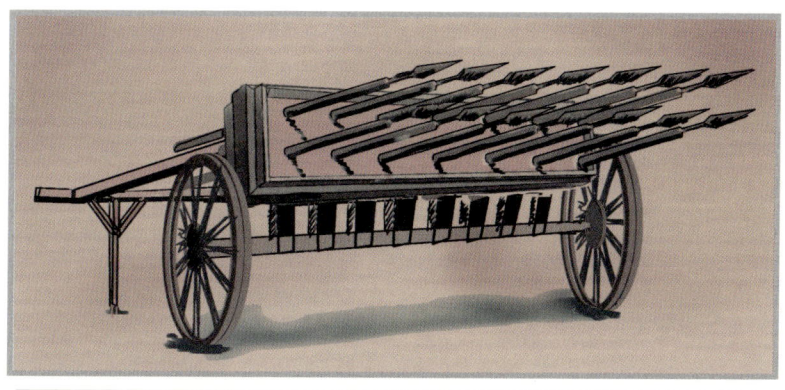

〈검차〉

거란의 침입에 대비해 고려군이 개발한 신무기이다. 고려 이전 백제시대에도 이와 비슷한 무기가 있었으나 개량하고 본격적으로 사용한 것은 고려이다. 보병들이 이 검차를 전면에 일렬로 세워 거란군의 기병대 중심부로 돌진하여 그 기동력을 무력화시켜 거란과의 싸움에서 고려군이 대승을 할 수 있었던 한 가지 요인을 제공했다. 후에 이 검차는 북방의 유목민 기마대의 돌격을 저지시키는데 효율적인 장비로 활용되었다.

▲ 고구려군의 신무기 검차

만과 경무장 기병 4만으로 기병을 구성했고, 보병들은 검차라 불리는 무기를 앞에 세우고 왔다. 검차는 이후 몇 백 년 뒤 고구려군의 주요 무기가 된다. 백제군은 중앙에 철기군을 배치하고 우익에 보병, 좌익에 경무장 기병을 배치했다.

연왕은 속전속결로 전쟁을 끝내고 싶은 마음에 전군을 종대로 배치했다. 정면돌파 후 뒤돌아서 반으로 나누어진 적군의 후미를 공격하는 전형적인 기마전술을 선보일 생각이었다. 그러나 연나라의 기본전술을 알고 있는 근초고천황은 중앙에 철기군을 배치함으로써 엄청나게 밀고 들어올 연나라군의 예봉을 꺾어놓을 작정이었다.

북소리를 울리며 연나라 기병이 서서히 전진해왔다. 모용준은 후방에서 연나라군이 흙먼지를 일으키며 돌진해가는 것을 구경했다. 배가 넘는 군사이니 승리는 확실하다고 생각했다.

선두에 선 장군 모용각은 모용준의 동생으로서 백제군의 철기군을 보고도 겁먹지 않고 전진해갔다. 철기군을 이끈 대장은 부여해

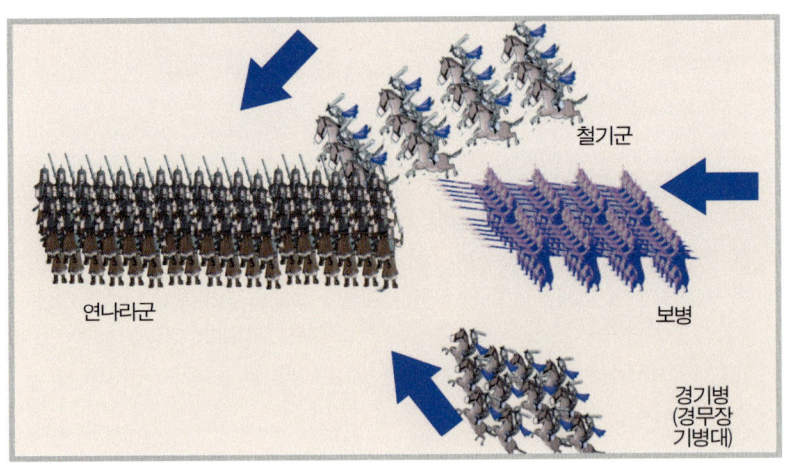

▲ 전투 상황도

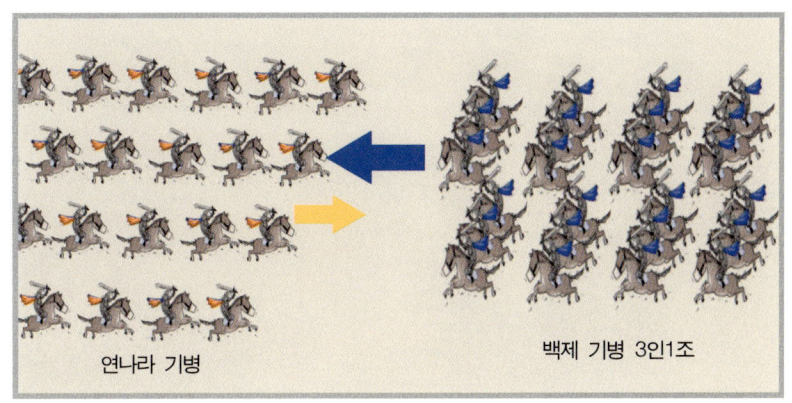

▲ 전투 상황도

로 황제의 동생이었다. 양국 황제의 동생 간에 먼저 전투가 벌어졌다. 철기군은 3~4명씩 조를 이루어 돌진했다. 병사들 간의 틈새를 줄였기 때문에 연나라 기병은 철기군의 말과 정면충돌하거나 아니면 옆으로 비껴가야 했다.

철기군 3명과 정면으로 부딪친 연나라 기병은 그 자리에서 넘어졌다. 말이 넘어지면 그 위에 탄 병사는 죽음을 면치 못했다. 자신의 말에 밟히거나 아니면 다른 적군의 말에 밟혀버렸다. 수적으로 열세인 백제군이지만 철기군 3~4명이 조를 이루는 독특한 방식 때문에 연나라 기병은 힘을 쓰지 못하고 무너져갔다. 그때 백제군 보병과 경무장 기병이 좌우로 몰아쳤다. 마치 손바닥 위에 물고기를 기절시키는 모양처럼 왼쪽에서 검차를 앞세운 보병과 오른쪽에서 경무장 기병들이 연나라군의 중앙을 파고들었다.

모용각의 선봉부대가 무너지기 시작하자 연나라군의 대열이 걷잡을 수 없이 흐트러졌다. 그러자 연군 보병을 지휘하던 태자 모용위는 겁을 집어먹고 우물쭈물했다. 옆에 있던 태자의 측근들은 군

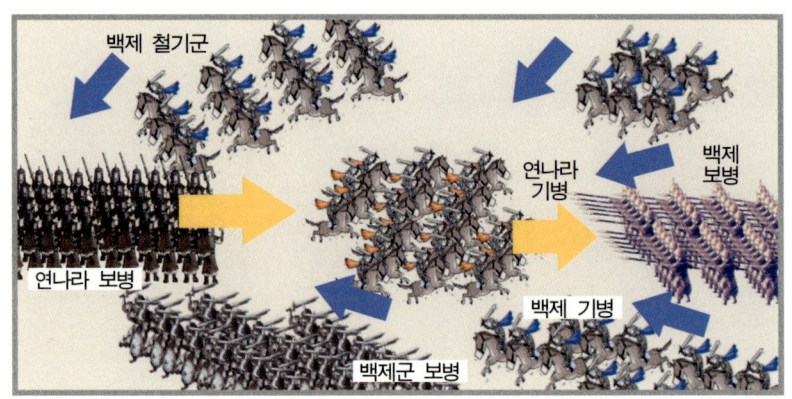

▲ 전투 상황도

〈당시 각국의 군대 상황〉

나라	군대
전연	40만
동진	30만
전진	20만
고구려	15만
백제	14만
유연	10만

이 이미 무너졌고 백제군이 쇄도하고 있으니 어서 몸을 피하라고 충고한다.

 연왕 모용준은 멀리서 연나라군이 백제군에 포위되어 괴멸되는 광경을 보며 분을 참지 못하고 화를 내다 피를 토하고 죽는다. 연왕 모용준의 동생 모용각은 백제 철기군에 의해 앞이 막히고 뒤에서 따라오던 보병들이 태자의 우유부단으로 따라오지 않고 도망가자 승기가 기울었음을 깨닫는다.

근초고황제의 동생 부여해는 날랜 병사들을 대동하고 모용각을 잡기 위해 뛰어왔다. 모용각은 휘하 병사들과 함께 전투지를 탈출해 태자의 군대와 합류한다. 연나라군이 대패했다는 소식이 각국에 전해졌다. 이번 제녕 전투로 산둥성 전부가 백제군에게 넘어갔다. 그러나 아직 연나라는 최고 강국이었다.

한편 고구려는 고국원태왕이 지난날 연나라에 당한 패배의 아픔을 딛고 다시금 강국으로 발전하고 있었다. 태자인 구부(소수림왕)를 연나라에 볼모로 주고 평화를 얻어야 했던 상황에서 연나라가 백제에 패하자 고국원태왕은 대대적인 전연 공격에 나서게 된다.

고구려 황궁에는 이미 백제의 사신이 도착해 있었다. 백제의 사신은 동진과 전진에도 파견되었다. 백제는 고구려, 동진, 전진의 4국 동맹을 주창했다. 동진과 전진은 이에 호응해 군대를 전연의 국경에 전진 배치시켰다. 고구려는 불과 몇 년 전만 해도 백제와 전연연합군에게 많은 땅을 빼앗기고 수도까지 함락당했던 치욕이 있었지만 전연을 멸망시키기 위해 군대를 동원하기로 했다.

요서 정벌

　요서군은 진나라 때 백제가 개척한 땅으로서 연나라에 둘러싸여 있었다. 연나라군은 산둥에서 대패하고 업성으로 모여들었다.
　그해 말 백제군은 요서군과 청주(산둥)를 잇는 땅을 정복하기로 한다. 그리하여 병력 10만을 다시 동원하여 산둥성에서 출발하여 요서군 쪽으로 진격하기 시작했다. 하지만 대방군과 낙랑군은 인구가 많고 성이 많아서 쉽사리 점령하기는 어려운 곳이었다.
　백제군은 이번에는 공성전에 대비하여 발석차와 파쇄차, 석궁을 대규모로 준비했다. 대방의 성을 포위한 백제군은 5백 대에 달하는 엄청난 발석차로 돌을 성 위로 날려 보냈다. 두 시진 동안 계속된 돌공격에 성벽의 일부가 부서지자 경기병들이 날쌔게 성안으로 몰려 들어갔다. 대방의 성들은 차례차례 무너졌고 드디어 낙랑군에 도달했다. 낙랑군은 18개의 성에 인구 100만 가량의 큰 땅이었다. 낙랑군 자체 병력만도 4만이나 되었다.
　연나라는 지금 낙랑군에 방어할 병력을 보낼 여유가 없었다. 고

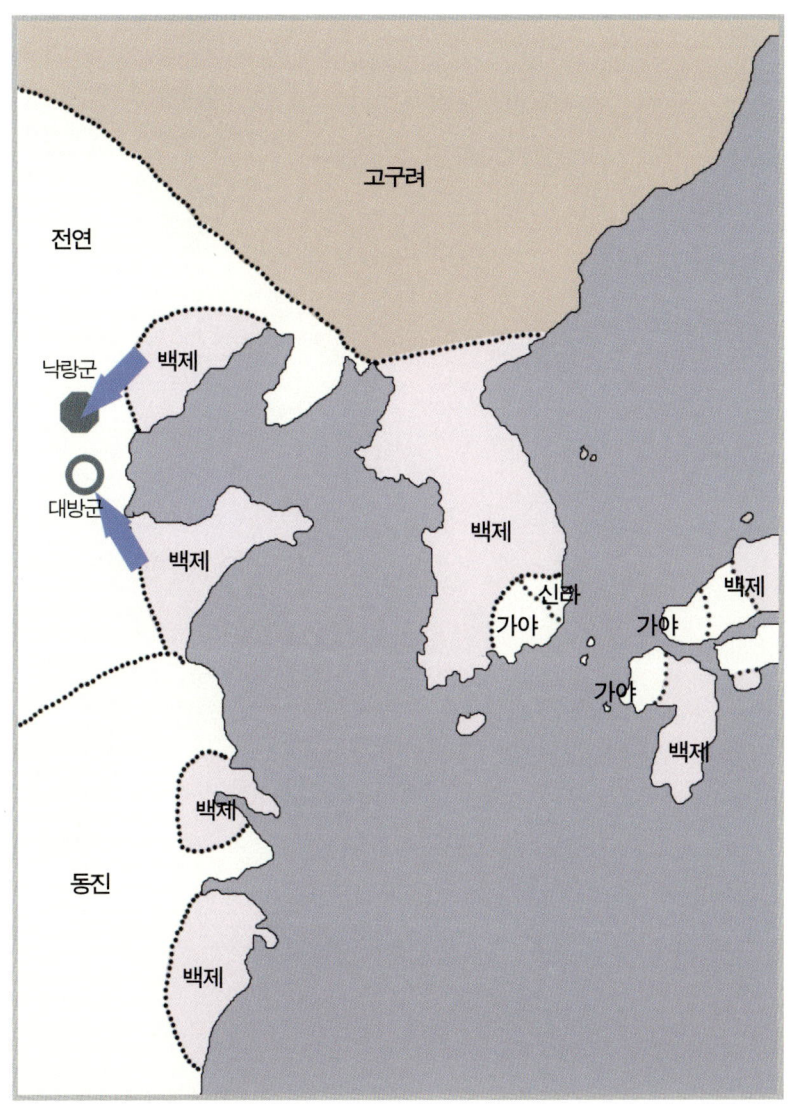

▲ 근초고천황의 진격로

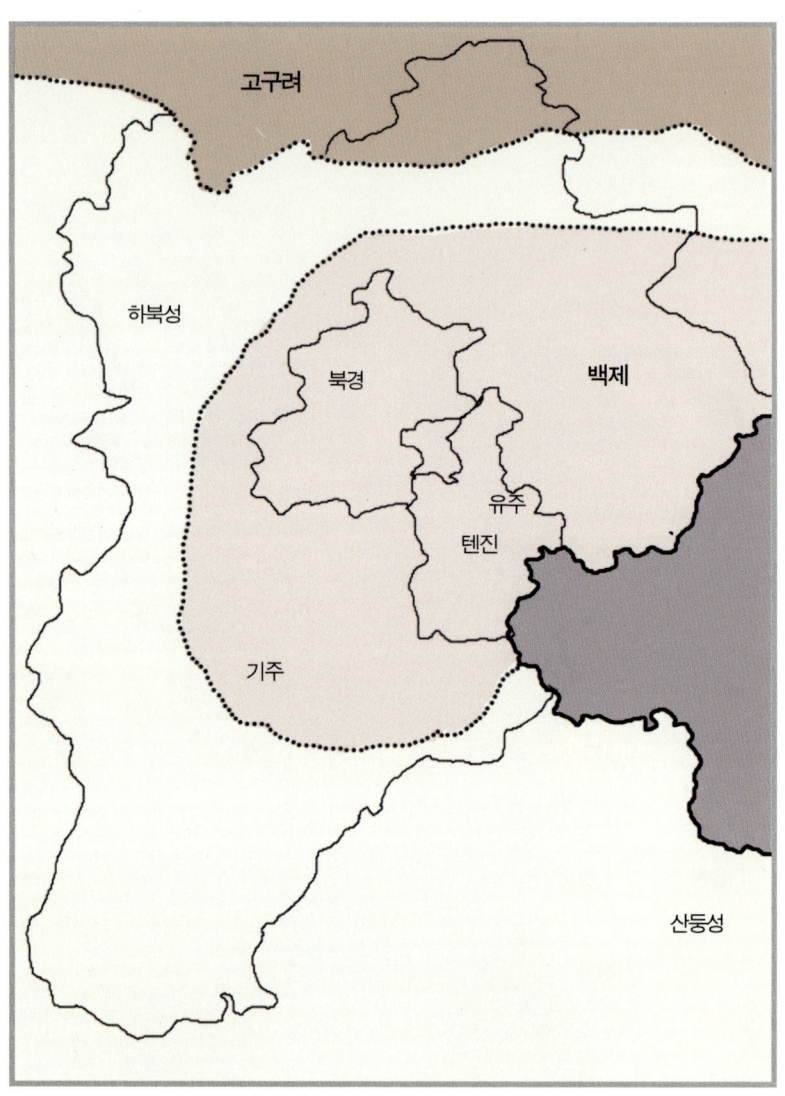

▲ 확대된 백제 영토

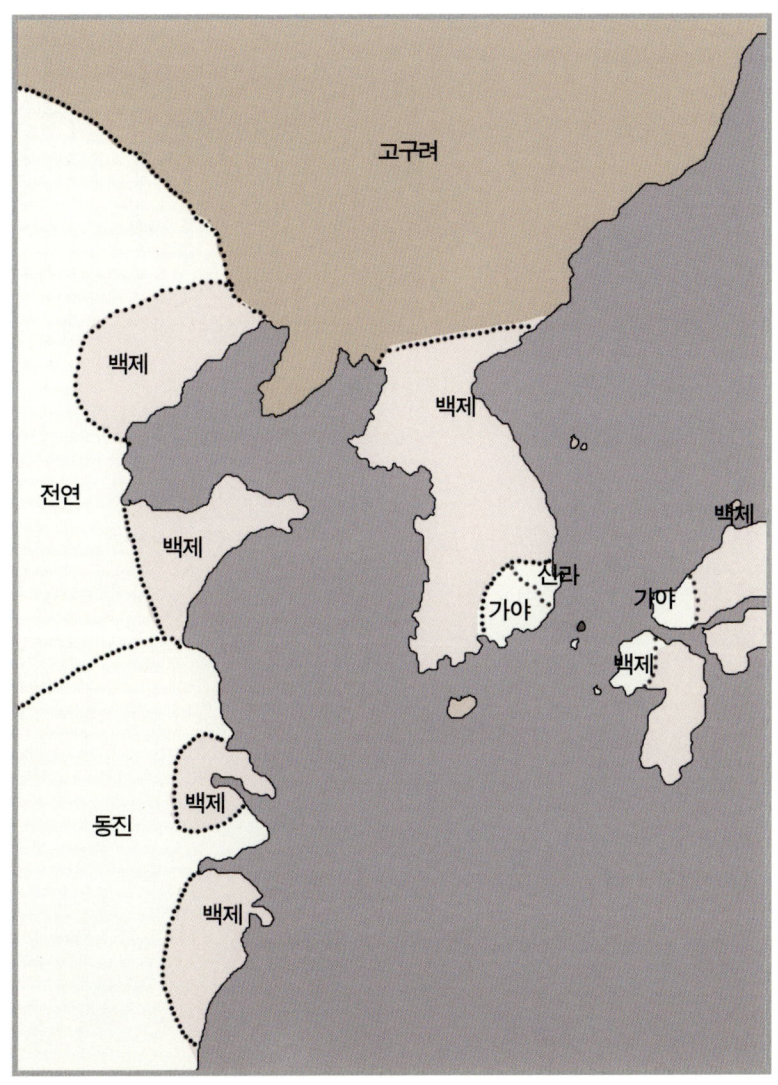

▲ 4국의 연나라 침공 후 각국 영역

구려군이 요동으로 진격했기 때문이다. 고구려군 5만은 요동군으로 출격하여 옛 땅을 되찾으려 했다. 한편 동진의 군대 10만도 북진하기 시작했다. 또한 전진의 군대 5만도 연나라 국경을 향해 진격했다. 사방에서 조여 오는 포위망에 연왕은 어찌할 바를 몰랐다.

낙랑군과 대방군은 고구려, 백제, 중원제국의 각축장이었다. 이는 기름진 땅이 많고 인구가 많았기 때문이다. 물론 대부분이 동이족계통이고 한족은 적었다. 위나라의 고구려 침공 때 낙랑과 대방군을 거의 백제가 차지했으나 이후 빼앗기고 다시 빼앗는 싸움에서 근초고황제 때 모두 차지했다.

고구려군은 철기병을 앞세우고 요동군을 장악해갔다. 태자 소수림왕이 이끄는 철기군은 파죽지세로 연군을 격파해갔다.

안시성 부근에서 연나라 요동군과 지원군을 합쳐 8만이 고구려군과 대치했다. 고구려군은 철기군 2만, 경기병 3만을 동원했다. 태왕이 이끄는 3만의 별동대는 오골성을 점령하고 비사성 쪽으로

▲ 안시성

공격하고 있었다.

　안시성 앞에서 펼쳐진 고구려군과 연나라군의 기병전은 쉽사리 승부가 나지 않았다. 연나라군 8만은 5만 이상이 기병으로서 고구려 기병과의 접전에도 잘 버텨냈다. 연왕 모용위는 모용각 대장군의 청을 들어 연나라군 중 최강의 군단을 파견했다. 당시 연나라군은 8만을 고구려 전선에, 15만을 백제 전선에, 8만을 전진 전선에, 9만을 동진 전선에 파견했다. 최강의 군단은 고구려에 파병하고 군의 4할을 백제 전선에 투입했다.

　안시성에는 연나라 보병 3만이 주둔하고 성 밖에 연군 기병 5만이 고구려군과 대치 중이었다. 연군 대장군은 모용수로 연왕의 숙부였다. 큰숙부인 모용각은 백제 전선에 배치되고 연왕은 업성에서 전시상황을 보고받고 있었다.

　고구려 소수림왕은 병사들 중 가장 날렵한 병사 5천을 뽑아 안시성의 뒤쪽으로 이동시켰다. 동북문 근처에 매복한 고구려군은

▲ 안시성 지도

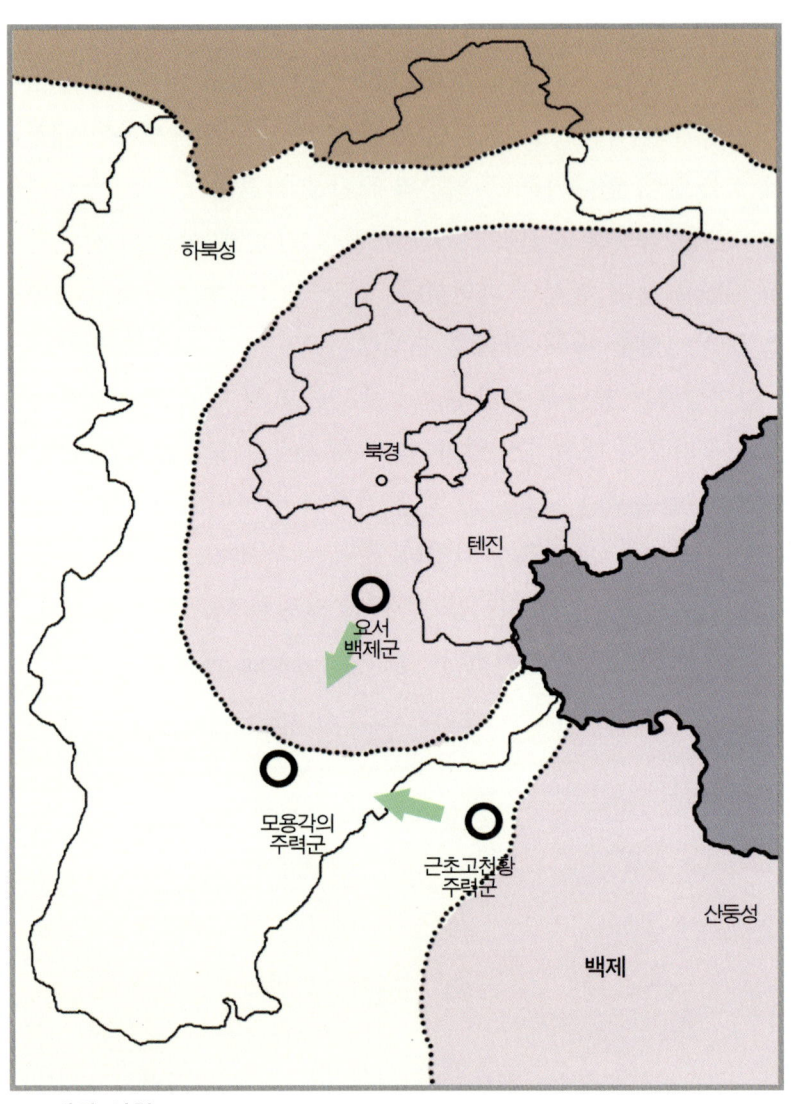

▲ 대치 상황도

야음을 틈타 기습을 준비했다. 반면 나머지 고구려군은 일부러 연군이 잘 보이는 평야에 진을 쳤다. 연군 장군과 병사들은 고구려군이 평야에 진을 치고 연군과 대치하자 고구려군 가까이에 군을 집중했다. 성내에는 1만의 수비대만 남고 약 7만의 연군이 평야 근처에 집결했다.

연군 대장군 모용수는 전략에 밝고 연나라 장수 중 형인 모용각에 뒤지지 않는 맹장이었다. 백제군을 막으러 형이 대군을 이끌고 출진한 탓에 더 이상의 지원군을 기대하지 않고 최선을 다해 고구려군을 막으려 했다.

안시성 동북문은 높은 산에 위치한 곳이라 그렇게 경계가 삼엄하지 않았다. 밤중에 성을 타고 올라온 고구려군은 성에 불을 지르고 연군을 기습공격했다. 연군은 즉시 회군하여 성으로 돌아가려 했다. 하지만 고구려군은 이때를 놓치지 않았다.

밤중에 이루어진 고구려군의 총공격은 피아간彼我間에 구별이 가지 않아 양군은 그냥 뒤섞인 채 서로를 확인하느라 바빴다. 고구려군은 철기대가 주력이어서 어두워도 그 소리 때문에 구별이 가능했다. 철기군의 소리는 너무 컸다. 고구려 기병은 뿔 달린 투구를 썼기 때문에 뿔이 달리지 않은 연군 기병과 달랐다. 하지만 진영의 불빛이 잘 비치지 않는 곳에서 벌어진 싸움에서는 서로가 구별을 잘 하지 못했다. 철기군은 일방적으로 연군 기병을 학살했는데 더러 고구려 기병이 죽기도 했다.

모용수는 1만의 병사를 이끌고 성안으로 들어갔다. 성안에는 곳곳에서 연군과 고구려군이 전투 중이었으나 성안에 불을 끄느라 연군이 동원되는 바람에 싸울 병사가 부족했다. 연군의 지원대가 도착하자 고구려군은 잠시 주춤하다가 후퇴했다.

다음날 아침 연군은 5만을 잃었다. 3만의 병사 중 1만4천은 성 안에 갇혔고 나머지 병사들은 연나라 유주 땅으로 달아났다. 일부 병사들은 비사성으로 도망쳤다. 고구려군은 8천의 손실이 있었다. 모용수는 안전한 퇴각로를 보장한다는 약속을 듣고 성을 내주었다. 다음달에 비사성이 태왕에게 함락됨으로써 요동은 다시 고구려에 복속되었다.

백제와 전연의 전쟁

　전연의 대장군이며 군부의 실세인 황숙 모용각은 15만의 주력군을 천진시 아래 평야에 배치시켰다. 계속된 패배로 군대의 사기가 많이 떨어져 있었다. 세작들의 보고로는 요서 백제군 3만이 모용각의 후방을 치기 위해 남하한다는 소식이 들려왔다. 산동성 쪽에서는 청주의 백제군 10만이 이동 중이라는 보고가 들어왔다.
　양쪽에서 포위될 운명에 처한 모용각은 우선 병사들을 바다 가까이로 이동시킨다. 바다 근처에는 내륙호가 있었다. 호수 근처에 배수진을 친 모용각은 퇴로가 없음을 병사들에게 주지시키고 뒤쪽에는 적이 없고 오로지 앞에만 있는 백제군을 죽을힘을 다해 싸우면 이길 수 있다고 설득했다.
　모용각군은 호수를 중심으로 백제군에게 포위되었다. 근초고천황은 궁지에 몰린 모용각군을 정면으로 공격할 경우 백제군의 희생이 클 것으로 예상했다. 요서 백제군은 호수 뒤편에서 진을 쳤고 근초고황제는 호수가 보이는 낮은 언덕 위에 진을 쳤다. 마침 백제

▲ 전투 상황도

수군 1만이 청주에서 올라오고 있었다.

호수는 직경이 15km 정도 되고 바다와 연결되어 있었다. 바다와 연결된 부분도 폭이 300m 이상 되어서 수군이 드나드는 데 큰 불편이 없을 정도였다. 황제는 수군이 도착할 때를 기다려 총공세를 취하기로 했다. 백제 수군 대총관 협원이 1만의 수군과 150척의 함정을 이끌고 도착했다.

야간에 호수로 진입한 백제군은 모용각이 경계를 위해 피워놓은 모닥불을 보고 이동하여 연군의 위치를 파악했다. 근초고황제는 3만의 철기군을 모용각군 근처 5리에 배치하고 기다렸다. 요서 백제군도 1만의 기병이 이미 모용각군의 외곽에 당도해 있었다.

자정쯤 백제 수군의 공세가 시작되었다. 배 위의 수많은 발석차에서 돌이 한꺼번에 연군 진영으로 날아들었다. 석궁에서 발사된 수천발의 화살은 모용각군의 여기저기에 떨어졌다. 진영은 순식간에 아수라장이 되어버렸다.

모용각이 일어나 군대를 정리하려는 순간 근초고황제의 철기군이 연군의 정면을 덮쳤다. 방어선이 무너지고 병사들은 갈피를 잡지 못했다. 연군도 기병이 6만이나 되었지만 자정 무렵의 기습에는 속절없이 허둥댈 수밖에 없었다.

　모용각은 좌장군 모용태와 우장군 모용원에게 각각 3만의 병사를 주고 백제 수군과 철기군을 막으라고 명했다. 아직 일어나지 않은 병사들도 많았고 진영을 이탈해 도망가는 병사도 많았다. 그때였다. 서쪽에서 수만의 기병대 소리가 들렸다. 백제 요서 기병대였다. 1만의 기병대는 백제 철기군과 수군을 막기 위해 남쪽과 북쪽으로 병사를 이동시켜서 상대적으로 비어 있는 서쪽 진영을 완전히 무너뜨렸다.

　모용각은 동쪽으로 병사들을 후퇴시켰다. 하지만 동쪽은 바다였다. 어쩔 수 없이 다시 남쪽으로 군을 이동시켰지만 이번에는 백제 육군 수만이 길목을 막아섰다. 미리 준비를 한 듯한 백제군은 수많

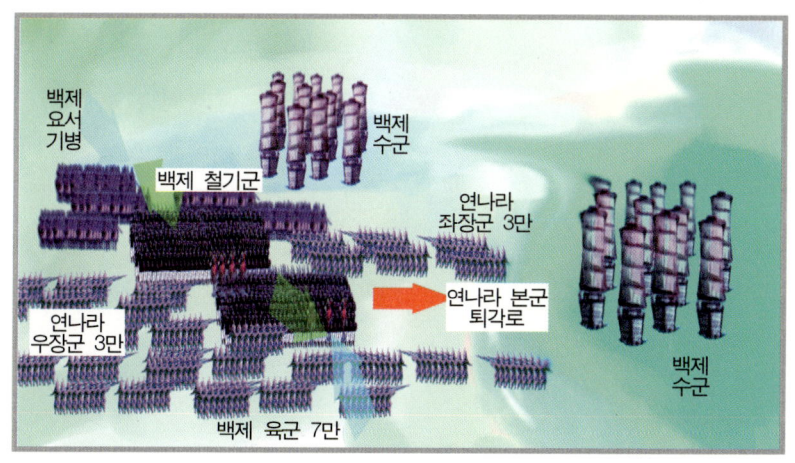

▲ 전투 상황도

은 화살을 쏘아 댔다. 제대로 진영을 갖출 길도 없이 모용각은 도망쳤다.

15만 대군 중 6만이 죽었고 5만이 포로로 잡혔으며, 살아남은 군대 중 업으로 안전하게 퇴각한 군대는 2만도 안 되었다. 연나라 왕 모용위는 안절부절못했다. 마침 전진의 군대가 수도로 압박해 오고 동진의 군대도 계속 북상 중이었다.

연왕은 우선 백제와 화친하기로 했다. 숙부인 모용수가 사신으로 백제에 보내졌다. 모용수는 근초고천황과 담판했다. 수십 년 전에 연과 백제가 동맹하여 고구려를 크게 이기고 그 수도를 점령했고 진나라도 격파하여 양국이 그 영토를 넓혔는데, 이제 연이 강성해지자 백제가 이를 좋지 않게 보고 공격하니 연왕으로서는 억울하고 분한 감이 없지 않았으나 예전처럼 양국이 좋게 지내는 것

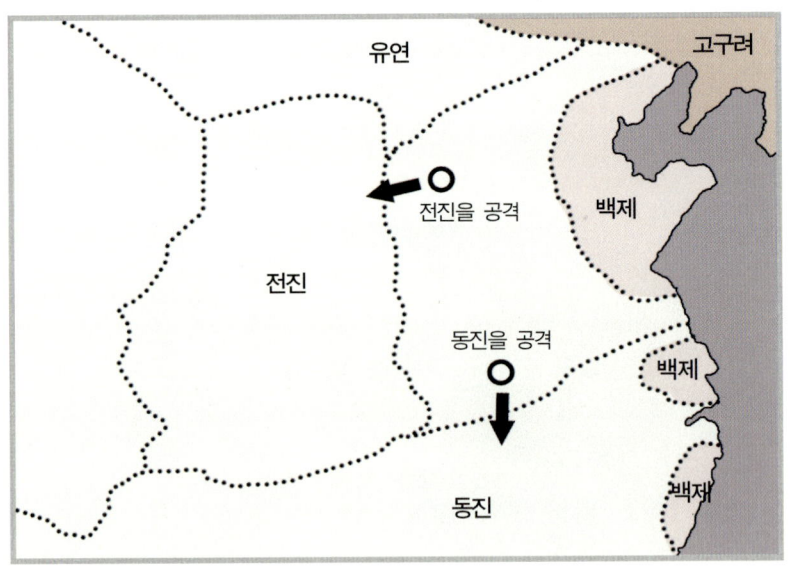

▲ 연나라군의 공격로

이 어떠냐고 그 뜻을 전했다. 그리하여 백제는 많은 선물과 함께 영토 일부를 할양하는 조건으로 화친에 동의했다.

당시 백제 황실 권력은 황후의 사촌오빠인 진정과 친오빠인 진고도가 진씨 일족을 대표하여 주름잡고 있었다. 백제의 8대 가문 중 해씨와 진씨가 주요 관직을 차지하고 있었으나 근초고황제 때 진씨가 외척으로 그 세력을 크게 키웠다. 이번 화친에는 전쟁에서 공을 세운 해씨 세력을 견제하려는 진씨 일족들의 힘이 컸다.

연왕 모용위는 백제와 화친 후 곧바로 전진과 동진에 대한 대규모 정벌을 시작했다. 황숙 모용각을 중심으로 새로이 징집된 20만 군대는 북상 중이던 동진의 15만 군대를 낙양에서 격파하고 양자강까지 밀고 내려갔다. 황숙 모용수는 10만 대군을 이끌고 전진의 군대를 격파하고 장안까지 밀고 간다. 전진은 급히 연나라에 사신

▲ 각 국가들과 백제의 남방영토

을 보내 화해를 청하고 우호관계를 성립시킨다.

　동진과 전진에서 백제에 항의사절을 보냈다. 4국 동맹으로 연을 멸망시키자고 하고선 백제만 이득을 보고 화친한 것에 대해 항의하려 한 것이다. 하지만 근초고황제는 이들을 구금시키고 만다.

　근초고황제는 새로 점령한 땅을 관리하기 위해 인재를 등용하고 백제 수군을 강하게 훈련시킨다. 백제 수군은 이미 동진의 주요 해안을 장악하고 남쪽으로 전진하여 안남과 흑치, 대만까지 모두 손에 넣는다.

동진 정벌

전연과 동맹을 체결한 백제는 이번에는 동진에 대한 공격을 준비한다. 연군은 동진을 공격하기 위해 20만 병력을 동원하기로 약속했다. 백제는 이번 공격에 수군 4만, 육군 12만을 동원하기로 한다. 대륙의 남부지방에 위치한 백제 땅은 황제의 동생인 좌현왕 부여적이 병사 5만을 준비했고, 광릉과 광양에는 각각 3만의 병력을 준비시켰다. 이번 전쟁의 목표는 광릉과 광양, 복건성을 잇는 해안지역을 모두 장악하는 데 있었다.

전연의 실권자 모용각은 이번 기회에 동진을 아예 멸망시키기로 백제 근초고천황과 합의했다. 백제 전역에서 군대가 모여들었다. 왜, 가야, 신라, 사벌국(상주), 실직국(삼척), 말갈, 흑치국, 안남 등 백제의 영토 전역에서 속속 군대가 도착했다.

모용각은 동생 모용수와 함께 20만 대군을 이끌고 업을 출발하여 남진했다. 근초고천황은 좌현왕 부여적에게 5만의 병사를 이끌고 북진하여 복건성 일대를 완전히 장악하고 광양군으로 진격할

▲ 전투 상황도

것을 명했다. 광양군 태수 양명은 병사 3만을 이끌고 남진하여 좌현왕과 합류하도록 했다. 광릉군 태수 국시랑은 3만의 병사를 이끌고 남진하여 광양군 쪽으로 전진했다. 근초고천황은 직접 배를 타고 500척의 전함을 이끌고 수군 4만과 육군 1만을 태우고 상해를 넘어 항주로 진입했다.

동진의 인구는 1,500만 정도로 추산되며 이는 백제 총 인구 8백만의 배 가량 되는 수치였다.

근초고천황 이전에는 백제 인구가 5~6백만 정도였으나 근초고천황이 인구가 많은 청주와 서주, 유주 일대를 장악하면서 인구가 늘어난 것이다. 백제의 인구는 백제의 영토처럼 변화가 많았다.

전연의 인구는 1,800만 이상으로 추정되며 전진의 인구는 6~7백만 정도였다.

고구려 인구는 4~5백만 정도였다.

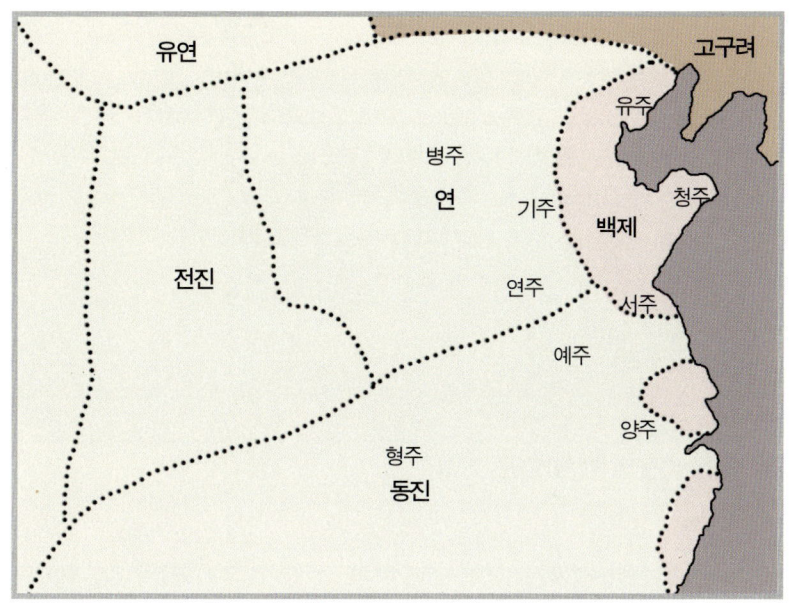
▲ 각국의 영토

　동진의 수군대장 사마혁은 동진 수군 3만을 이끌고 항주 근처의 섬에 잠복해 있었다. 동진의 왕 사마비는 백제와 전연의 침공에 어쩔 줄 모르고 환온을 대장군으로 삼아 막게 했다. 환온은 주력군 15만을 이끌고 전연군과 일전을 벌이기 위해 수도 견강을 출발했다. 동진 수군 3만은 백제 수군이 항주에 입성하여 항주 근처를 장악하기 시작하자 그제야 섬에서 출발하여 만을 봉쇄하고는 새벽녘에 백제 수군을 기습했다.
　항주에 상륙한 백제군은 육군 1만과 수군 2만으로 배에는 1만의 군사가 지키고 있었다. 근초고천황은 이미 상륙하여 주변지역을 장악하고 동진의 수도로 군대를 전진시키려 했다.

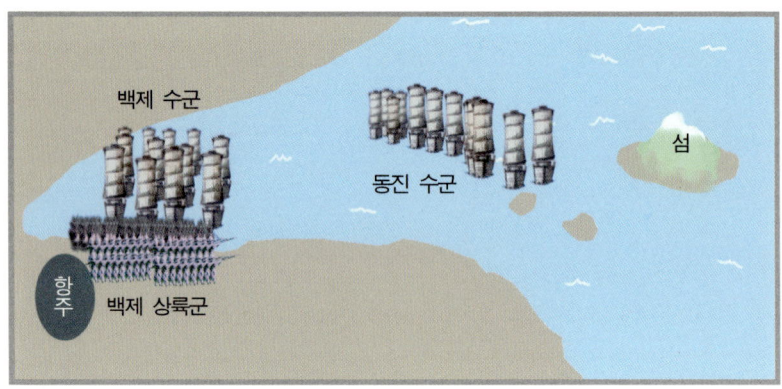

▲ 동진 수군의 백제 수군 기습

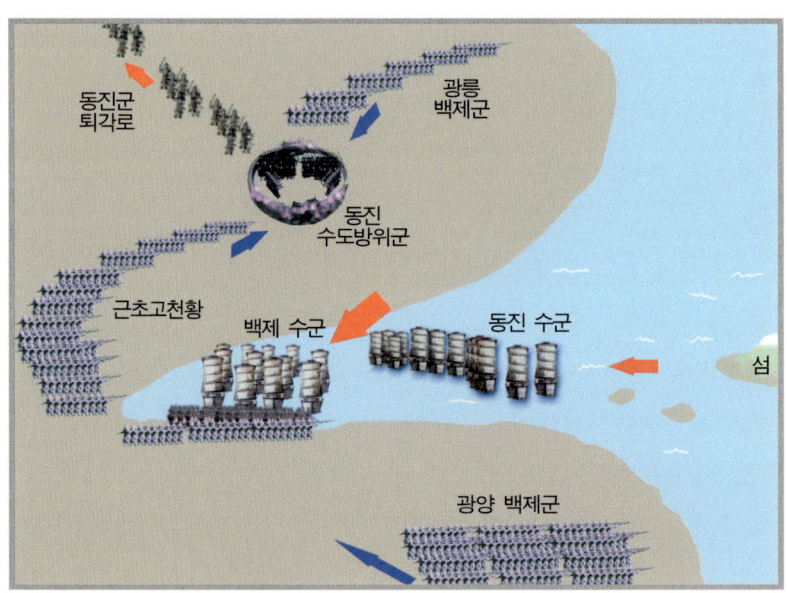

▲ 백제 초기 작전계획도

동진의 수도방위군 3만은 근초고천황에 포위되어 제대로 싸워보지도 못하고 퇴각해버렸다. 하지만 동진의 수군은 백제 수군을 기습하여 큰 이익을 보았다. 5백 척이나 되는 백제 수군의 절반이 불타버린 것이다.

황제의 기병대는 멀리서 불이 타는 광경을 목격하고 서둘러 포구로 돌아왔다. 그러나 동진 수군은 3배나 되는 병력으로 압도적으로 밀어붙였다. 백제 수군이 해전에서는 강하다고 소문이 나 있었지만 3배나 많은 적군에게는 방법이 없었다. 동진 수군은 유유히 만을 빠져나와 섬으로 돌아갔다. 지금의 절강성에 속한 저우산군도의 수많은 섬들은 동진 수군이 숨기에 안성맞춤인 형세였다. 근초고황제는 수군의 절반을 잃은 책임을 물어 수군의 각군 장수들을 모두 유배 보냈다.

▲ 항주 인근(현재)

▲ 확장된 백제 영토

　백제군의 타격이 큰 데다 배후에 동진 수군을 놔두고 동진의 수도로 진군하다가 보급로가 끊길 수 있다는 생각에 황제는 더 이상 진격하지 못한다.
　전연의 대군 20만은 구강군에서 동진의 15만 대군과 마주친다. 양군은 서로 대치한 채 항주 전투의 소식을 기다리고 있었다. 전연의 총사령관 모용각은 근초고천황이 군대를 이끌고 동진군의 배후를 기습하길 기다리고 있었다. 하지만 동진의 총사령관 환온은 사마혁의 수군이 백제 수군을 막아주길 고대하고 있었다.
　대치 중이던 양군에 백제 수군의 패배소식이 전해졌다. 연군은 즉시 철수하기 시작했고 동진군도 수도로 철수했다. 백제군은 이번 전쟁에서 수군의 절반을 잃었지만 대륙의 남쪽 해안을 모두 장악했다.

저우산군도 해전

365년, 2년 전의 수군 패배에 대한 충격을 딛고 백제 수군은 다시 5백 척의 대함대를 보유하게 되었다.

근초고천황은 아들인 근구수왕을 남해군왕으로 봉하고 수군총사에 임명한다. 근구수왕의 첫 번째 임무는 저우산군도에 숨어있는 동진 수군을 전멸시키는 것이었다. 이들은 수시로 항주와 인근 절강성과 복건성의 백제 수군기지를 공격하기도 하고 심지어 광릉군까지 공격하여 수백의 백제군을 죽였다.

복건성에서 출발한 백제 수군은 4만의 병력에 5백 척의 함선을 이끌고 저우산군도로 출발했다. 저우산군도의 각 섬들에는 이미 동진 수군이 목책을 세우고 수비거점을 마련하고 있어서 함락하기가 쉽지 않았다. 하지만 이번 저우산군도 원정은 나중에 있을 고구려 요동반도의 장사군도 원정에 필요한 훈련이라고 생각한 근초고천황은 이번 원정에서 꼭 승리할 것을 근구수왕에게 당부했다.

동진 수군대장 사마혁은 지난번 승리로 동진의 왕인 애제가 죽

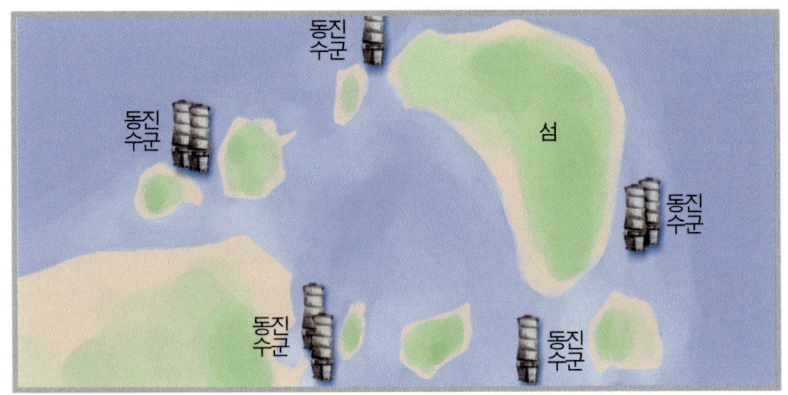
▲ 전투 상황도

은 후 동진의 왕이 되었다. 그 대신 수군대장직은 사마원이 맡았다. 근구수왕은 막고해 장군을 선봉으로 대병을 저우산군도로 진격시켰다. 사마원은 형인 사마혁에 비해 지략이 뛰어난 장수로 수전 경험도 있었다.

동진 수군은 3만 명에 함선은 3백 척이었다. 우선 1백 척의 전함을 저우산군도 앞에 배치하고, 2백 척은 후미에 배치하여 백제 수군과 대치했다. 막고해는 1백 척의 전함을 이끌고 공격에 나섰다. 막고해는 전함의 앞에 몽충이라는 나무와 쇠로 된 뿔모양의 기구를 설치했다. 이것은 돌격전에서 적전함의 측면을 강타하여 파괴시키려는 전략이었다.

교전이 시작되었다. 동진의 전함 몇 척이 몽충에 부딪쳐 부서지자 동진 수군이 후퇴하기 시작했다. 기세를 탄 백제 수군은 전군이 공격하기 시작했다. 저우산군도로 퇴각한 동진 수군은 일제히 여러 방향으로 갈라졌다. 저우산군도 안으로 백제 수군이 들어오자 도망가던 동진 수군이 뒤돌아서 반격을 시작했다. 이윽고 사방에

▲ 몽충

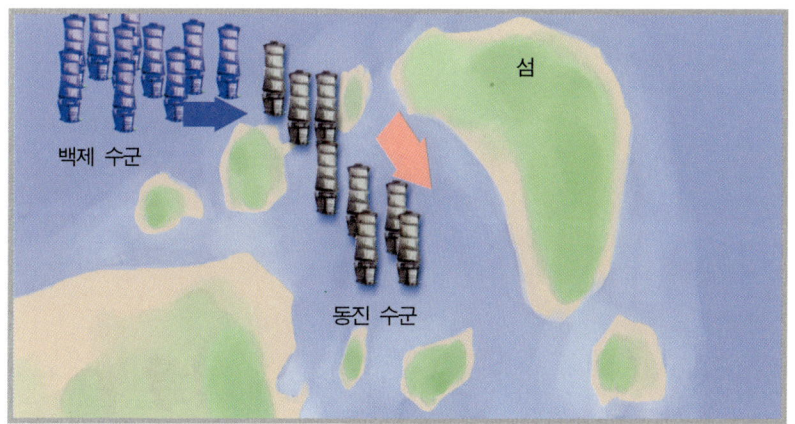

▲ 전투 상황도

서 동진 수군이 공격해 들어왔다. 대백제국의 수군이 다시 한 번 수난을 당하는 순간이었다.

 포위된 백제 수군은 활로를 뚫기 위해 우선 육지 근처로 배를 몰았다. 육지에는 백제 육군이 발석차를 대동하고 모여 있었다. 수적으로 우세한 덕분에 겨우 포위망을 뚫을 수 있었지만 백제 수군

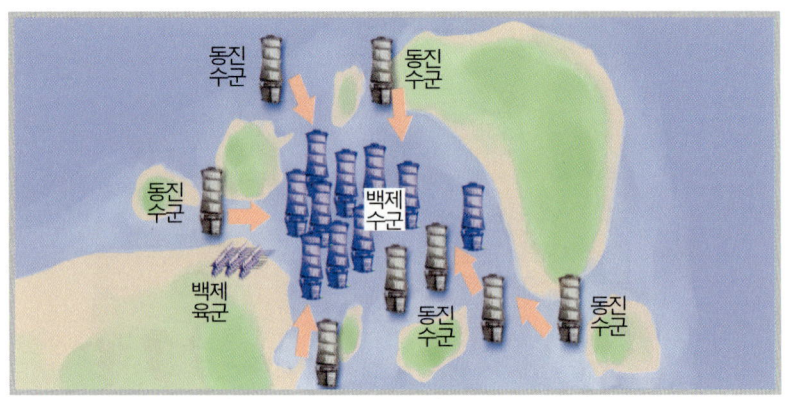

▲ 전투 상황도

은 1백 척의 함선을 또 잃었다.

다음날 백제 수군은 일격에 동진 수군을 궤멸시키려는 작전을 포기하고 섬 하나하나를 점령하기로 했다. 육군 1만을 배에 추가로 승선시킨 후 육지에 가까운 섬부터 점령해가기 시작했다. 아직 백제 수군이 동진 수군보다 우세했으므로 동진 수군이 쉽사리 백제 수군을 공격하지 못했다.

백제 수군이 하루에 섬 하나씩 점령해가면서 주도 저우산섬만 남았다. 동진 수군은 섬에 상륙하여 목책을 의지하고 버텼다. 백제군은 약 3만의 병사들이 상륙했다. 철기군 5천과 기병 1만이 함께 상륙하여 목책에 다가갔다. 갈고리를 던져 목책에 연결하고는 일제히 끌어당겨 목책을 부수었다. 동진군은 2만 가량이 지키고 있었지만 육전에서는 백제 철기군을 당해낼 수 없었다.

섬의 북쪽으로 쫓겨 간 동진군은 승선하여 항주 포구로 도망한다. 이때 백제 수군이 총공세를 취했다. 도망하던 동진군은 육지에 상륙하여 수도 견강으로 후퇴한다. 백제 기병에 의해 수만의 동진군이 죽거나 잡혔고 결국 3만의 동진 수군 중 살아 돌아간 이는 수천에 지나지 않았다.

저우산군도 해전에서 승리했지만 백제군의 손실이 1만에 가까워 동진군 사망자 1만과 비슷했다. 동진군의 포로 1만은 모두 노예로 팔려갔다.

인구가 많은 해안지방을 모두 복속시킨 백제는 이제 고구려로 눈을 돌리기 시작했다. 요동반도만 장악하면 대륙과 한반도의 모든 해안지방은 백제의 영토가 된다. 아직 고구려의 영토는 백제보다 컸다. 하지만 백제의 인구는 이미 고구려의 2배에 가까웠다.

옛 조선의 영토는 고구려와 백제의 땅을 합친 것보다 컸다. 백제의 근초고황제도 그 사실을 알고 있었다. 조선의 후계자는 고구려가 아니라 백제라고 공표하기 위해선 조선의 수도였던 왕검성이 있는 요동반도를 점령해야 했다.

〈365년 각국의 국력〉

나라	인구	군대
전연	1,500만	35만
백제	1,200만	35만
동진	1,200만	30만
전진	6~700만	20만
고구려	600만	20만
유연	400만	15만

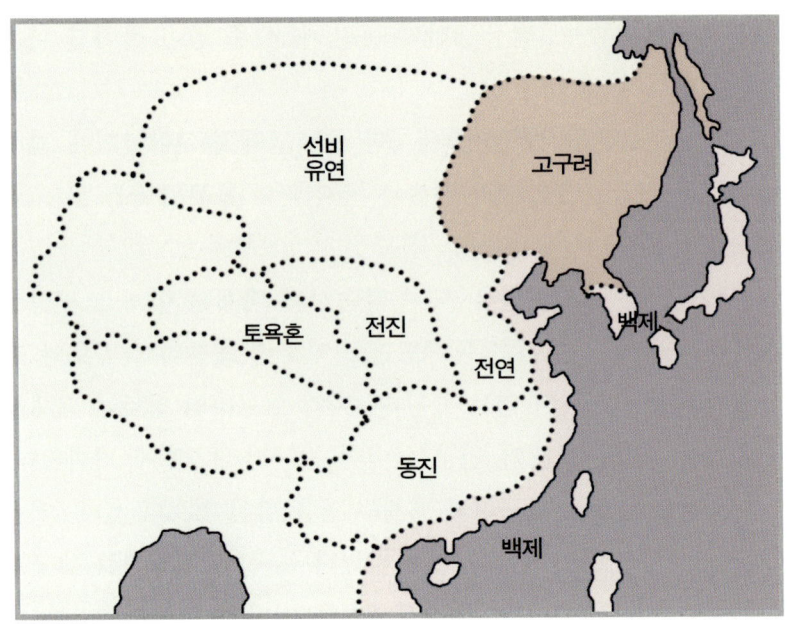

▲ 각국의 국경

　이듬해 백제군은 10만의 육군과 4만의 수군을 동원하여 요동정벌에 나섰다. 첩자들의 보고로는 요동에는 5만의 고구려 육군이 있고, 3만의 고구려 수군이 장사군도에 배치되어 있다고 했다.

요동반도 공격

근초고천황은 군대를 3군으로 나누었다. 황제 자신은 2만의 병력을 이끌고 요서에서 출발하여 요동으로 진격하고, 수군 4만은 근구수왕이 지휘하여 비사성으로 진격하고, 8만의 대군은 대장군 막고해가 지휘하여 의주를 출발해 요동으로 진격하게 했다.

이번 전쟁의 주력군은 막고해가 이끄는 군대로서 고구려군이 황제가 직접 이끄는 요서군이 주력인 줄 알고 요서군 쪽으로 군대를 이동시키면 막고해의 8만 군대가 요동으로 진격하여 주요성을 함락하고 요동군을 격파한다는 작전이었다.

근초고천황은 우선 대낮에 2만의 군대를 이끌고 요란하게 행진하며 요하로 이동했다. 요서에 잠입한 고구려 세작들의 눈을 이곳으로 돌리기 위함이었다. 황제의 삼족오 깃발과 각군 태수와 번왕 및 제후의 깃발을 모두 사용했다. 고구려 세작들은 엄청난 깃발을 보고 또 청주자사와 유주자사, 서주자사 및 광릉, 광양, 대방, 낙랑군 태수와 요서군 태수 깃발까지 전부 보고는 10만 이상의 대군을

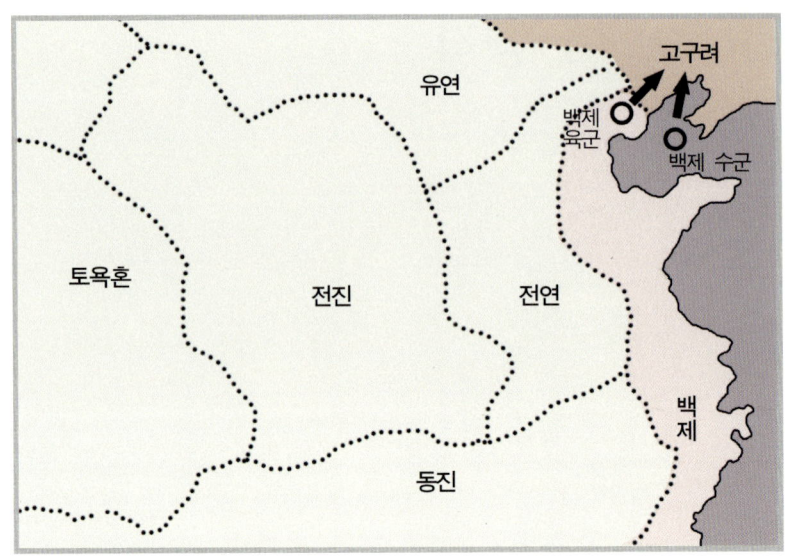

▲ 백제군의 고구려 침공

동원한 대규모 침공이라고 생각했다.

　근초고천황은 또한 위·오·촉 삼국시대에 사용된 계략을 쓰기로 했다. 1만의 군대를 밤에 요서로 철수시켰다가 대낮에 요하로 이동시킨 것이다. 이러한 이동을 몇 차례 반복하고는 요하 서쪽 백제군 진영을 일부러 크게 만들었다. 15만 명 가량의 병사가 모여 있는 것처럼 하기 위해 지푸라기로 병사를 만들어 곳곳에 세우고 막사를 엄청나게 지었다. 황제의 막사는 크고 화려하게 지어서 마치 새로 성을 쌓은 듯해 보였다.

　고구려 고국원태왕은 백제군의 이동 보고를 받고 우선 태자인 소수림왕에게 병사 5만을 주고 요동지방으로 출진케 한다. 백제군의 막사를 멀리서 관찰한 소수림왕은 사태의 심각성을 태왕에게 보고했고 태왕은 증원군 5만을 급파한다. 그리하여 요하를 경계로

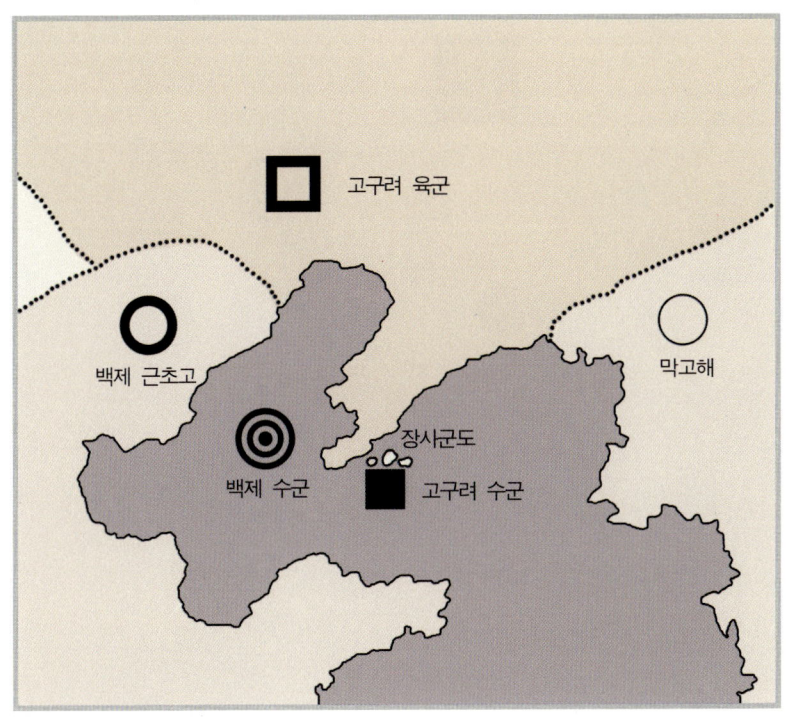

▲ 각군 배치도

10만의 고구려군이 진을 쳤다. 또한 고구려 수군 3만은 장사군도와 비사성을 오가며 경계활동을 폈다.

백제 근구수왕이 이끄는 백제 수군 4만은 비사성 앞바다에서 멈추었다. 고구려 수군과 일전을 벌이기 위해 진을 펼쳤으나 공격하지는 않았다. 어디까지나 고구려군을 유인하기 위한 전술이었다. 백제 장군 막고해의 8만 대군은 의주 근처에서 황제의 공격 명령이 하달되기만 기다리고 있었다.

고구려군 전체 15만 중 10만의 육군과 수군 3만이 요하와 비사성 앞바다에 포진하는 바람에 고구려 내부는 텅 비었다. 고구려 수

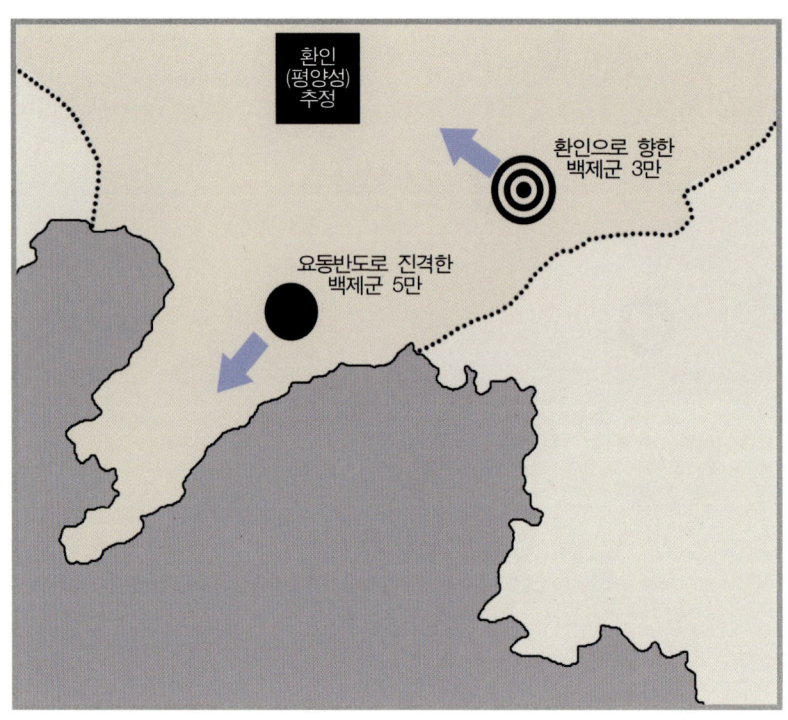

▲ 백제의 진격

도 환도성(평양성)에는 수비군 1만이 있을 뿐이었다.

　근초고황제는 수군을 통해 의주에 있는 막고해 장군에게 출진 명령을 내렸다. 전쟁개시 후 보름 정도가 지난 뒤였다. 너무 진격을 늦추면 고구려 세작들에게 막고해군의 위치가 알려져 전략이 노출될 가능성이 있어서 이제 출진 명령을 내린 것이다.

막고해, 고구려 수도를 치다

　막고해는 우선 3만의 군대를 고구려 수도 환인(평양성)으로 진격하는 척하고 나머지 5만의 군대를 요동반도에 진입시켰다. 압수 근처에서 지키고 있던 고구려 성들이 쉽사리 백제군에게 함락당했다. 각지의 요새에는 겨우 1천의 병력이 지키고 있을 뿐이었다.
　고구려 고국원태왕은 먼저 수도로 백제군이 진군해 온다는 소식을 들었다. 순간 요하의 백제군은 속임수라는 것을 깨달은 태왕은 속히 군대를 수도로 불러들였다. 그리하여 고구려 요동군은 수비군 3만을 배치한 채 7만의 군대가 수도로 이동하기 시작했다. 얼마 뒤 태왕은 또 다른 백제군이 오골성을 포위했다는 소식을 보고받았다. 백제군은 3만을 먼저 고구려 수도로 출병시키고 2일 뒤 오골성으로 5만이 출병한 것이다.
　막고해의 계략에 고구려군은 우왕좌왕했다. 수도로 돌아가던 고구려군이 다시 오골성으로 향하기로 했다. 그런데 고국원태왕이 큰 실수를 했다. 고구려 수도로 향하던 백제군은 주력부대가 아니고 고구려군을 속이기 위해서라고 생각한 태왕은 수도로 오던 군대를 모두 오골성 쪽으로 돌려버렸다. 하지만 백제군 3만은 계속해서 고구려 수도로 진군하고 있었다. 태왕은 수도 근처 50리까지 백제군이 진격하자 그때서야 사태의 심각성을 알았다. 수도의 방위군 1만은 결사항전을 준비하고 있었다.

요동성과 안시성, 백암성 주위로 포진했던 10만 고구려군은 5만은 오골성으로 향했고, 3만은 수도를 구원하기 위해 향했고, 나머지 2만의 병력이 남아서 각 성을 지키기로 했다. 근초고천황은 고구려군의 이동 보고를 듣고 요하를 건넜다. 요동반도에는 고

▲ 각군 배치도

구려군 2만이 남아있었지만 각 성에 나누어진 까닭에 요동성에 5천, 안시성에 4천, 백암성에 3천 등 여러 성으로 군대가 나뉘어져 있었다.

먼저 요동성을 포위한 근초고황제는 가지고 온 발석차부대로 성벽을 부수고 성내에 진입하여 점령한다. 안시성을 포위했으나 성이 가파르고 높아서 4천의 매복병을 안시성 주위로 배치하고 남진하여 여러 요새를 점령한다. 오골성 근처에서 벌어진 백제와 고구려 양군의 대회전은 양국 간의 승리 없이 계속 소모전이 지속되었다. 고구려 수도로 진격한 백제군도 고구려군의 지원군을 보고는 진격을 멈추고 대치하기만 했다.

해상에서는 고구려 수군과 백제 수군이 대해전을 벌였다. 양군은 특별한 전략 없이 정면으로 대결하여 하루 동안 양군의 절반 가량을 잃었다. 백제 수군은 병력 4만에 5백 척이었지만 다음날 2만에 3백 척이 남았고, 고구려 수군은 병력 3만에 전함 4백 척이었지만 다음날 병력 1만5천에, 전함 2백5십여 척이 남았다. 양군의 피해가 서로 너무 커서 고구려 수군은 장사군도로 후퇴하고 백제 수군도 산둥으로 철수했다.

근초고황제의 군대는 정예군으로서 철기군 5천, 기병 1만, 보병 5천으로 발석차 2백 대를 보유하고 있었다. 요동반도 내의 10여 개 성들이 차례로 함락되고 반도를 가로질러 황제는 오골성 쪽으로 진군했다. 오골성 인근에서 백제군 5만과 고구려군 5만이 대치 중이었다.

막고해의 백제군 5만은 신라, 가야, 왜, 사벌국, 실직국, 마한의 소국과 말갈군까지 구성된 연합군의 성격이어서 통제가 잘 되지 않았다. 실제 백제군은 2만 가량으로 3만의 동맹군 군대를 통제하기엔 부족했다. 동맹군들은 대규모 공격에 소극적으로 나왔다. 그러나 근초고천황의 군대가 오골성 가까이 오자 동맹군들은 황제에게 잘 보이기 위해 막고해에게 출진을 요구했다.

고구려군 총사 소수림왕은 백제 황제의 군대가 도착하기 전에 막고해의 군대를 무찌르기 위해 총공격을 가했다. 평야에서 양군의 철기군이 앞장서서 전진했고 양군의 철기군 뒤로 경무장 기병과 보병들이 쏟아져 나왔다.

동맹군 중 가야계 철기군의 활약이 눈부셨다. 1천의 철기군과 3천의 보병을 파견한 가야군은 고구려군의 중앙을 돌파하는 저력을 보였다. 신라군의 보병도 용감히 싸웠으나 해질 무렵까지 전투해도 승부가 나지 않았다. 고구려군은 일단 뒤로 후퇴하여 언덕으로 진영을 잡았다. 높은 곳에서 방어하는 것이 유리하기 때문이었다.

다음날 저녁, 백제 황제 근초고천황이 도착했다. 가지고 온 발석차부대로 언덕 위를 공격했다. 그러나 엄청난 돌 세례를 받고도 고구려군은 저항했다. 백제와 고구려 간의 전쟁이 두 달을 넘기게 되자 전연의 낌새가 이상했다. 전연군이 백제의 국경으로 군대를 이동시킨다는 보고가 들어왔다.

근초고천황은 우선 철수하기로 했다. 만일 청주와 유주를 빼앗기면 백제군은 고구려, 전연 사이에 끼여 오도 가도 못하게 되기 때문이었다. 게다가 해군의 손실도 커서 백제군을 한 번에 한반도에서 대륙으로 수송하기도 힘든 상황이었다. 황제는 점령한 요동성과 주변 10여 개 성에 수비군을 남겨두고 철수하기로 했다. 고구려 수도 환도(평양성)를 공격하던 백제군도 철군하기 시작했다.

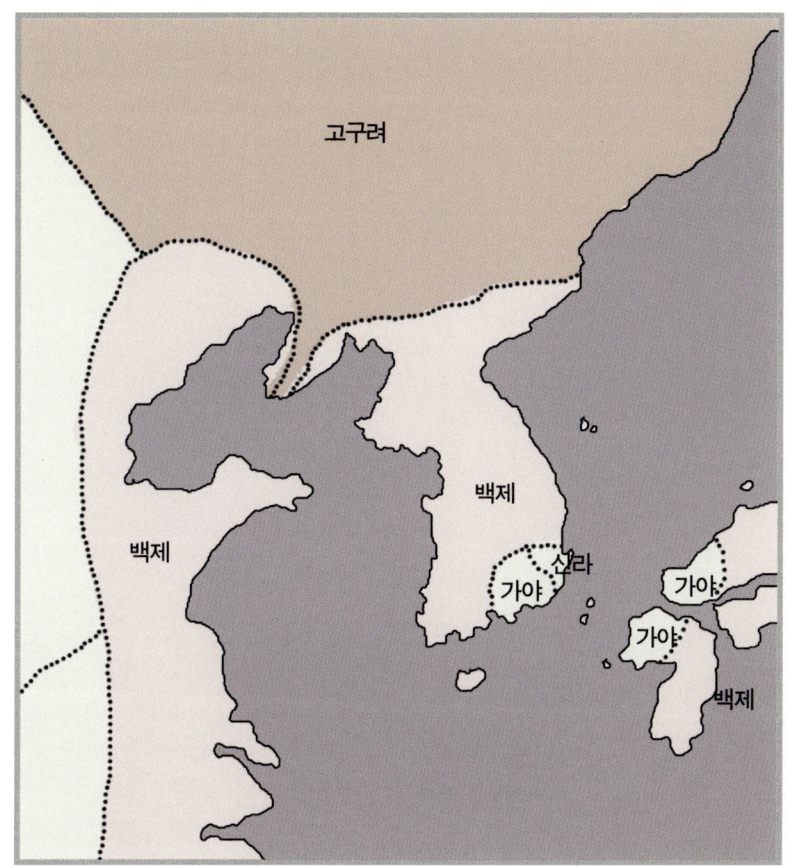

▲ 전쟁 후 확장된 백제 영토

백제 국경으로 이동하던 연나라군은 백제 황제가 서둘러 돌아오자 진군을 멈추고 만다.

367년, 전연의 대장군이며 군부 최고 실력자인 황숙 모용각이 죽고 만다. 그 지위는 동생인 모용수가 계승하지만 연왕 모용위의 작은 할아버지인 모용평이 태후와 짜고 권력을 독점하려 한다. 그

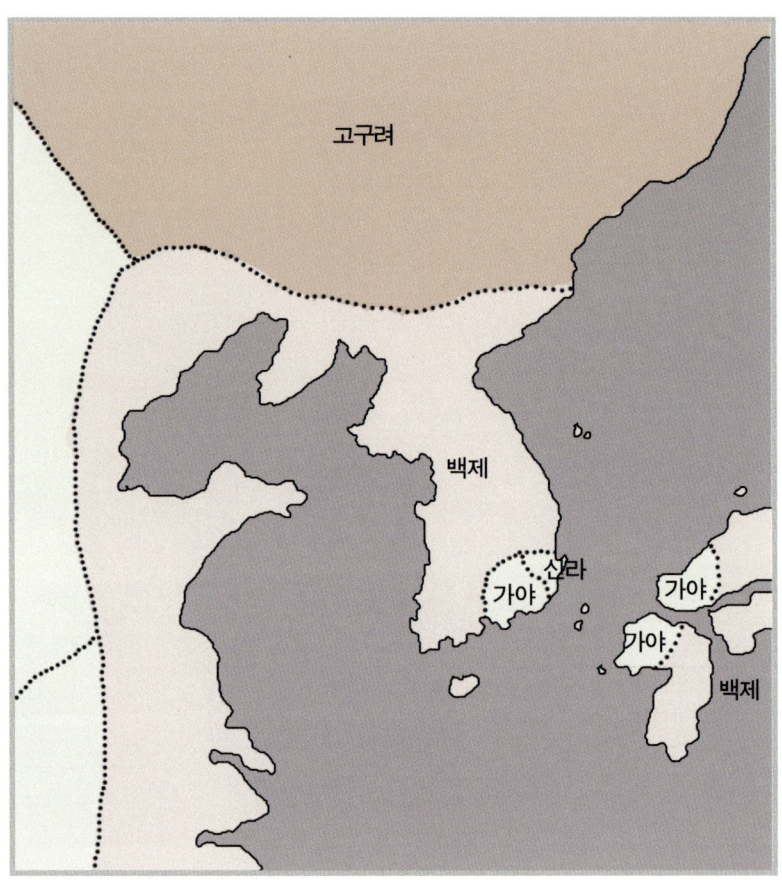

▲ 백제의 요동반도 점령

후 모용평과 태후의 사람들로 관직이 채워지고 연나라는 기울기 시작한다.

지난해 백제와 고구려 양국은 서로 수만의 병사를 잃고 그 국력을 회복하기 위해 힘을 쏟았다. 근초고황제는 지난번 전쟁에서 잘 싸운 가야와 신라에게 각각 좋은 말 2필을 하사하고 그 용맹을 칭찬했다.

369년 9월, 고구려태왕 사유가 보병과 기병 2만 명을 거느리고 치양에 와서 주둔하며 군사를 시켜 민가를 약탈했다. 그리하여 근초고천황은 태자 근구수왕에게 군사 3만을 주어 토벌하게 했다. 압수를 건넌 근구수왕은 지름길로 치양의 후방으로 잠입하여 새벽녘에 불시에 공격하여 그들을 격파하고, 적병 5천여 명의 머리를 베었다. 그리고 노획한 물품은 장병들에게 나누어 주었다.

오골성의 고구려군은 고구려 태왕이 패하여 쫓겨 가자 항복했다. 승세를 몰아 근구수왕은 비사성을 점령했다. 그러나 갈 곳을 잃은 고구려 수군은 장사군도에 요새를 만들고 은거한다. 그리하여 결국 요동반도 전 지역이 백제군에 들어왔다.

백제, 부피가 필요하다

　백제 근초고황제는 11월, 하남성 부근 한수 남쪽에서 대대적으로 군사를 사열했다.
　유주자사, 청주자사, 서주자사, 광양태수, 광릉태수, 요동태수, 대방태수, 낙랑태수, 안남왕, 흑치상지*, 신라왕, 가야왕, 왜왕, 탐라왕, 사벌국왕, 실직국왕, 말갈추장, 좌현왕(대륙 남부), 우현왕(한반도 백제 남쪽), 각 왕과 자사 태수들이 모두 모여 근초고황제의 사열식에 참석했다.**
　모두 황색의 깃발을 사용했다. 대백제국은 길이가 만 리에 이르고 백성이 1,500만에 가까웠다. 병력은 40만에 이르고 대백제국에 속한 나라가 100개나 되었다. 백가제해, 즉 백 개의 나라가 연합하여 바다를 제패했다.

---

*관직 이름, 상지는 당시 제후에 해당하는 관직으로 추정된다.
**중국 기록에 백제는 좌현왕과 우현왕이 있었다고 전해진다.

대백제국의 연장은 만 리를 넘어섰다. 하지만 백제국의 부피는 빈약했다. 근초고천황도 이 사실을 염두에 두고 있었다. 백제는 부피가 필요했다. 게다가 너무나 긴 제국은 적의 침입에 효율적으로 방어하기가 힘들었다. 그래서 수군을 강하게 키워서 육군을 이동시키는 수단으로 쓰기로 했다.*

369년, 전연의 국력이 약해진 틈을 타서 동진의 환온 대장군은 다시 북벌을 개시하여 연나라 군대를 격파하면서 황하를 건너는

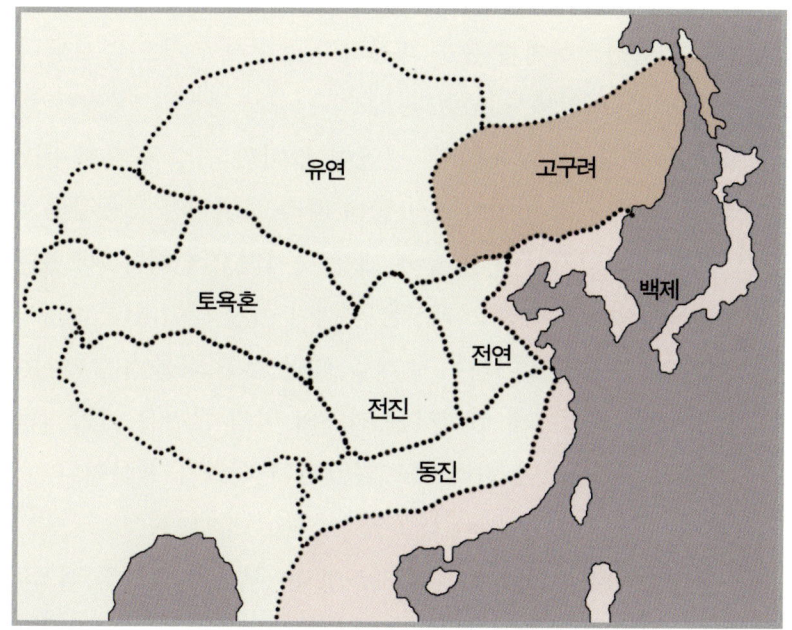

▲ 대백제 고구려 전연 전진 동진의 영역

*당시의 황해를 발해라 불렀는데 발해는 백제의 내해로 전락했다. 마치 지중해가 로마의 내해가 된 것처럼….

장소인 방두枋頭(하남성 준현 서남쪽)에까지 이르렀다. 전연 조정은 전진과 백제에 원군을 구하는 한편 원래의 수도인 용성으로 도망가기에 급급했다.

백제 근초고천황은 고구려와의 전쟁으로 연나라의 구조요청에 응하지 못했다. 전진 또한 오히려 연나라를 침공할 계획을 세우고 있었다.

용장 모용수(모용각의 동생)는 동진군의 진격을 멈추기 위해 20만 대군을 이끌고 황하에서 동진군의 도하를 기다린다. 동진군 15만이 황하를 도하하고 진영을 설치하려는 순간 연군은 기병을 앞세우고 기습공격하여 환온을 대패시키고 다시 건강으로 보냈다. 이로써 전연을 위기에서 구했다.

모용수는 형인 각이 죽은 후 전연에 있어서 가장 중요한 버팀목이었다. 그러나 그 명성이 올라감에 따라 보좌역인 모용평은 점점 그 시기심을 이기지 못한 끝에 그를 죽이려고 한다. 결국 모용수는 전진前秦으로 망명하고 전진은 기꺼이 이를 맞이했다. 왜냐하면 그것은 전연에게 있어서는 날개를 떼인 것과 다름없는 타격이었으며 반대로 전진에게 있어서는 전연의 국정 문란은 이를 공략할 기회를 노리고 있던 바라지도 않았던 사태였기 때문이다.

370년, 백제의 사신이 전진에 당도했다. 부피가 필요한 백제국과 라이벌 전연을 없애고 싶은 전진의 이해관계가 맞아떨어졌다. 전진은 망명한 연군 총지휘관 모용수의 의견을 듣고 전연의 모든 방어계획과 군배치 현황을 파악한다. 전진은 드디어 전연 공략을 노리고 산서성에서 군사를 일으켰다.

모용평은 30만의 병사를 이끌고 노주潞州(산서성 로성현 북쪽)에서 방어했다. 한편 백제군은 20만의 대군을 이끌고 전연을 침공했다. 유주, 청주, 서주 방향에서 세 갈래로 진군한 백제군은 황하 유역의 평원지대를 석권한다. 전연군 15만은 앞에서 모용평을 압박하고 20만 백제군은 뒤에서 모용평을 압박했다.

　태원을 중심으로 30만 대군을 결집시킨 모용평은 우선 전진군을 공격한 후 백제군을 공격하기로 했다. 전진군의 수가 연군의 절반밖에 되지 않으니 충분히 승산이 있으리라 생각한 것이다.

　30만 대군 중 10만의 기병이 먼저 전진군을 공격하고 보병 20만이 뒤따라 쳐들어갔다. 전진군은 모용수의 의견을 받아들여 횡

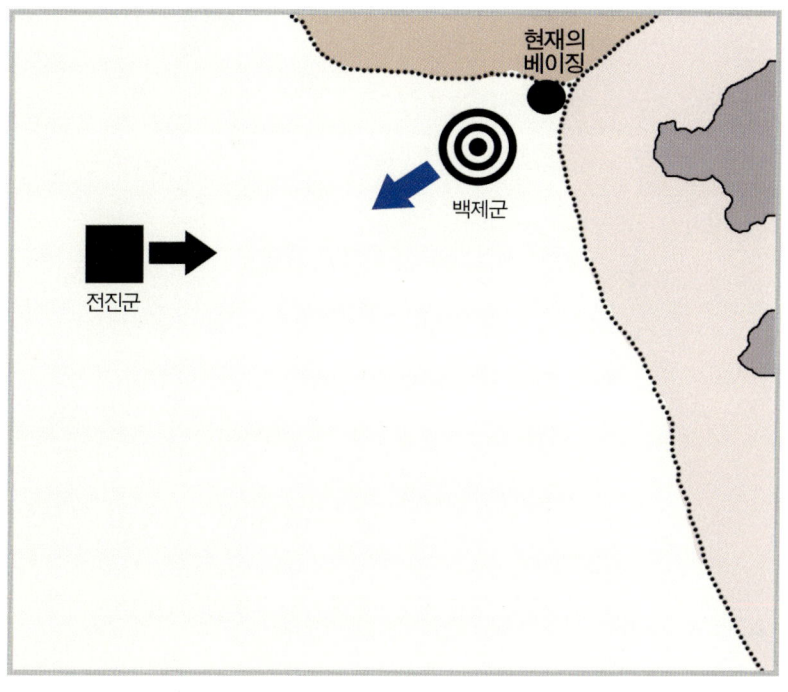

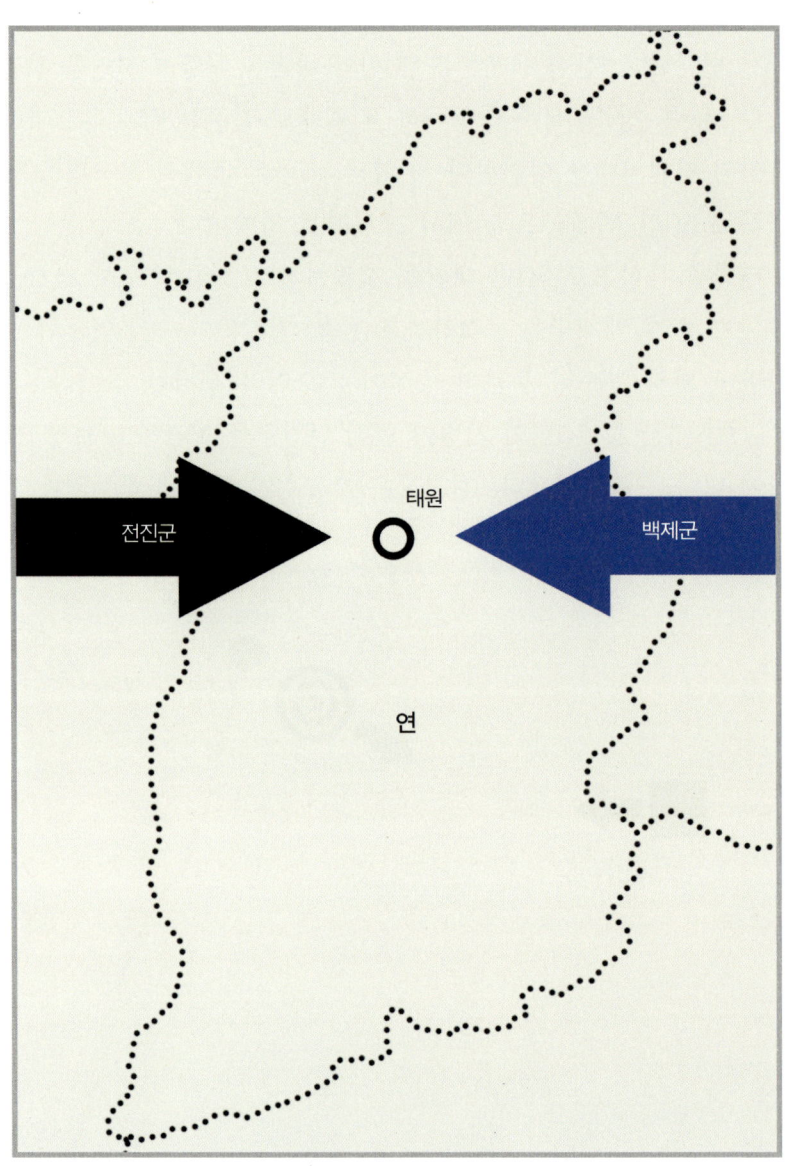

▲ 산서성 태원 근처 백제군과 전진군의 배치

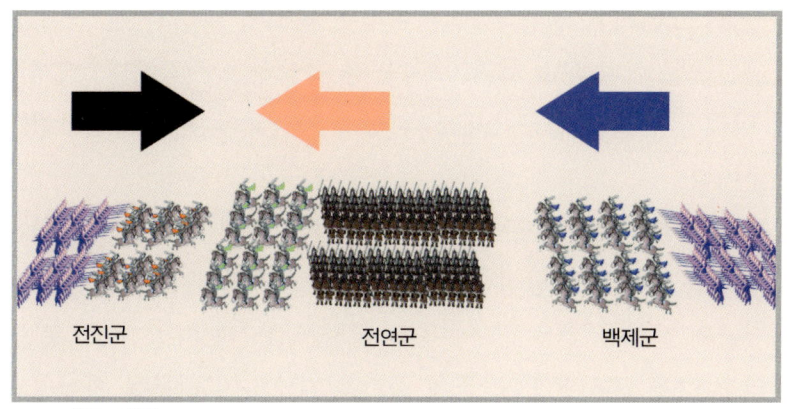
▲ 전투 상황도

대로 길게 진을 치고 방어책을 세우고 목책 뒤에서 화살을 쏘며 대항했다. 수레와 쇠붙이를 땅에 장애물로 설치하고 연군 기병을 막으려 했다.

하지만 백제군은 재빨리 이동하여 연군의 후방으로 왔다. 목책과 방어선 뒤에서 버티던 전진군은 백제 철기병이 연군의 보병을 공격하면서 연군의 대열이 흐트러지자 총공세를 감행한다.

모용평은 앞뒤로 적군이 밀려들자 어찌할 바를 몰랐다. 연군 보병들은 백제 철기군에 의해 사정없이 나가떨어졌다. 철기군 뒤로 수십만의 병사들이 밀려들어오자 결국 모용평은 도망쳐버렸다. 연군은 한꺼번에 무너져서 업으로 도망갔다. 군의 총수인 모용수가 망명한 상황에 연군의 지휘부는 사실상 저항의지가 없었다. 모용평에게 군의 지휘를 맡긴 연왕 모용위의 판단은 연군을 파멸로 이끌었다.

전진군은 급히 수도인 업을 함락하고, 전연의 황제인 모용위 및 제왕과 제공을 포로로 하여 선비족 4만 호 남짓과 함께 장안으로 옮겼다. 그리하여 전연 제국은 이렇듯 덧없이 무너져 간 것이다.

　전진군은 쉬지 않고 업과 그 주변을 장악하기 시작했다. 백제군이 밀려들기 전에 조금이라도 더 땅을 차지해야 된다고 생각했기 때문이다.

　화북평야의 넓은 들은 백제군의 말발굽 아래 짓밟혔으나 남은 연나라군 10만은 하남성 부근 들판에서 최후의 결전을 준비했다. 백제군의 선봉을 맡은 근구수왕은 철기군 3만과 기병 5만으로 연군의 진영을 급습했다. 연군은 죽기를 각오하며 하루를 싸웠지만 결판이 나지 않았다.

　연군 지휘관 모용진은 동진에 구원을 요청했다. 동진도 백제에 원한이 많으니 도와줄 거라고 생각한 것이다. 하지만 이번엔 동진의 대장군 환온이 거절했다. 동진은 배후에 백제 좌현왕이 5만의 병사를 준비시키고 복건성에서 북상할 준비를 하고 있는 것을 세작의 보고로 알아낸 후 움직이지 못했다. 또한 유약한 동진의 왕은 백제의 심기를 건드리고 싶지 않았다.

　모용진은 야간에 백제군 진지를 기습했다. 근구수왕은 불같이 노하여 다음날 아침 총공세를 시작했다. 백제 8만 전군이 노도와 같이 연군에게 밀려들었다. 철기군의 말발굽에 수많은 연군이 죽어갔다. 결국 모용진은 항복했고 수많은 귀족들이 포로로 잡혔고 10만 연군은 전멸했다.

　백제군의 손실도 막대하여 3만 이상이 죽었다. 비록 승전했으나 백제의 정예군사가 3만이나 죽은 것은 태자의 잘못이 크다고 황제는 근구수왕을 책망하며 꾸짖었다.

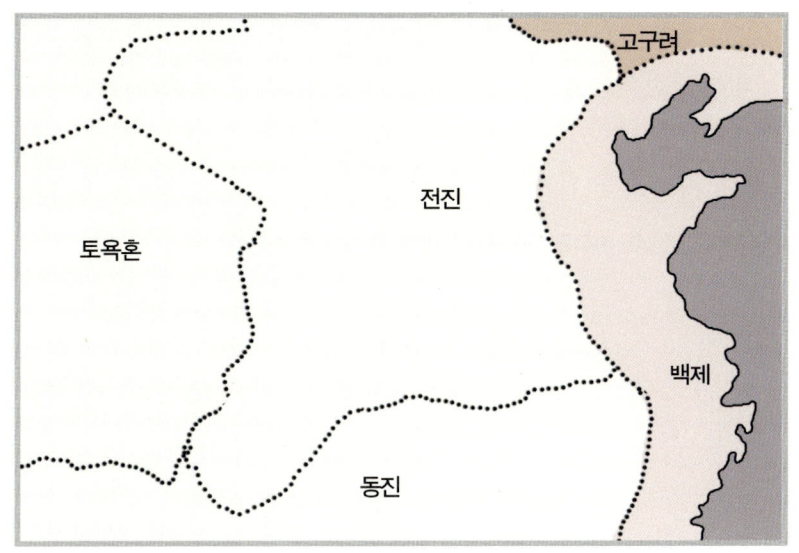
▲ 전연의 영토 분할

초기 전연은 백제와 동맹하여 고구려의 수도를 점령하고, 대륙의 중원을 장악하여 가장 강력한 힘을 발휘했다. 40만 이상의 군대를 동원할 수 있었던 전연은 황제라 칭하며 주변국들을 압박했으나 오히려 백제와 전진연합군에 의해 멸망당했다.

전연 멸망의 직접적인 원인은 모용수의 망명사건에서 알 수 있듯이 황실 내부의 분란에다 황태후와 모용평과 같은 무능한 권세자가 사사로이 이익을 추구했기 때문에 나라 전체의 기능이 마비상태에 빠졌던 점에 있었다. 지도자가 무능하고 부패하니 그 밑의 관리들 또한 더 부패하여 강국 연나라를 망하게 한 것이다.

모용평은 고구려로 망명했으나 연나라에 당한 치욕적인 과거가 있는 고구려가 모용평을 좋게 대할 리 없었다. 그리하여 모용평은 전진으로 압송당한다.

이제 명실상부하게 백제는 황제국이 되었다. 모든 깃발을 황제의 색인 노란색으로 한 것만 보아도 대백제국의 위세가 얼마나 대단했는지 알 수 있다.

대륙 북쪽의 화북평야를 점령하여 부피를 채운 백제국은 이제 남쪽 해안선을 따라 부피를 채우기로 결정한다.

백제와 동진의 전쟁

371년 봄, 근초고천황의 동생 좌현왕은 군사 5만을 이끌고 복건성을 출발하여 북진한다. 병관좌평 해영은 병사 3만을 이끌고 사천성으로 진군한다.

동진의 군부는 환온이 장악하고 있었다. 왕은 유약했고 몇 년 전 전연에게 대패했기 때문에 병사들은 적었다. 환온은 당시 와병 중이라 대응을 할 수가 없었다. 환온과 승상 사안은 사사건건 대립했고, 환온은 역심을 품었으나 승상의 방해로 왕위에 오르지 못한 상태였다.

동진의 허약함을 간파한 백제 근초고천황은 환온이 와병 중인 때를 이용하여 공격을 가한다. 마침 백제의 동맹국인 전진도 군대를 보내 동진을 공격한다. 사천성(촉) 방면으로 진군한 백제군은 백제성을 공략하여 함락시키고 촉에 무혈입성한다.

촉은 예전부터 동진에 반발했으나 환온에 의해 점령된 후 반감이 더욱 커져 있었다. 마침 백제군이 진입하자 백제군에 협력하여

▲ 백제군의 강남 공격

동진군을 몰아낸다. 병관좌평 해영은 촉왕으로 임명된다. 좌현왕은 별 저항 없이 동진을 유린했고, 호남성과 인근지역이 모두 백제군에 들어왔다.

전쟁 개시 몇 달 만에 백제군은 엄청난 영토를 차지했다. 백제 인구는 2천만으로 늘었고 병사는 45만 가량으로 증강되었다. 수군은 7만으로 명실상부한 천자국이 되었다.

동진의 대장군 환온은 병약한 몸을 이끌고 동진의 군대 20만을 모아 수도 견강 근처에서 백제군과 대적했다. 좌장군 습착지는 승상 사안의 명으로 환온을 감시하기 위해 배치되었다. 환온의 역모 계획은 이미 백제국에도 소문이 나 있을 정도였다. 동진의 조정은 노골적으로 환온을 경계했고 환온도 역심을 숨기지 않았다.

환온이 이룩한 동진의 번영은 이제 환온의 노쇠와 함께 무너지

▲ 백제군, 사천까지 진격하다

고 있었다. 환온은 과거에 촉을 평정하고 전연을 공격하여 동진의 힘을 길러주었다. 백제도 환온이 건재할 때는 쉽사리 동진을 무시하지 못했지만 환온의 병을 알게 된 근초고황제는 주저 없이 직접 20만 대군을 동원하여 동진의 수도로 진격한 것이다.

건강은 강과 해자로 둘러싸여 난공불락이었다. 게다가 환온의 20만 대군이 산을 뒤로 한 채 진영을 펼치고 백제군과 마주하고 있었다. 그러나 백제군은 철기군 3만을 앞세우고 기병 5만을 군의 후방에 배치하고 중앙에 보병 12만을 배치했다. 환온은 궁병을 언덕에 배치하고 기병과 보병을 언덕 아래에 배치했다.

백제군의 철기병이 진격하면 동진군의 기병이 싸우는 척하다가 뒤로 후퇴했다. 그러면 언덕과 산에 배치된 수만의 궁병이 일제히

▲ 견강성 인근 백제군과 환온군의 배치도

화살을 쏘았다. 제아무리 철갑옷을 둘렀어도 너무 많은 화살에 진격은 불가능했다.

상대적으로 좋은 위치를 선점한 동진군은 산을 배후로 하여 들판으로는 나오지 않았다. 산에 배치된 동진군을 무시하고 견강을 공격하기도 힘든 상황이었다. 뒤로는 큰 강이, 앞으로는 해자가 있어서 쉽사리 전진하지 못했다.

보름 동안 승부를 내지 못하자 화가 난 근초고천황은 전군에 총공격 명령을 내린다. 기병 2만을 야산의 뒤쪽으로 보내어 협공토록 하고 정면으로 철기군을 앞세우고 보병과 기병이 함께 돌진하도록 명했다.

아침 일찍 대공세가 시작되었다. 환온의 동진군은 산 위에서 수만 발의 화살과 발석차를 이용하여 돌을 던졌다. 산 밑에는 동진군

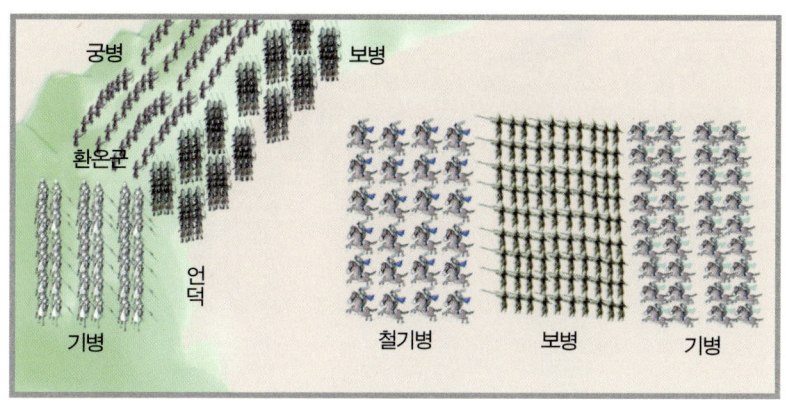

▲ 견강성 인근 백제군과 환온군의 배치도

보병이 나무로 목책을 치고 함정을 파서 백제 철기군을 막았다. 엄청난 기세로 밀어붙이던 백제 철기군도 곳곳에서 함정에 빠져 병사가 넘어졌다. 뒤를 따르던 백제 보병은 철기군이 허둥대자 제대로 진격하지 못했다.

산을 뒤돌아서 공격하던 백제 경무장 기병은 산 위에서 쏟아지는 화살을 맞으며 전진해야 했다. 산 가까이 다가가서 백제 궁병 5만이 일제히 화살을 쏘았지만 상대적으로 높은 위치에 있는 동진군은 잘 맞지 않았다. 동진군의 기병은 백제 철기군과 정면대결하지 않고 자리를 지키며 말 위에서 화살을 쏘며 철기군을 막아냈다.

오후 늦게까지 지루한 공방전이 지속되었다. 백제군은 이날 공격과 후퇴를 3번이나 반복하면서 녹초가 되었다. 반면 동진군은 제자리에서 화살과 돌을 쏘며 방어하기만 했다. 저녁때가 되자 근초고황제는 후퇴 나팔을 불게 했다.

아직 동진은 강국이었다. 백제군은 지난번 지우산군도에서 동진 수군에 패한 후 이번에도 크게 패했다. 20만 대군 중 6만 이상이

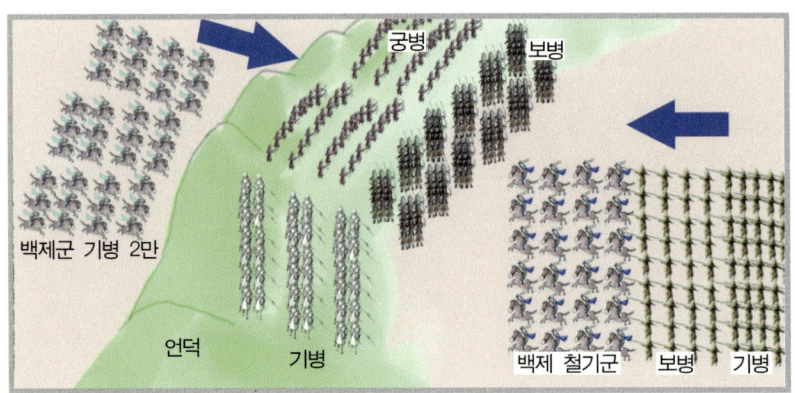

▲ 전투 상황도

죽거나 포로가 되었고, 동진군은 겨우 2만 정도의 손실밖에 없었다. 백제는 물러나면서 동진군이 추격할까봐 긴장하지 않을 수 없었다.

 이번 백제와 동진과의 전쟁에서 초기에 차지한 엄청난 영토 중 일부를 동진에게 다시 빼앗겼고, 근초고황제는 분을 삼키며 후퇴하고 말았다.

백제의 함정

370년, 전진에 망명했던 모용수는 전진의 수도를 탈출하여 백제로 망명한다. 이때 전진의 세력이 날로 커져 백제를 위협할 지경에까지 이르자 근초고천황은 모용수를 지원하기로 결정하여 모용수를 연왕에 봉하고 하북성 중산에 도읍을 정할 수 있도록 지원해 준다. 이렇게 후연이 등장하게 된다.

전진은 백제와 함께 약해진 동진을 공격해 백제군은 견강에서 패하고 말았지만 자신들은 영토를 확장하는 데 성공한다. 그리하여 북으로는 선비족의 여러 부족을 통합하여 국경이 고구려에 맞닿았고, 남으로 백제가 차지한 촉의 땅까지 이르렀다.

백제가 동진과의 견강 전투에서 패전한 소식은 고구려에도 전해졌다. 고구려는 동진에 사절을 보내 외교관계를 공고히 하도록 했다. 상선으로 위장한 고구려 전함은 도중에 만난 백제 전함의 장수들에게 뇌물을 쓰고 무사히 견강에 도착한다. 동진의 왕도 전진과 백제를 견제하기 위해 고구려와 동맹하기로 한다.

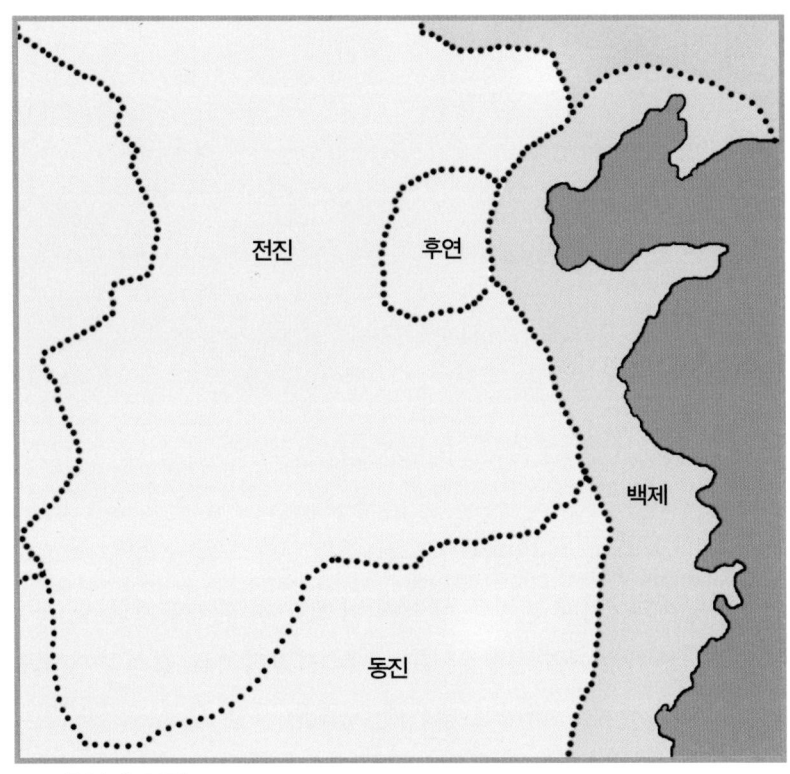

▲ 후연의 등장

371년, 고구려 고국원태왕은 동진의 왕과 공식적으로 동맹한다. 동진의 왕은 장군 환온을 총사로 하여 백제 광양군으로 10만 보기병으로 먼저 진격한다.

이때 고구려도 태자 소수림왕을 중심으로 보기병 5만을 이끌고 요동과 한성의 경계인 패하로 진격한다. 요동반도의 성은 모두 요새화된 성이라 점령하기가 쉽지 않으므로 요동과 한반도를 갈라놓기로 한 것이다.

이 전쟁에서 소수림왕은 운이 없었다.

소수림왕 곁에는 백제인으로 근초고황제의 호위군 부장이었던 사기라는 인물이 있었는데 그는 백제에서 망명을 한 인물이었다. 근초고천황은 사기에게 귀족의 작위와 가족들에 대한 엄청난 금전적 대가를 약속하고 고구려로 거짓 망명할 것을 권했다. 사기는 이에 동의하고 일부러 황제의 말의 말굽을 상하게 하고는 곧장 고구려로 망명하여 고구려 태왕의 신임을 얻게 된다. 태왕도 백제에 숨겨둔 세작들로부터 사기가 황제에게 잘못을 하고 도망왔다는 것을 알고 있었다. 사기는 백제군의 호위부장이었던 만큼 백제군의 요동과 요서 배치상황을 일부 알고 있었다.

근초고황제는 사기가 망명하기 전에 미리 약속한 것이 있었다. 치양에 주둔 중인 백제군 5천이 고구려 국내성으로 몰래 이동 중이라는 것을 사기에게 알려준 것이다. 사기는 고구려태왕에게 이 사실을 알렸고 태왕은 즉시 기병 8천을 국내성으로 가는 길목에 보낸다. 국내성 공격을 담당한 백제군 장군 연기는 일부러 고구려군이 매복한 곳으로 들어가다가 고구려군에 포위되자 항복해버린다. 그리고 사기와 연기는 태왕에게 요동과 요서의 백제군 배치도를 그려서 바친다. 고구려 고국원태왕은 크게 기뻐하고 둘을 선봉장으로 삼아 태자 소수림왕을 총사령관으로 하여 5만의 군대를 패하에 파견한다.

강가에 미리 매복한 백제군 5만은 고구려군이 강에 도착한 후 진영을 만들고 피곤해서 일찍 잠이 들자 기습을 감행했다. 고구려군은 저항도 제대로 못해보고 패했다. 자정 무렵 불화살 공격으로 시작된 백제군의 공격은 이어서 들이닥친 1만의 백제 철기군으로 고구려군의 사기를 완전히 꺾어버렸다. 소수림왕은 가까스로 근위

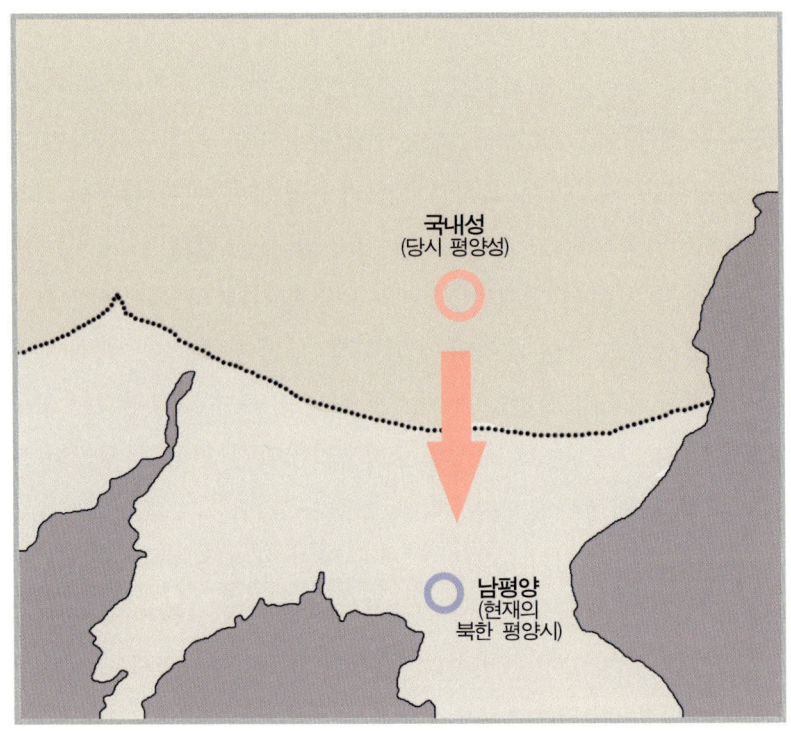
▲ 백제의 현재 국경

군 수천 기와 함께 패하를 탈출했다.

사기와 연기는 백제군에 항복했으나 미리 백제군에는 사기와 연기를 보면 죽이지 말라는 명령이 하달되어 있었다. 그 후 사기와 연기는 각각 요동군 안시성과 요동성 성주로 봉해지고 엄청난 재물을 받았다.

그해 겨울, 근초고천황이 태자와 함께 정예군 3만 명을 거느리고 고구려에 침입하여 평양성을 공격했다. 고구려군은 패하에서 대패한 것 때문에 국력이 많이 약해져 있었다. 그러나 고구려태왕 사유가 필사적으로 항전했다.

백제군은 유례없이 3만의 정예군을 모두 궁병으로 구성했다. 기병 1만이 있었으나 모두 화살을 잘 쏘는 자들이었다. 환도성(평양성)을 포위하고 수만 개의 화살을 날렸다.

　고구려 태왕은 성 위에서 군을 지휘하며 백제군과 맞섰다. 성안에는 2만의 고구려군이 결사항전 의지를 다지고 있었다. 태자 근구수왕의 사병들은 화살 솜씨가 다른 병사보다 남달랐다. 특히 3백 명으로 구성된 태자의 호위대는 모두 화살을 잘 쏘는 자로 뽑혀져 있었다. 그러나 성문 위에서 군을 지휘하던 고구려태왕은 태왕을 노리던 백제 태자 호위대가 쏜 화살에 맞게 된다. 서둘러 성안으로 태왕을 모셨지만 며칠 뒤 화살독이 퍼져 죽고 만다.

　태왕이 붕어하자 고구려 태자 소수림왕은 뒷문으로 고구려군을 모두 집결시킨 뒤 밤중에 백제 포위망을 뚫고 북쪽으로 도망한다. 환도성(평양성)을 점령한 백제군은 더 이상 추격하지 않았고 근초고천황은 군사를 이끌고 물러났다. 근초고천황은 도읍을 한산(한반도 평양)으로 옮겼다.

　또한 근초고천황은 현재의 개성 인근 청목령에 성을 쌓았다. 이에 독산성 성주가 주민 3백 명을 이끌고 신라에 망명했다. 신라 내물왕이 이들을 받아들여 6부에 나누어 살게 했다.

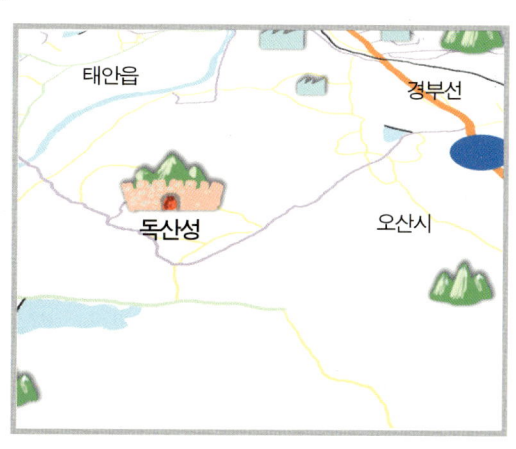

▲ 현재의 독산성 주변

이에 화가 난 백제 근초고천황이 신라에 서신을 보내었다.
"우리 두 나라가 화목하고 우호하여 형제처럼 지낼 것을 약속했습니다. 그런데 이제 왕께서 우리의 도망간 백성을 받아들이니, 이는 화친하는 뜻에 매우 어긋나는 것이며 왕께 기대하던 바가 아닙니다. 백성들을 돌려보내 주시기 바랍니다."

이에 신라 내물왕이 대답해 말했다.
"백성이란 변함없는 마음이 있는 것이 아니기 때문에 생각이 있으면 오고 싫증이 나면 가는 것은 본래부터 그러한 것입니다. 황제께서는 백성이 편안하지 못한 것을 근심하지는 않고 도리어 과인을 나무라는 것이 어찌 이리 심합니까?"

이에 근초고천황은 더 이상 문제 삼지 않았다.

이처럼 근초고천황은 늙고 병이 들어 제국에 대한 통제가 느슨해졌다.

견강 전투

373년, 동진의 환온이 죽자 백제군은 또다시 견강을 포위한다. 이번에는 수군 5만이 동원되었다. 강을 거슬러 온 백제 수군은 견강을 포위하고 육군 10만은 견강의 남쪽에서 공격했다. 그러나 동진군 대장군 습차지는 이전에 환온이 썼던 전략을 고수하며 성 밖 산 위에서 군대를 주둔시키고 백제 육군과 마주한다.

이 당시 백제 인구는 2천만에 가까웠고 병사는 45만에 육박했다. 하북과 하남의 평야를 대부분 석권하고 분국인 연을 지원하여 전진을 견제하고, 요동 요서 대륙의 동해안과 남해안 측 일부, 흑치, 왜, 안남, 남동아시아의 섬과 가야, 신라, 함경도의 말갈지역까지 모두가 백제의 땅이었다.

수군은 태자 근구수왕이, 육군은 막고해 대장군이 지휘했다. 황제는 와병 중이라 쉽사리 움직이지 못했다. 이번 전쟁에서 막고해 대장군은 지난 전쟁처럼 무리한 공격을 하지는 않았다. 견강에는 10만이 넘는 동진군이 있었고, 견강 포위소식을 들은 동진의 각지에

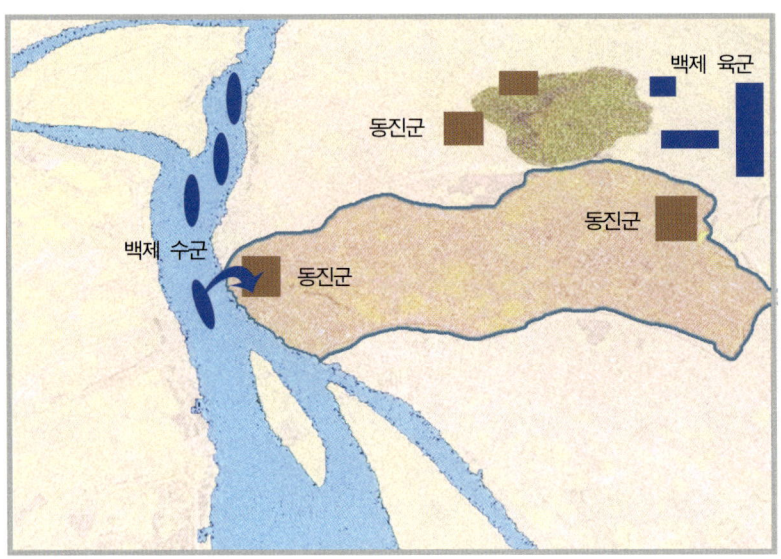
▲ 견강 주변 군배치도

서는 지원군이 올라오고 있었다. 동진군 장군 습차지는 7만의 병력을 산 위에 배치하여 지난번 환온 장군처럼 백제와 마주했다.

근구수왕은 5백 척에 달하는 엄청난 대함대로 강을 가득 메우고는 발석차와 석궁을 동원하여 견강의 성벽 위로 날려 보냈다. 견강성 내에는 양식도 풍부하고 강 옆이라 식수도 풍부하여 동진의 왕은 포위가 1년 이상 지속돼도 견딜 수 있을 것이라 생각했다.

보름 동안 백제 수군은 수만 개의 돌과 화살을 성안에 날려 보냈다. 동진군은 무너진 성벽을 다시 쌓고 성내의 주민들까지 나서서 성을 보수하고 저항했다. 한 달이 지나도 결과는 마찬가지여서 이번에는 백제 육군이 전진해 산 위에 있는 동진군을 향해 돌과 화살을 퍼부었다. 하지만 오히려 동진군의 돌과 화살에 피해를 입고 뒤로 물러났다.

백제 장수들이 동진군 진영 가까이 다가가서 일기토(1:1로 싸우는 것)를 제안했지만 동진군은 응대하지 않았다. 겁쟁이라고 모욕을 주고 갖은 욕을 퍼부어도 꿈적하지 않았다.

  청주에 있던 황제는 지지부진한 전쟁 상황을 보고 받고 화가 나서 아픈 몸을 이끌고 직접 전함을 타고 견강에 도착한다. 길이가 70m 이상 되는 대선의 누각에 몸을 누이고는 전쟁 상황을 감독했다. 3개월이 지났지만 성을 넘지 못했다. 게다가 동진의 지방군 10만이 견강으로 이동하고 있어서 어쩔 수 없이 백제군은 철수할 수밖에 없었다.

  당시 전진은 고구려에 사신을 자주 보내고 동맹을 제의했다. 동진도 고구려에 사신을 비밀리에 보내고 동맹을 제의했다. 전진은 이제 북방으로 눈을 돌려 선비족을 격파하고 내몽골과 몽골 안쪽까지 진격한다.

  동쪽의 백제 국경과의 사이에 새로 세워진 후연은 백제와 전진의 완충지대 역할로서 양국이 모두 모용수를 연왕에 봉하고 크게 간섭하지 않았다. 전진의 입장에선 고구려와 동맹을 맺고 백제를 견제하고 궁극적으로 동진을 합병하여 대국이 된 다음에 백제와 한판승부를 벌인다는 계획이었다. 동진은 고구려와 연계하여 백제를 위아래로 협공하고 또한 동진의 국경을 노리고 있는 전진을 고구려가 견제해 주길 바라고 있었다.

  고구려로서는 양쪽 나라가 모두 동맹의 손을 뻗쳐서 아주 유리한 입장이었다. 그러나 백제로서는 사방에 적이 넘쳐나는 상황이었다.

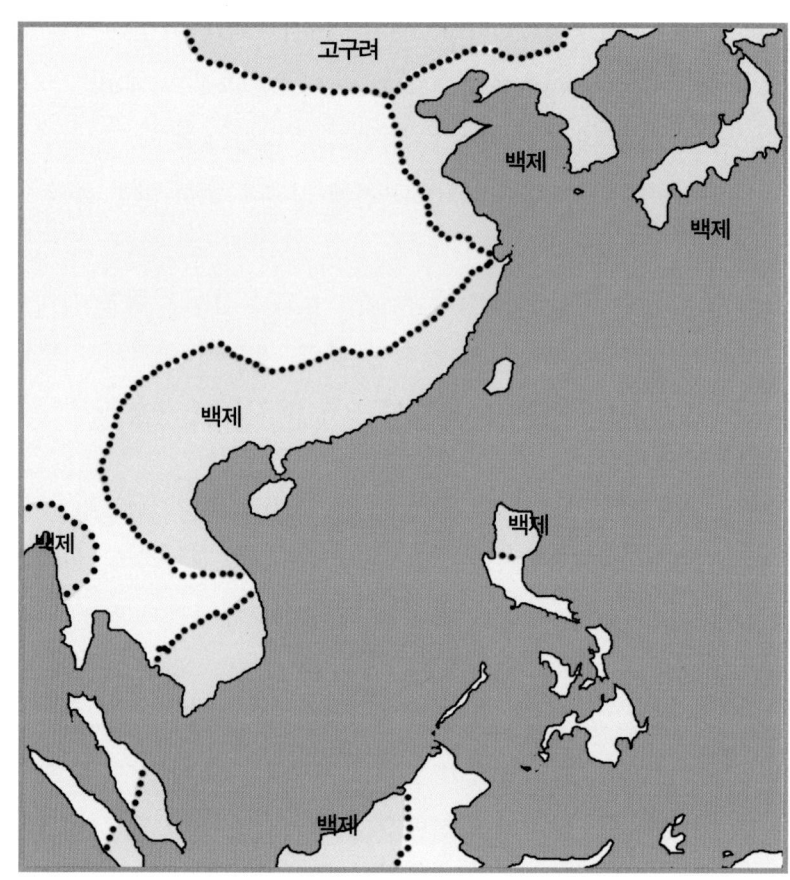

▲ 대백제국 근초고황제 전성기

〈당시의 국력〉

나라	인구	병사
대백제국	2,000만	45~50만
전진	1,500만	40만
동진	1,200만	40만
고구려	600~700만	15~17만

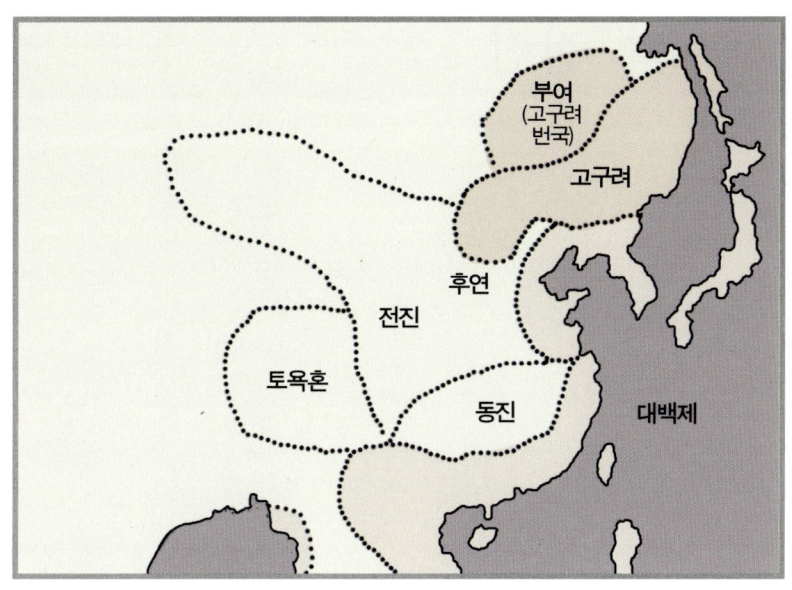

　후연과 신라, 가야, 왜는 백제국에 속한 제후국으로 선비족은 전진과 고구려에 나뉘어져 흡수되었고, 거란은 전진과 고구려의 간접지배를 받는 상황이었다.

백제와 전진

최고 강국과 천자국의 자리를 놓고 백제와 전진은 모종의 신경전이 있었다. 게다가 후연의 상국 자리를 놓고도 백제와 전진은 미묘한 신경전을 벌이고 있었다. 백제가 동진과의 전쟁에서 연거푸 이기지 못하자 전진과 고구려는 백제의 국력이 흔들리고 있다고 생각했다.

374년, 백제 근초고황제는 좌평 해먹을 시켜 대선단을 조직하여 남동아시아지방을 평정하고 오도록 명한다. 400척의 대선단은 인도와의 바다교역로 중간 중간에 있는 여러 섬들을 점령하기 시작한다. 백제는 인도네시아와 브루나이, 말레이반도 여러 곳에 교역로를 설치하고 군대를 주둔시켰다.

375년, 고구려와 전진은 동맹을 체결한다. 표면적 이유는 양국 간의 교류를 원활히 하자는 것이었지만 실상은 백제를 견제하기

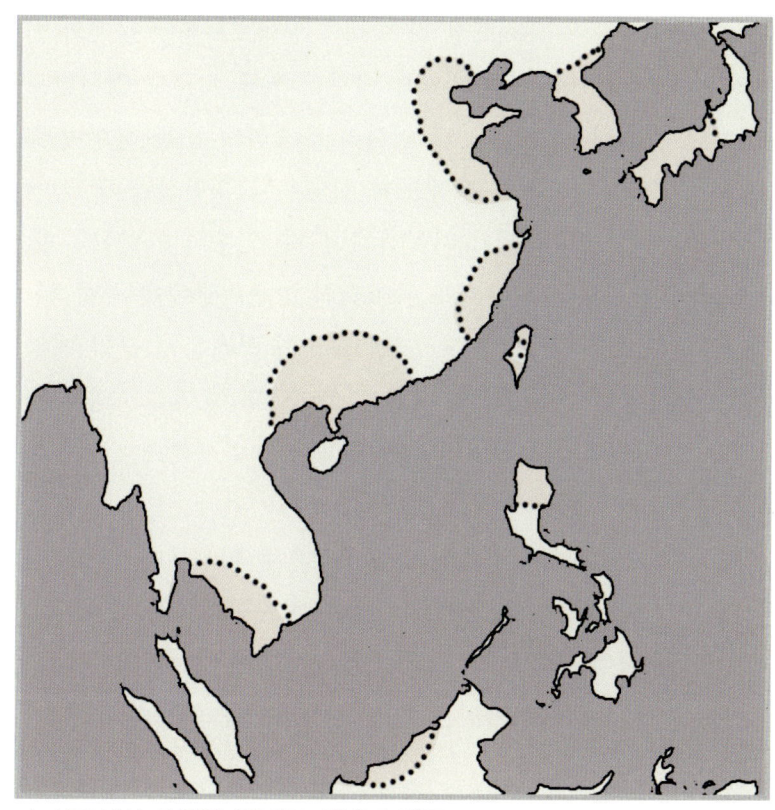
▲ KBS에서 추적한 백제의 식민지 영토
(KBS 일요스페셜 <잊혀진 땅, 백제 22담로의 비밀>, 1996년 방송)

위함이었다. 백제는 후연을 앞세워 노골적으로 전진과 고구려를 압박하고 있었다. 또한 고구려는 동진에 비밀리에 사신을 보내 서로 협력할 것을 다짐한다. 고구려는 외교적으로 전진과 동진을 자신의 편에 넣음으로써 백제에 빼앗긴 땅을 회복하기 위한 기초를 다진다.

장사군도*에 정박해 있던 고구려 수군 3만은 백제 수군이 남벌을 위해 내려간 틈을 타서 황해도지방에 상륙한다. 마침 고립되어 있던 고구려 수군은 해적질을 하며 백제 선박으로부터 물자와 식량을 약탈하고 있었다. 요동반도에 배치된 백제 수군도 장사군도에 들어갔다가 패할 것을 우려해 쉽사리 공격하지 못한 상황이었다.

고구려 수군은 신속히 황해도에 진입하여 수곡성을 공격한다. 백제군은 설마 고구려군이 이곳까지 올 수 있겠냐며 안이하게 성을 방어하다가 저녁에 갑자기 들이닥친 고구려군에게 저항 한 번 제대로 못해보고 점령당한다. 이번 수군의 공격은 고구려 태왕의 동생 고국양왕이 정병 3만을 이끌고 함경남도 쪽으로 군대를 전진시키자 한반도 평양과 한성에 주둔한 백제군이 북쪽으로 이동하면서 힘의 공백이 생겼기 때문에 가능한 것이었다.

한성 주둔 백제 수비군 2만이 수곡성으로 이동했다. 백제 한성 수비군 사령관 목홍은 지름길로 이동하여 수곡성 앞에 진을 쳤다. 고구려군은 이미 수곡성과 산성 2개를 점령하여 철저히 준비하고 있었다. 수곡성에는 고구려군 1만이 장군 연개의 지휘 하에 버티고 있었다.

성을 포위한 백제군은 쇠뇌를 수없이 쏘아 올렸다. 그러나 백제군은 지름길로 급하게 오는 바람에 발석차와 각종 공성기구가 턱없이 부족했다. 인근 백제성에서 각종 공성장비를 조달하려 했지만 수비장비만 있을 뿐 공격장비가 있을 리 만무했다. 백제가 자랑하는 철기군은 이미 함경도로 출발한 뒤였고 목홍은 진퇴양난이었다. 황제는 수곡성을 빼앗긴 데 대해서 크게 노했고 황해도 인근 수군 사령관과 육군 사령관은 이미 유배령이 떨어졌다.

---

*장사군도는 지금도 여러 개의 고구려 성 진영 유적지가 있다.

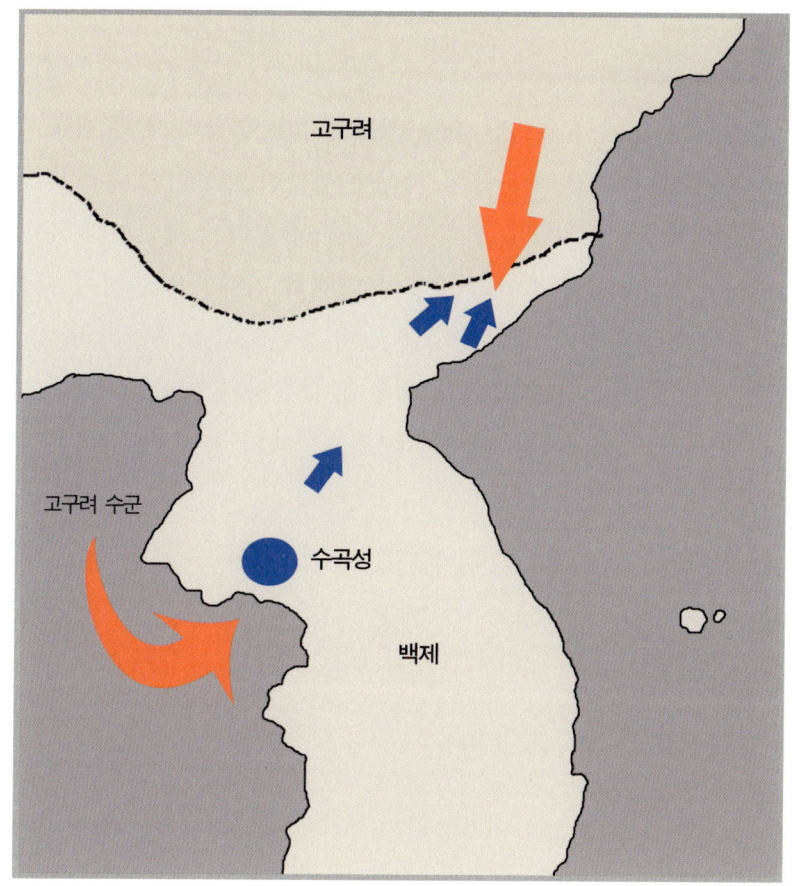

▲ 수곡성 전투

　한편 고구려군 3만은 환도성(평양성)을 수복하기 위해 남하했는데 환도성에는 외부로 통하는 비밀통로가 있었다. 고구려 태왕과 왕족 일부만 아는 통로를 통해 고구려군은 성안으로 들어갔다. 성내에 있던 2만의 백제군은 고구려군의 기습에 제대로 대처하지 못했다. 순식간에 성문이 열리고 고구려는 환도성(평양성)을 수복했다. 평양성 패전소식이 전해지자 수곡성 인근에서도 백제군의 사기가 많이 떨어졌다. 이렇게 한 달 이상 서로가 대치하다가 결국 백제군은 철군했다.

한편 함경도에서 벌어진 고구려 태제 고국원왕과 백제 장군 해서의 전투는 기병을 이용하여 기습에 성공한 고구려의 승리로 끝났다. 백제군은 퇴각했고 함경도를 고구려에 다시 빼앗겼다. 근초고황제는 이미 와병 중이라 목홍은 다행히 귀양만은 면하게 되었다. 태자 근구수왕이 다시 군사를 크게 동원하여 보복하려 했으나 한반도 백제에 흉년이 들었기 때문에 실행하지 않았다.

그해 11월, 대제국을 이룩한 근초고황제가 붕어했다.

〈참고〉
삼국사기에는, "백제는 개국 이래 문자로 사적을 기록한 적이 없다가 이때에 와서 박사 고흥이 처음으로 〈서기〉를 썼다"라고 기록되어 있다. 그러나 고흥이라는 이름이 다른 서적에 나타난 적이 없기 때문에, 그가 어떠한 사람인지는 알 수 없다.

백제를 반석 위에 올려놓은 근구수천황

 태제 고국원왕이 백제와의 함경도 전투에서 이기자 이번에는 고구려 국강왕 사유가 직접 와서 백제를 침범했다. 5만의 병력을 동원한 고구려는 파죽지세로 내려왔다. 근초고천황은 태자를 보내 방어하게 했는데 반걸양에 이르러 전투를 시작하려 했다. 이때 사기가 간언했다.

 사기는 원래 백제인이었는데 왕이 타는 말의 발굽에 상처를 내고 거짓으로 망명을 했다. 그러나 지난번 고구려와의 전쟁에서 크게 공을 세우고 다시 백제로 돌아온 인물이다.

 "고구려 군사가 비록 수는 많으나 모두 가짜 군사로 수를 채운 것에 불과합니다. 그 중 제일 강한 부대는 붉은 깃발을 든 부대입니다. 만일 그 부대를 먼저 공략하면 나머지는 치지 않아도 저절로 허물어질 것입니다."

 태자 근구수왕은 5만의 병력을 이끌고 반걸양 남쪽에 진을 쳤다. 고구려군은 사기의 말대로 1만 가량의 붉은 깃발과 붉은 옷을 입은 병사들이 군대의 오른쪽에 있었다. 고구려 소수림태왕은 역시 붉은 깃발 군대의 진영에 있었다. 태자 근구수왕은 전군을 몰아서 소수림태왕의 정예 군대를 향해서 돌격했다. 철기군 1만이 앞장서고 경기병 3만이 뒤따르며 보병 2만은 화살을 쏘고 도끼와 창을 들고 뒤따랐다.

고구려군은 소수림태왕 쪽으로 오는 백제군을 막기 위해 붉은 깃발 군대가 앞서 돌진했다. 어찌된 일인지 백제군은 붉은 깃발 군대만 공격했고 고구려의 다른 군대는 공격하지 않았다. 삽시간에 태왕의 정예군 1만 중 3천 이상이 죽었다. 태왕은 병사들을 수습하여 반격하려 했지만 정예군이 밀리자 다른 군단들은 제대로 대응조차 하지 못했다.

태자 근구수왕은 진격하여 크게 이기며 달아나는 군사를 계속 추격하여 수곡성 서북에 도착했다. 이때 장수 막고해가 간했다.

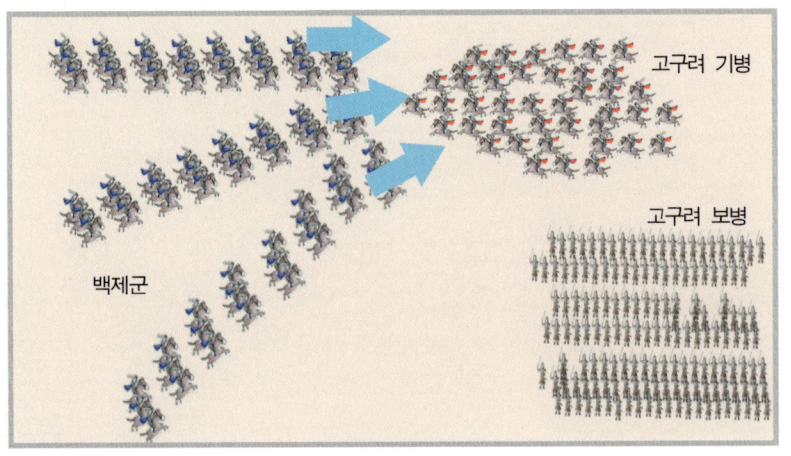

▲ 전투 상황도

"일찍이 도가의 말에 '만족할 줄을 알면 욕을 당하지 않고, 그칠 줄을 알면 위태롭지 않다'고 했습니다. 지금 얻은 바도 많은데 어찌 더 많은 것을 바라겠습니까?"

태자는 이 말을 옳게 여겨 추격을 중단했다. 그는 즉시 그곳에 돌을 쌓아 표적을 만들고, 그 위에 올라가 좌우를 돌아보면서 말했다.

"오늘 이후로 누가 다시 이곳에 올 수 있겠는가?"

그곳에는 말발굽같이 생긴 바윗돌 틈이 있는데, 사람들은 지금까지도 그것을 태자의 말굽자국이라고 부른다.

근초고황제가 재위 30년에 붕어하자 근구수왕이 왕위에 올랐다.

376년, 전진의 부견*이 북중국을 통일하고 자칭 황제라 칭했다. 전진의 부견은 욕심이 많은 인물이었다. 전진의 부견은 고구려와의 동맹으로 백제를 견제할 뿐 아니라 북방 유목민족들을 견제할 수 있게 되었다. 고구려와 전진 양 강국 사이에서 북방의 수많은 유목민족들은 통합되거나 사라져갔다.

---

*부견(苻堅, 338~385)
전진(前秦)의 제3대 왕(재위 357~385). 자 영고 문옥. 묘호 세조. 국도 장안에서 왕위에 오르자 저족계 호족의 횡포를 누르고 한인들을 중용했다. 태학을 정비, 학문을 장려했으며 농경을 활발히 일으켰다. 특히 한인학자 왕맹의 보필에 힘입어 국세를 크게 떨쳤다. 370년 전연을 공격하여 낙양에서 승리하고, 업을 공략하여 연왕을 잡아 선비족 4만 호와 함께 장안으로 이주시켰다(전연의 멸망). 이어서 전량을 멸하여 간쑤지방을 손에 넣었고, 철불부·탁발부를 공략하여 내몽골 남부도 장악했다. 또 장군 여광에게 명하여 타림분지의 서역 여러 나라를 정복하게 했으므로, 전진의 위세는 동쪽 고구려로부터 서쪽 타림 남서부 호탄에까지 미쳤다.
- 출처 : 네이버 백과사전

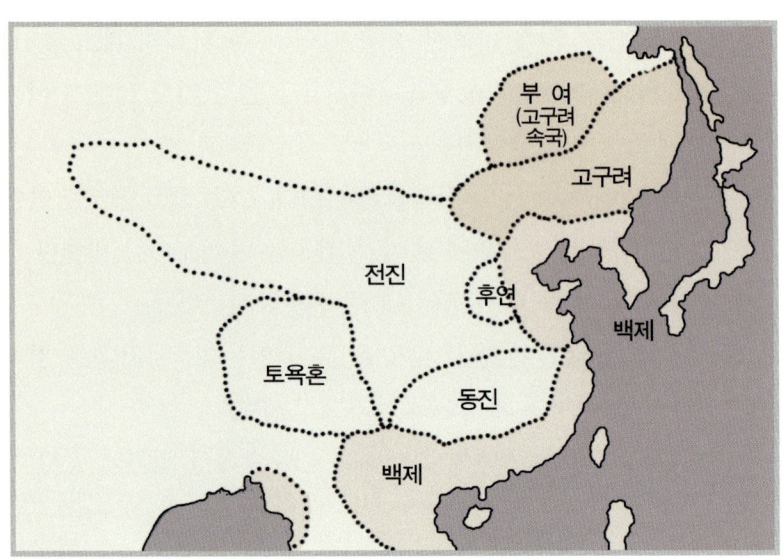

▲ 각국의 영토

〈각국의 국력〉

나라	인구	영토	군사
백제	2,000만	350만㎢	40~50만
전진	1,500~1,800만	300~350만㎢	40~45만
고구려	600~700만	200만㎢	15~20만
동진	1,000만	100만㎢	20만

백제, 거란을 정벌하다

 375년, 시작된 근구수천황의 대고구려 정벌전쟁은 순조로웠다. 백제군은 영주 땅에 있는 거란군까지 공격했다.

 거란은 당시 원래 고구려의 지배를 받았으나 연나라가 고구려를 격파한 뒤 연의 지배를 받다가 전연이 전진과 백제에게 멸망당한 뒤 특별한 구심점 없이 유랑을 계속하는 민족이었다. 일부가 영주 땅에 남아 장막을 세우고 살고 있었다.

 백제군은 거란 땅을 먼저 점령하고 고구려의 서쪽 국경을 공격할 작전이었다. 근구수천황의 외삼촌 진고도는 3만의 정병을 거느리고 거란족 공격에 나섰다. 거란족 전체는 5만 정도의 군대가 있었으나 부족별로 뿔뿔이 흩어진 까닭에 각개격파당했다.

 거란의 장군 야구기는 휘하 거란군과 주변 부족의 병사 3만을 모아 영주벌판에서 진고도의 백제군과 대치했다. 야구기의 병사들은 전원 기병으로 말 위에서 달리면서 화살을 쏠 수 있었다.

 진고도의 백제군은 철기군 5천을 주축으로 기병 1만과 보병 1

▲ 거란인 분포지역

만5천이었다. 진고도는 이번 전투에서 새로 개발한 강궁을 들고 나왔는데 보통 활보다 1.5배 정도 큰 데다 탄성이 커서 기존 활보다 더 멀리 날아갔고 관통력도 월등했다.

거란군은 과거 백제군이 철기군을 중심으로 공격하여 적의 진을 부순다는 것을 듣고서 초승달 모양의 진형을 만들었다. 즉 철기군이 거란군의 중앙을 돌파하려고 하면 중앙의 거란군은 뒤로 물러나서 돌파당하지 않고 좌우측면의 거란군이 철기군을 감싸 안으면서 철기군의 후방으로 공격하여 전멸시킨다는 계략이었다. 그런데 어찌된 일인지 백제군은 보병이 앞에 섰다. 그 뒤로 철기군과 기병이 배치되었다.

전투 개시 북소리에 맞춰 거란 기병은 천천히 앞으로 전진해갔다. 백제 보병과의 거리가 200~300m 정도 되자 갑자기 백제 보

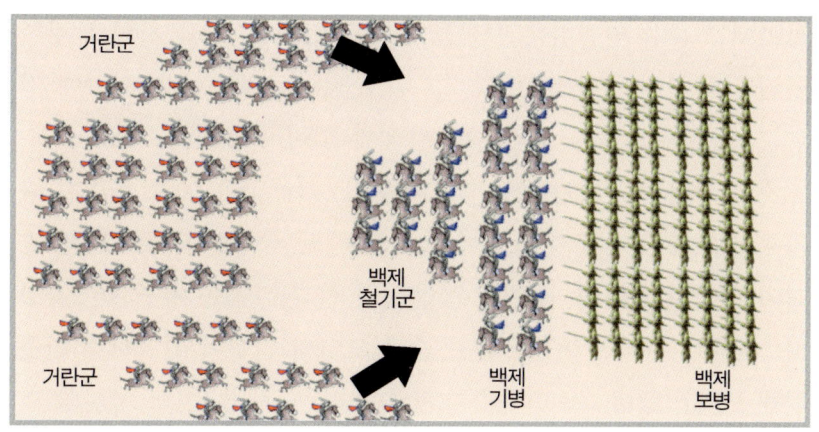

▲ 거란군의 작전계획

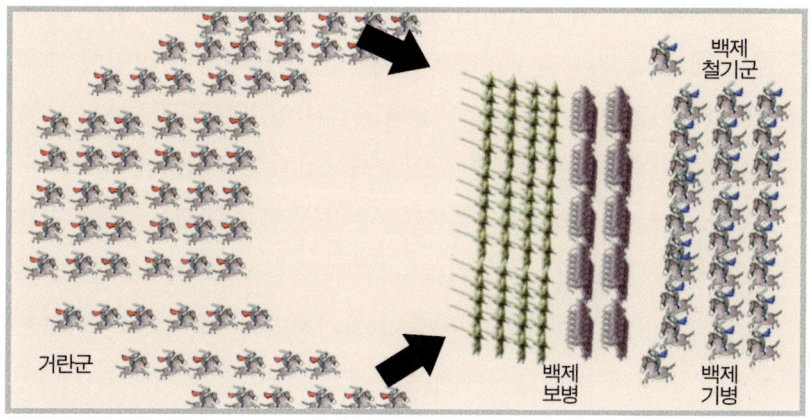

▲ 실제 전투 상황도

병들이 활을 들었다. 그러나 화살이 닿을 리가 없다고 생각한 거란 군은 코웃음을 쳤다. 백제군의 강궁은 엄청난 속도로 거란군의 말을 맞추었고 순식간에 선두 수백 기가 쓰러졌다. 거란군은 즉시 활을 쏘며 달리기 시작했지만 백제군까지 닿지 않았다.

곧이어 백제군의 쇠뇌 200대가 동시에 발사되었다. 쇠뇌 2대

사이에 그물을 연결하여 발사한 부대도 있었다. 그물 사이에 갇힌 거란군은 어쩔 줄 몰라 했다. 그 뒤로 날아든 백제군의 화살에 거란군 선두는 그물에 갇히거나 강궁에 맞아 쓰러졌다.

거란 장군 야구기는 총돌격을 명했다. 거란군이 50보 앞까지 다가오자 그제서야 백제 보병이 철기군 뒤로 후퇴했다. 철기군의 공격이 시작된 것이다. 철기군은 선두에 선 거란군을 마구 밀어붙였다. 대열이 무너진 거란군은 초승달 모양의 진형이 완전히 혼란스럽게 변해버렸다. 곳곳에서 그물에 걸려 허우적대거나 자신의 말끼리 부딪쳐서 말 위의 병사가 떨어지고 아수라장이었다.

뒤이어 백제 경무장 기병이 돌격해갔다. 창을 앞세운 백제 기병은 손쉽게 거란 기병을 해치웠다. 거란군은 당황하여 명령이 제대로 하달되지 못했다. 야구기의 정예군 5천 명만이 저항할 뿐, 부족장들은 자신의 병사들이 죽자 서둘러 도망가려 했다.

거란군이 혼란에 빠지자 진고도는 총 진군령을 내렸다. 백제 기병과 보병이 전원 공격에 가담했다. 체계적인 훈련이 안 된 거란군은 수만의 백제군이 함성소리를 지르며 돌진하자 이내 사기가 꺾였다. 야구기의 정병 5천은 선두에서 백제군을 막았으나 역부족이었다.

백제 철기군에 포위되어 야구기가 죽자 거란군은 후퇴했다. 몇몇 부족장은 백제군에 항복했고 도망간 부족장도 다음날 백제 진영에 찾아와 항복의사를 전했다. 거란군 1만이 죽거나 부상당했고 백제군은 2천의 손실만 있었다.

한편 한반도에선 백제군과 그 동맹군 5만이 두만강까지 공격해 들어갔다. 선두에 선 가야 철기군 1천은 말갈군을 차례로 격파하고 계속 북진했다. 두만강가에서 신라군 보병 2천은 얕은 강이라

얕잡아보고 제대로 정찰도 안 하고 강을 건넜다. 하지만 강가에는 고구려군 병사 3천이 매복 중이었다.

신라군이 강을 절반쯤 건넜을 때 갑자기 고구려군의 화살이 하늘을 뒤덮었다. 신라군 중 먼저 반대편 강가에 도착한 병사는 기다리고 있던 고구려 기병에 의해 무참히 죽었다. 고구려군은 강을 건너 신라군을 추격했지만 10리 뒤에서 신라군을 따라오던 백제 철기군을 만난 후 강을 건너 후퇴했다. 그리하여 백제군과 그 동맹군은 강을 건너 송화강까지 진군했다. 백제군은 파죽지세였다. 특히 가야의 철기군이 앞장선 전투에서는 손쉽게 백제연합군이 승리했다.

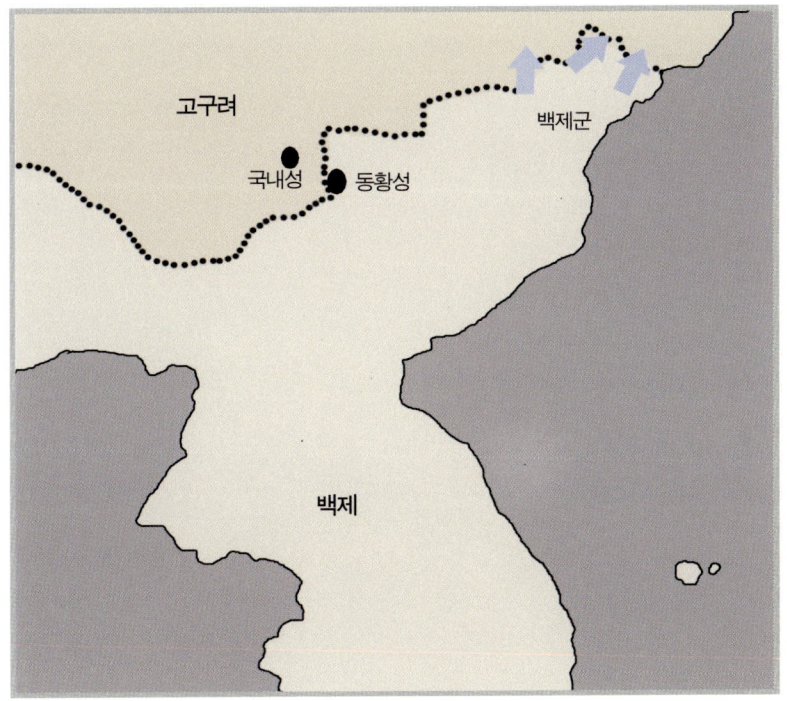

▲ 백제군의 두만강 돌파

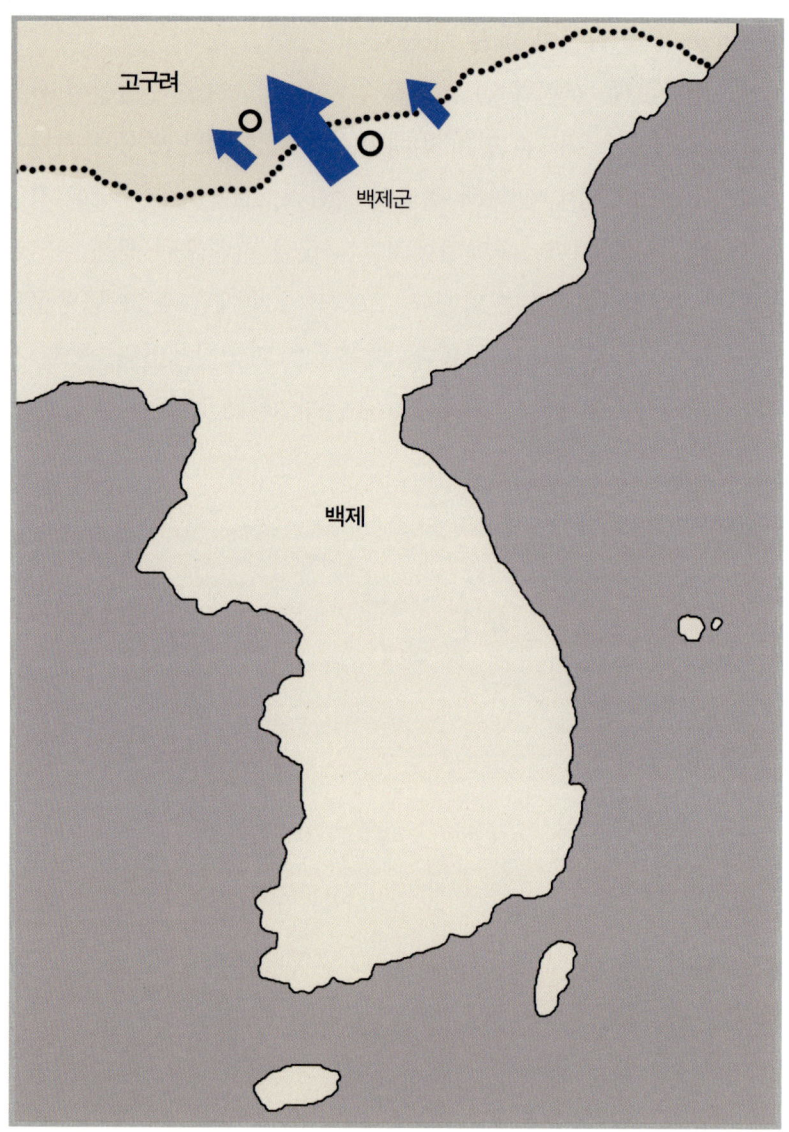

▲ 백제군의 남만주 침공

백제, 남만주를 침공하다

 고구려 소수림태왕은 우선 북쪽으로 군을 후퇴시켰다. 고구려 곳곳에서 지원군이 몰려왔다. 흑수 말갈은 군대 3만을 보냈다. 거란족 일부가 1만을 보내왔고 선비족도 2만을 보냈다. 부여에서 강제로 군을 2만 가량 차출했으며 몽고지방의 유목민을 강제로 징집하여 병사를 모았다. 평소 15만의 상비군을 보유한 고구려는 이번에 전 국민을 상대로 징병과 모병으로 병사를 무려 30만까지 늘렸다. 사냥을 하던 유목민들은 모두 고구려군으로 편성되었다.

 백제군 3만은 송화호 아래쪽까지 진격했다. 지금의 장춘시 근처에 집결한 고구려군 5만은 호수를 돌아서 백제군 반대쪽으로 이동했다. 백제군은 즉시 한반도 평양성에 있는 백제군에 지원요청을 했다. 마침 평양성에는 근구수천황의 둘째아들 진사왕이 와 있었다.

 진사왕은 우현왕 겸 위사좌평으로서 위사부 소속 병사 5만을 이끌고 서둘러 두만강으로 향해 나아갔다. 워낙 먼 거리라 도착하는 데 10일 이상 걸릴 것 같았다. 그리하여 송화호 남쪽에 진을 친

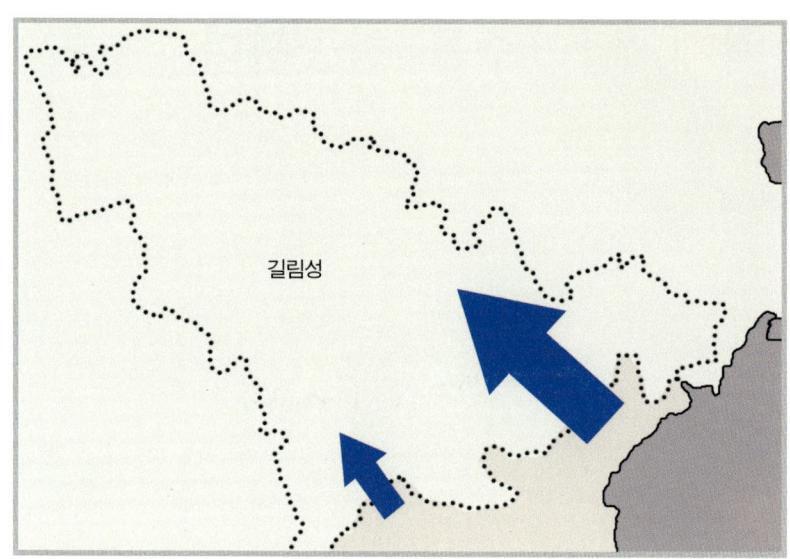

▲ 백제군 공격로 길림성 주변

▲ 고구려군의 반격

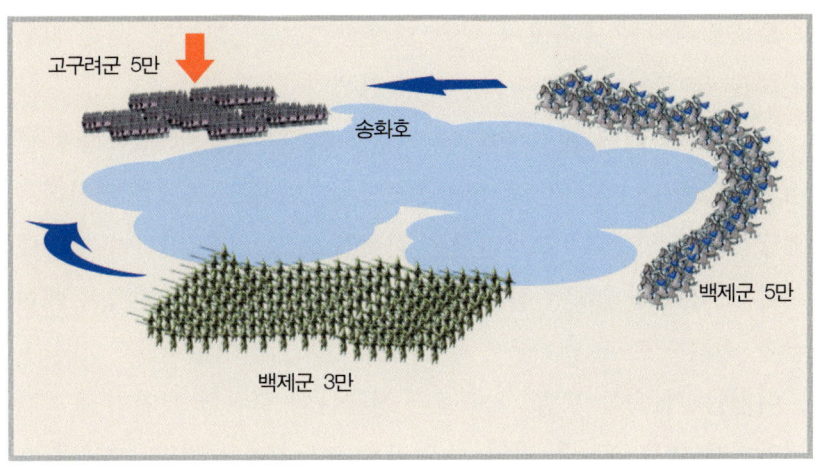

▲ 송화호 인근 전투

 백제군은 진사왕의 군대와 합류하기 위해 철군했다. 그런데 두만강을 넘을 때 고구려 기병이 강가에 매복해 있다가 돌아가는 백제군을 기습했다. 수천의 병사를 잃고 마침내 진사왕의 군대와 합류한 백제군은 다시 전진했다. 무려 8만의 대군은 송화호에 다시 도착했다.
 진사왕은 병사를 둘로 나누어 5만의 군대는 자신이 직접 이끌고 남하하여 호수를 돌아 고구려군을 공격하고, 3만의 군대는 달솔 진해가 이끌고 북쪽으로 돌아서 고구려군의 후방을 공격하기로 했다. 진사왕의 참모들은 고구려군이 이 사실을 알 경우 상대적으로 적은 달솔 진해의 군대를 먼저 공격할 가능성이 있다고 주장했다. 진사왕은 그럴 경우를 대비해서 철기군과 기병으로 구성된 3만의 군대를 진해에게 주었다. 자신은 보병과 기병 1만을 거느리고 남쪽으로 돌아서 전진했다. 진사왕은 호수가 그렇게 크지 않으므로 2시진 내로 고구려군을 협공할 수 있을 것으로 예상했다.

소수림태왕은 송화호에 나간 대장군 고계의 보고를 받고 직접 친위군 3만을 이끌고 송화호로 출진했다.

저녁 무렵 백제 철기군은 이미 고구려군의 후방에 도착하여 공격을 시작했다. 진사왕의 주력군도 도착하여 고구려군을 위아래로 협공하기 시작했다. 고구려군은 화살을 쏘고 창을 던지며 저항했지만 포위된 상황에서 점차 불리해져 갔다. 밤새도록 계속된 백제군의 공격으로 고구려군이 무너지기 일보직전이었다.

아침 해가 솟을 무렵, 고구려군 장군들이 항복할 것인지 돌격할 것인지를 놓고 격론을 벌일 때 멀리서 북소리가 들렸다. 고구려 소수림태왕이 직접 군사를 이끌고 온 것이다. 백제군의 보병이 밀집된 지역으로 3만의 고구려 기병이 밀려들었다. 때를 맞추어 포위되었던 고구려군이 백제군 보병들을 공격하기 시작했다. 진사왕은 분에 못 이겨 최후까지 저항할 것을 지시했지만 주변 참모들은 진사왕을 모시고 전투지를 빠져나왔다. 이로써 한반도 백제 북방군단이 괴멸됐다.

12만의 북방군단 중 3만은 흑수 말갈지역으로 공격 중이었고, 1만은 점령한 성을 지키고 있었고, 8만은 진사왕의 지휘 하에 송화강유역을 평정하러 갔지만 오히려 고구려군에 당하여 5만의 전사자를 냈다.

근구수천황은 대노했다. 백제가 자랑하는 북방군단이 엄청난 피해를 입자 남방군단 15만을 추가로 파병할 계획을 세운다. 태자 침류왕과 황제의 외삼촌인 내신좌평 진고도가 말리지 않았다면 황제는 정말 군대를 파병했을 것이다.

▲ 전진의 영토 확장

　당시 백제군은 중원지방에 15만의 중앙군을 두고, 한반도 백제에 북방군단 12만, 대륙 남해안 일대에 남방군단 15만, 요동군에 3만을 두고 있었다.
　백제 북방군단의 패배소식에 잔뜩 고무된 고구려와 전진은 착실히 내실을 다지기 시작했다. 두 나라 사이에는 계속 사신이 왕래했고 서로에 대한 동맹의지가 더욱 확고해졌다.

　376년 11월, 고구려 소수림태왕은 동생인 태제 고국양왕에게 군사 5만을 주어 한반도 백제를 침공하게 한다.
　백제는 위대한 근초고천황이 붕어하고 아들 근구수천황이 즉위한 지 얼마 안 되어 내부정비 중이었다. 게다가 즉위 초 고구려를 공격하여 큰 위세를 떨친 근구수천황은 고구려를 얕잡아 보고 있

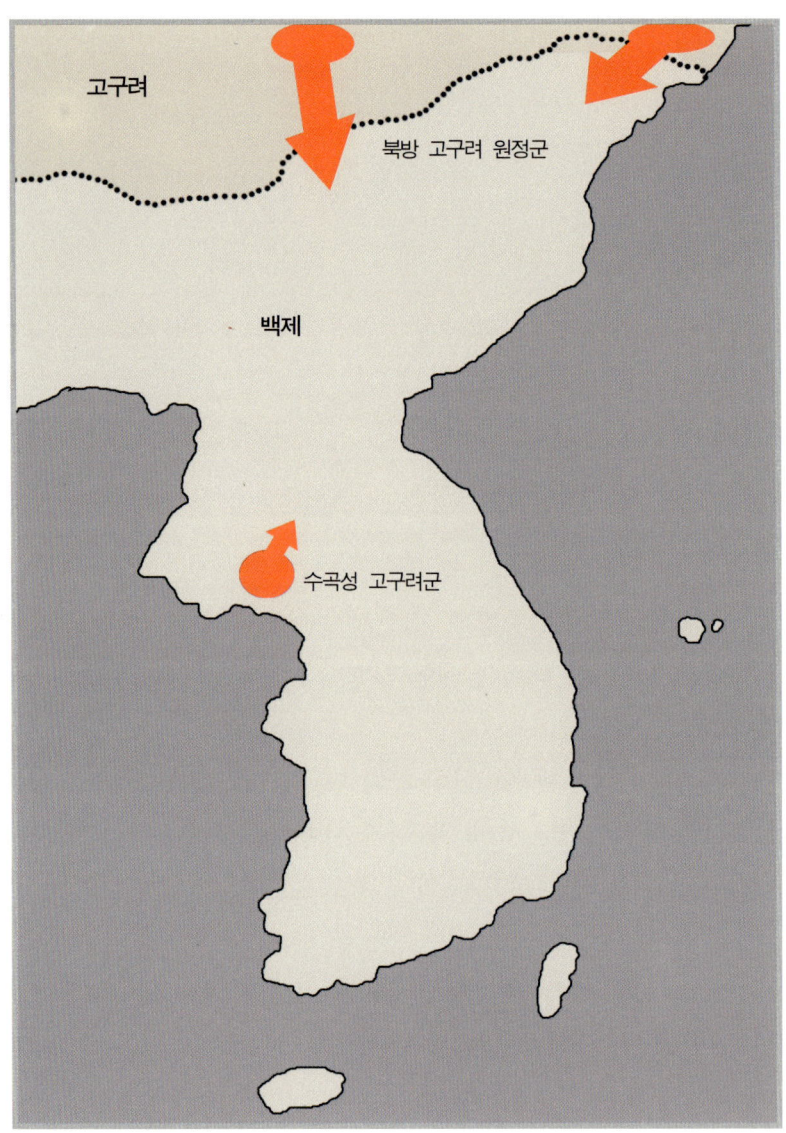

▲ 고구려군의 침공

었다. 지난해 북방군단이 패하긴 했지만 고구려의 엄청난 영토를 점령한 백제는 넓어진 제국을 다스리느라 정신이 없었다. 고구려군은 두만강을 건너 남하했다.

백제 북방군단은 지난해 패전 이후 7만으로 축소되어 있었다. 말갈군 3만을 추가로 뽑아서 각 지역의 수비를 맡겼으나 믿을 순 없었다. 결국 고구려군이 밀고 내려오자 말갈군은 백제를 배신하고 고구려군에 합류했다. 8만의 고구려군이 밀고 내려오자 한반도 평양성에 주둔 중이던 백제 내신좌평 진고도가 휘하 병력을 이끌고 청천강에 도착했다.

진고도가 평양을 비우자 수곡성의 고구려군이 즉시 주변 백제성을 공격하기 시작했다. 장사군도의 고구려 수군은 모두 철수하여 황해도로 몰려들었다. 백제 북방군단은 지난해 패전 이후 총사령관이 황제의 둘째아들인 우현왕 진사왕에서 내신좌평 진고도로 바뀌었다.

진고도와 백제 수군 총사령관 해류는 서로 앙숙이었다. 백제 수군은 규모가 5만 가량 되었으나 고구려 수군 3만을 저지하지 않았다. 하지만 근구수황제가 해류에게 고구려 수군을 격파하라는 엄명을 내리자 어쩔 수 없이 해류는 군을 장사군도에 집결시켰다.

해류는 아직도 고구려 수군이 장사군도에 모여 있는 줄 알고 있었다. 장사군도의 각 요새에는 허수아비로 세워진 고구려 수군이 잔뜩 있었다. 멀리서 쇠뇌와 발석차로 요새를 공격할 뿐 해류는 적극적으로 나아가지 않았다.

수곡성의 고구려군이 황해도 일대를 장악하자 황제는 굉장히 노했다. 수군총관 해류는 직위 해제되고 막고해가 다시 군권을 얻었다. 막고해는 수군총관 겸 요동군 총사로 임명되었고 요동군을 이끌고 한반도에 침공한 고구려군을 막으라는 명령을 받는다.

한편 근구수황제는 중앙군과 남방군단까지 동원하여 이번 기회에 고구려를 정벌하려고 했다. 그러나 전진의 부견은 고구려의 요청을 받고 군대를 백제 국경에 이동시킨다.

전진의 부견은 이미 내몽골에 있던 북위를 정벌하고 후연의 모용수를 연왕으로 인정하는 대신 자신의 영향력 아래 두려고 했다. 북쪽으로는 선비족을 거의 흡수하여 고구려와 더불어 북방의 강자가 되었다. 전진왕 부견은 병사수가 40만을 넘어선 데다 흡수한 유목민을 전부 군인으로 받아들여 병사수가 계속 증가하고 있었다.

백제 근구수황제도 전진의 군대가 백제와 비슷하다는 보고를 받고 긴장하지 않을 수 없었다. 게다가 북방유목민은 어릴 때부터 말을 타고 사냥을 다니던 사람들이라 언제든지 병사가 될 수 있었다.

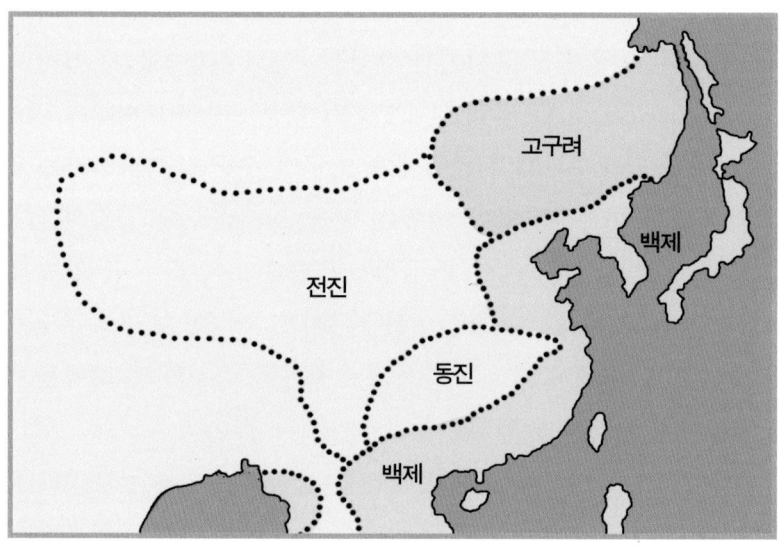

▲ 전진의 남하

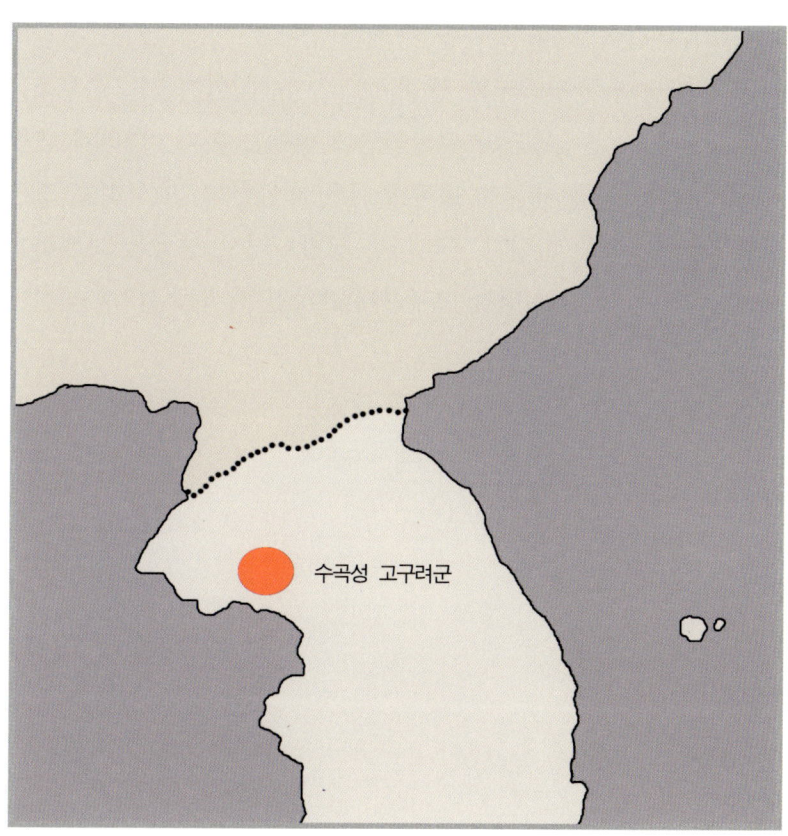

▲ 백제, 한반도 북부를 빼앗김

〈당시의 인구와 영토〉

나라	인구	영토	병사
백제	2,000만	400~500만km²	50만
전진	1,800만~2,000만	500만km²	50만

전진의 부견이 30만 대군을 백제 국경으로 이동시키고 동진마저 10만의 군대를 광릉군과 광양군으로 이동시키자 근구수황제는 결국 고구려, 전진, 동진의 삼국연합에 밀리고 만다. 그러자 근구수황제는 고구려에 사신을 보내 화의를 제안한다. 고구려도 장기간 전쟁을 할 경우 피해가 우려되는 상황이어서 양국은 화해하기로 한다. 천 리가 넘는 땅을 고구려에 빼앗긴 백제는 절치부심하며 복수의 날을 기다린다.

이 무렵 전진의 움직임이 심상치 않았다. 전진은 새로 점령한 지역이 늘고 군대도 증강되어 이제 백제에 맞먹는 강국이 되었다.

부견, 100만 대군을 일으키다

동진은 백제와 전진 사이에서 고민한다. 그러나 백제와 전진은 동진에 사신을 파견하여 서로 상국으로 섬기도록 요구한다. 이미 수도를 포함한 주변지역 외에는 영향력이 미치지 않았던 동진은 사실상 백제에 포위된 상황이었다. 북쪽의 전진과 남쪽의 백제에 완전히 포위된 동진은 바다로 나갈 때 언제나 백제의 허락을 받아야 했다. 양자강을 통하여 바다로 나가는 통로가 있지만 백제 수군이 강 하류를 막고 지키고 있었기 때문에 사실상 동진은 백제의 영향력에서 벗어날 수 없었다.

377년 10월, 백제가 다시 고구려의 환도성을 3만의 군대로 침공했다. 마침 역질이 돌아 백제군은 물러났다.
11월, 미처 철수하지 않은 백제군이 고구려군에 의해 쫓겨났다. 고구려는 전진에 사신을 파견하여 동맹을 재확인하고 각종 정보를 수집했다.

378년, 고구려에 가뭄이 극심하여 사람들이 서로 잡아먹는 사태가 발생했다. 백제의 사주를 받은 소흥안령산맥의 거란족이 고구려 북변 8개 부락을 약탈했다. 태제 고국양왕이 군사 2만을 거느리고 이를 격퇴시켰다.

10월, 백제군이 다시 군사 3만 명을 거느리고 고구려의 환도성을 침공했다. 성이 견고하고 높아서 백제군이 점령하지 못했다. 고구려군은 결사적으로 방어했고 백제군은 물러났다.

11월, 백제군이 물러나자 고구려군이 반격을 가했다. 요동반도에서 고구려군은 백제군과 대치했다. 백제보다 전진이 강하다고 생각한 연왕 모용수가 백제를 배신하고 전진에 조공하러 들어갔다. 전진은 모용수를 연왕으로 봉하고 지위를 인정했다. 그리하여 백제와 전진은 국경에서 대치했다.

380년 4월, 백제에 흙비가 종일 내렸다.

381년, 백제에 전염병이 크게 돌았다.
5월에는 땅바닥의 깊이가 다섯 길, 넓이가 세 길이나 되게 갈라졌다가 3일 만에 다시 붙었다.

382년, 한반도 백제에 봄부터 6월까지 비가 내리지 않았다. 백성들이 굶주려 자식을 파는 자가 나타나자 황제가 나라의 곡식을 내주어 대신 값을 물어 주었다. 백제에 가뭄이 들어 황제가 몸소 반찬을 줄이고 긴축재정에 들어갔다.

383년이 되자 전진의 부견이 대병을 일으켰다. 100만이라고도 하고 90만이라고도 했다. 일설에는 30만이라고도 하고 70만이라고도 했으나 엄청난 대군을 일으킨 것은 틀림없다.

전쟁이 일어나기 전인 382년 10월의 기록에 의하면 전진의 부견은 중신회의를 열고 중신들에게 의견을 물었다.
"지금 사방은 이미 다 평정되었으나 오직 동남쪽에 있는 동진만이 남아 있다. 우리 전진에는 97만의 병력이 있다. 짐이 친히 이 군대를 거느리고 출진했으면 하는데 그대들의 의견은 어떠하오."
전진의 뛰어난 재상이었던 왕맹은 죽은 뒤에도 제자들을 조정에 많이 심어두었는데 이들은 모두 전쟁에 반대했다. 황태자 부굉도 지리적으로 유리한 동진을 치는 것을 반대했다. 또 다른 중신들은 지금 동진을 치면 동진이 백제에 붙을 가능성이 있다고 진언했다. 그럴 경우 사실상 백제와의 전면전을 각오해야 하는데 과연 전진이 백제와 동진을 상대로 한 전쟁에서 이길 수 있을까 고심했다.
부견은 갑자기 화가 나서 전쟁에 승리할 수 있다고 호언장담했지만 조정회의에서 반대의견만 들은 부견은 승산에 회의가 들어 동생인 부융을 불렀다. 부융은 뛰어난 전략가이며 문무를 갖춘 수재로서 부견의 오른팔이었다. 부융 또한 주변 백제와 선비족, 갈족 등이 수도가 빈 것을 알면 대규모 침공을 해올 가능성이 있다고 만류했다. 오히려 동진과 고구려와 동맹하여 백제를 고립시키는 것이 우선이라고 했다. 부견은 부융의 말을 듣고 실망하는 듯했으나, "우리에게 있는 1백만의 군대는 능히 동진의 10만 군대를 쳐부술 수 있다"고 강하게 주장했다.

전진왕 부견이 반대에 부딪쳐 낙심할 때 연왕 모용수가 입조했다. 모용수는 예전 전연이 동진의 대규모 공세로 위기에 처하자 분연히 일어나 동진군을 대파하고 오히려 남하한 장군이었다. 모용수는 전진과 동진이 싸우는 사이에 연나라를 부흥시킬 목적으로 부견을 설득한다. 부견은 모용수의 설득에 넘어가 동진정벌의 야심을 키우고 그 공로로 모용수에게 큰 상을 내렸다. 조정과 군부대신들 대부분이 반대하고 심지어 후궁까지 반대했으나 부견의 의지를 꺾지 못했다. 부견은 불교 신자였으나 당대의 명승 도안의 토벌 중지 권유에도 아랑곳하지 않았다.

383년 8월 8일, 전진왕 부견은 마침내 동진 토벌의 명령을 내렸다. 기록에 의하면 부견은 출정사에서, "동진왕 사마창명을 장안에 데려와 짐의 상서좌복야(재상을 보좌하여 정치를 담당하는 고관)로 삼겠다. 동진의 재상 사안은 이부상서에 임명하고, 장군 환충을 시중에 임명하여 짐의 시종 장관으로 삼겠다. 수도에 동진왕 사마창명의 저택을 마련하도록 하라"고 했다.

부견은 전진군 50만에 한족, 선비족과 강저족, 몽골의 용병 수십만을 모집했다. 부견은 전진의 주력부대인 보병 60만, 기병 27만을 거느리고 장안을 출발했고, 부융에게 선발대 30만을 배속시켜 영구(안휘성 영산현)까지 진출하게 했다.

기록에 따르면 전진군의 좌익은 팽성(강소성 서주시)에 입성하고 우익은 장강을 따라 진격했다. 후위군은 이때 함양까지 진출해 있었다. 전진군의 보병 60만, 기병 27만이 수로와 육로로 동서 천리에 뻗혀 진군하는 모습은 마치 천지를 뒤흔드는 듯 장관을 이루었다.

 당시 동진의 재상 사안은 항복과 저항 중 심사숙고한 끝에 전국에 동원령을 내리고 그의 동생 사석을 토벌 대장군으로, 그의 조카 사현을 선봉장에 임명하는 한편, 그의 아들 보국 장군 사담까지도 종군시켜 도합 8만이 일치단결하여 전진군을 맞아 싸울 태세를 갖추었다.

 사안은 왕을 설득해 백제에 지원군을 요청한다. 백제 근구수황제는 전진이 군대를 일으켰다는 소식을 듣고 백제도 이번 전쟁에 참가하기로 한다. 동진이 망하면 다음 상대가 백제라는 것은 뻔한 사실이었다. 문제는 백제군이 움직이면 고구려가 어떻게 할 것인지였다.

 고구려와 전진은 동맹군이었다. 전진이 용병까지 모집하여 군대를 87만이나 동원하자 고구려도 전국에 동원령을 내렸고 평소 15만이던 군대가 30만까지 증강되었다. 6백~7백만 정도의 인구에서 30만의 대병을 동원했으니 엄청난 동원이었다. 전진은 용병을 썼으나 고구려는 지원병과 징병 위주였다.

 원래 동진군은 북방에서 이주해 온 병사들로 이루어진 정예부대인 북부군과 장군 환충이 거느리는 서부군으로 조직되어 있었다. 이번의 전투에서 북부군은 장군 유뢰지의 지휘 아래 선봉을 담당했다. 동진군의 사기는 왕성했으나 숫자적으로 볼 때 전진군의 10분의 1에 불과하여 동진의 장수들은 내심 불안에 떨고 있었다. 이들이 믿을 것은 백제의 구원군 뿐이었다.

 동진의 승상 사안은 백제 근구수황제가 구원군을 보내줄 거라 믿었다. 백제로부터 사신이 당도했는데 동진의 왕이 입조하고 신하국으로 맹세하면 구원군을 보내주겠다는 것이었다. 동진의 왕은 분개하여 백제의 사신을 죽이려 했다.

동진은 수도가 백제군에게 두 차례나 포위당했지만 환온과 습차지 장군의 활약과 강으로 둘러싸인 천혜의 요새인 견강성 덕분에 위기를 모면한 적이 있었다. 전진보다 강력한 백제도 물리쳤는데 전진을 못 물리치겠냐며 입조 요구를 거절하려 했다. 이때 승상 사안이 왕을 설득했다. 약속만 하고 가지 않으면 된다는 것이었다.

동진의 서부군 사령관 환충은 그의 정예병 3천을 수도방위에 충당하려 했으나 사안은 수도방위보다 서쪽 양양 방면의 방비를 튼튼히 하도록 명했다. 북부군의 선봉장 사현과 서부군의 총수 환충은 불안하기 짝이 없었다. 도대체 승상이 무엇을 믿고 저리 태평한가 하며 탄식했다. 결국 전진의 군대에 포위되어 죽을 것이라 생각했다.

전진군과 동진군은 비수(안휘성 북쪽, 회하 지류)를 사이에 두고 포진했다. 10월에 이르러 전진군의 선봉부대는 수양(안휘성 수현 서남쪽)을 공략하여 서전을 승리로 장식했다.

기록에 의하면 동진군의 일부는 협석(수현 서쪽)까지 거슬러 올라가, "적군의 사기 매우 왕성함. 아군 군량이 떨어져 본대와의 합류가 위태로움"이라는 내용의 보고문을 본대에 보냈으나 중간에 이 보고문이 전진군의 수중에 들어가고 말았다. 전진군의 선봉장 부융은 즉시 이 보고문의 내용을 부견에게 알렸다. 부견은 즉시 8천 명의 기병을 거느리고 항성에서 수양으로 달려와 부융과 극비 회담을 가진 후 주서를 동진군의 진영에 파견하여 항복을 권하도록 했다.

주서는 원래 동진의 장군으로 양양의 수비를 맡고 있을 때 전진과의 싸움에서 패하여 포로가 된 후 부견 밑에서 관리로 일해오던 사람이었다. 그러나 주서는 오히려 동진을 도울 생각으로, 전진의 군대가 겉으로 보면 백만이나 실상은 이보다 적고 훈련이 덜 된 군사가 많아서 선제공격으로 기선을 제압하면 이길 수 있다고 제안했다.

11월, 동진군의 유뢰지가 이끄는 북부군이 낙간(낙하가 회하로 흘러들어가는 지점, 현재의 안휘성 회남시 동쪽)에 주둔하고 있는 전진군에게 맹공격을 가하자 전진군 5만이 크게 패하여 앞을 다투어 강을 건너다 1만 5천이 넘는 군사가 물에 빠져 죽었다.

동진군의 군세는 수양에서 멀리 보이는 비수의 동쪽 언덕까지 육박하고 있었다. 이 보고를 받은 전진왕 부견은 그의 동생 부융과

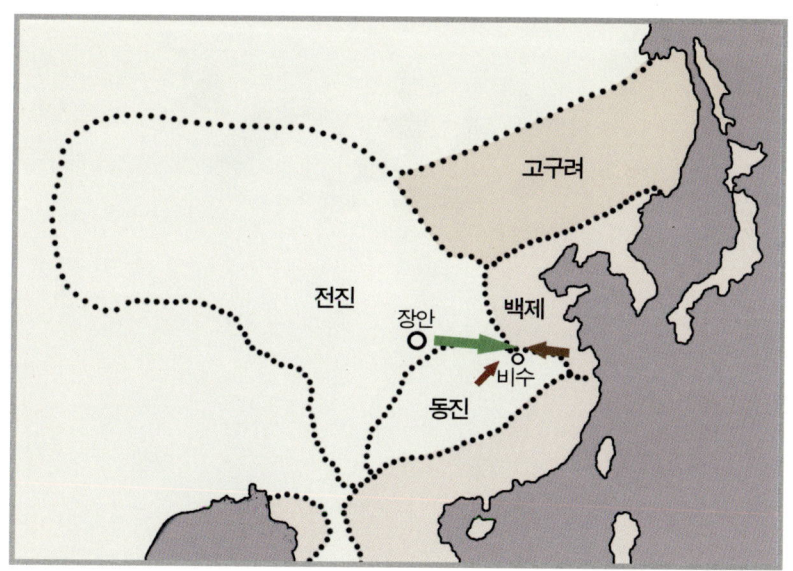

▲ 전진군과 백제군, 동진군의 이동경로

함께 수양성에 올라 동진의 진지를 바라보았다.

동진군 대장군 유뢰지가 목책을 세워 진지를 방어하고 군사배치를 엄격하게 해서 빈틈이 보이지 않았다. 게다가 서쪽의 능선을 보니 동진군이 마치 매복한 것처럼 보였다. 눈을 돌려 팔공산(회남시 서쪽)을 바라보니 거기에도 동진군이 매복한 것처럼 보였다. 그래서 전진왕 부견은 쉽사리 공격 명령을 내리지 못했다.

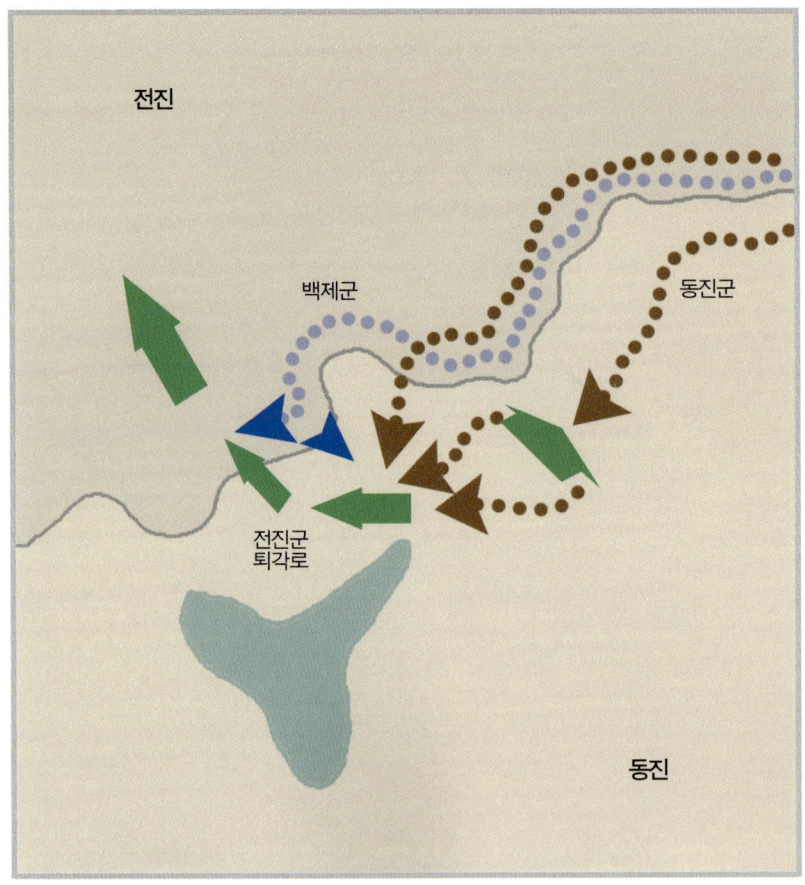

▲ 백제군, 전진군, 동진군의 이동경로

한편 군기가 엄숙하고 투지도 왕성해진 동진군은 전진의 후속부대가 도착하기 전에 적군을 공격하여 타격을 주자는 것이 그들의 작전이었다.

낙하에서 전진군의 선봉부대를 이긴 동진군은 사기가 높았다. 하지만 비수 건너편에 진을 친 수십만 대군을 보자 동진군의 각 장군과 병사들은 겁을 집어먹었다. 동진의 장군들은 병사들이 겁을 집어먹었으므로 전진군이 강을 도하하면 모두 도망칠 것이라 생각했다. 동진군은 계책을 짜낸 끝에 비수를 먼저 건너 강을 등지고 배수진을 치면 병사들이 죽기로 싸울 것이라 생각했다.

며칠이 지난 후 동진군의 선봉부대로부터 전진군의 선봉부대에 도전장이 날아들었다. 그 도전장에는, "양군이 대치만 하다가는 전투가 길어지니 차라리 우리가 강을 건너 전진군과 싸워 승패를 결정짓는 것이 어떻겠소"라고 쓰여 있었다.

전진의 장군들은 뒤로 물러서서는 안 된다고 주장했으나 부견은, "조금 뒤로 물러서서 동진군이 반쯤 건넜을 때 기병으로 돌진하여 동진군을 포위하여 반격한다면 승리는 확실하다"라고 주장했다. 부융도 부견의 의견에 찬동했다.

이윽고 전진군이 군을 뒤로 물리고 동진군이 강을 건너기 시작할 때였다. 갑자기 동쪽에서 수십만 대군의 말발굽 소리와 군화 소리가 들렸다. 백제군이었다. 동진 승상 사안이 동진의 장수들에게 걱정하지 말라고 한 것은 근거가 있는 말이었다.

비수를 먼저 건넌 유뢰지의 선봉군 3만은 전진군의 측면을 공격했고 정면으로 강을 건넌 동진군 5만은 선두의 전진 기병대를 향해 돌격했다. 20만 백제군은 둘로 나뉘어 전진군의 좌측과 후방으로 공격을 시작했다. 전진군은 사방에서 조여 오는 공격에 당황하기 시작했고 수십만 기병이 백제군의 선봉과 격돌했다.

　백제군은 철기군 3만을 앞세우고 기병 10만이 뒤따랐다. 철기군은 전진의 기병을 낙엽처럼 떨어뜨리고 전진해갔다. 전진 기병들은 철기군의 육중한 공격에 밀려서 후퇴하기 시작했다. 게다가 우측에서 유뢰지의 용맹한 병사들이 죽기살기로 파고들자 우측에 배치된 보병까지 동요하기 시작했다.

　부견의 동생 부융은 병사들을 수습하여 수십만 보병들을 중앙에 집합시켰다. 창병을 선두로 궁병을 뒤로 배치하고 진을 지켰다. 정면과 우측에서 공격해오는 동진의 군대는 순간 주춤했다. 전진의 수십만 궁병이 한꺼번에 쏜 화살에 수많은 동진군이 쓰러졌다. 유뢰지 환충과 각 동진 장군들은 순간 진격을 멈출 수밖에 없었다.

　부융은 용맹한 병사 3만을 이끌고 유뢰지의 군대를 먼저 공격했다. 유뢰지는 적군의 화살에 병사들이 겁을 집어먹은 데다 수만의

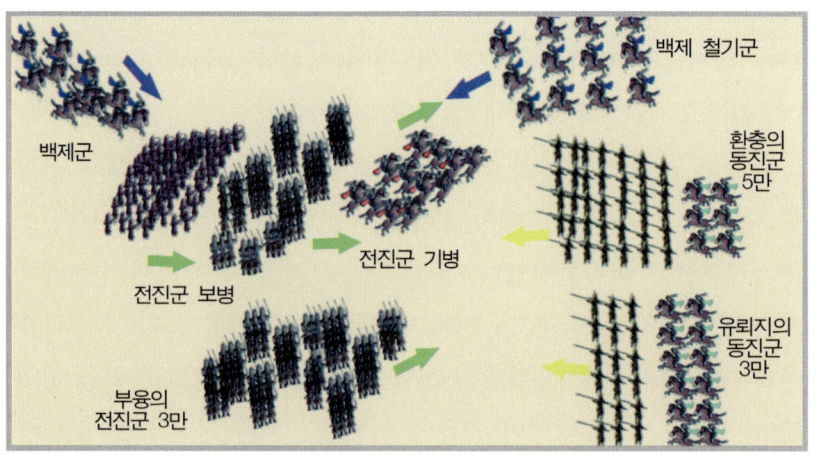

▲ 전투 상황도

적군이 자신을 향해 돌격해오자 순간 당황했다. 동진군 중에는 도망하는 자도 있었으나 유뢰지가 검군(군기를 잡는 병사)을 불러 도망하는 병사들을 죽이고 군기를 잡으라고 명했다.

부융과 유뢰지가 격돌했다. 양군은 필사적으로 싸우고 있었다. 백제 철기군은 전진군 기병을 격파하고 전진군 보병진지로 돌격해 갔다. 목책으로 방어했지만 철기군은 보병진지를 쑥밭으로 만들어 버렸다. 뒤이어 수만의 백제 기병이 전진군 보병을 반으로 갈라버렸다. 태자 침류왕이 직접 지휘한 백제 철기군은 엄청난 기세로 전진군을 격파했고 전진군은 동요하기 시작했다.

동진군과 내통하기로 한 주서는 휘하 병사 수백에게 명을 내려 갑자기 후퇴하라는 명령을 소리치게 했으며 주서의 사병들에게는 앞 다투어 도망치라고 했다. 백제군이 전진군의 진영을 휘저으며 공격하는 통에 전진군이 동요하기 시작했는데 일부 병사들이 도망치며 후퇴하라는 소리까지 들리자 전진군은 겉잡을 수 없이 휘청거렸다. 도망치는 병사가 속출하자 부견이 검군을 동원하여 도망치는 병사들을 죽였지만 터진 방죽처럼 전진군의 도망 행렬이 계속 이어졌다.

처음에는 수천 명이 도망쳤지만 갑자기 수만 명이 도망치기 시작했다. 수십 리에 걸쳐 전진군의 패잔병이 도망치기 시작했다. 유뢰지의 군대를 밀어붙여서 승세를 잡아가던 부융은 뒤를 돌아보니 병사들이 도망치기 시작하고 있었다. 부융의 사병들은 열심히 싸우고 있었지만 이미 대세가 기운 것 같았다. 결국 부융도 퇴각하고 말았다. 부견은 진영의 중앙에서 수습하려 했지만 이미 백제군이 왕의 호위병까지 무너뜨리고 자신을 잡으러 오고 있었으므로 부견도 결국 퇴각령을 내렸다.

패주하는 전진군의 후속부대들이 비수를 향해 진군해 오고 있었으나 비수를 향해 오던 병사들은 전진군이 패하여 도망치자 이를 보고 전의를 상실했다. 일부 용맹한 병사들이 후퇴하는 전진군을 보호하기 위해 백제군을 막아섰지만 여지없이 백제 철기군에게 무너졌다.

부융은 너무 늦게 후퇴하는 바람에 유뢰지와 백제군 사이에 포위되어 화살에 죽고 말았다. 부견도 흐르는 화살(상대를 조준하지 않고 무턱대고 쏘는 화살)에 맞아 부상을 입었으나 겨우 목숨을 부지하여 장안으로 돌아왔다.

전투 후 전진군의 규모를 파악한 태자 침류왕은 웃지 않을 수 없었다. 백만이라고 떠벌리던 전진군은 실상 비수 전투에 기병 15만, 보병 27만을 동원했고 비수로 향하던 전진군의 지원군은 8만이 넘지 않았다. 허풍이었던 것이다. 백제는 전진군에는 40만 이상의 군대는 없는 것으로 파악하고 있었다. 하지만 동진 공격에 앞서 전진이 각지에서 모병을 하고 유목민 용병을 모집한 덕에 50만 가까이 군대를 모을 수 있었다. 그리고는 각지에 사절을 보내 백만 대군으로 공격한다고 허풍을 친 것이다.

하지만 전투병이 50만 가까이 된 데다 군량수송과 각종 지원군을 포함하면 100만 가까이 동원된 것은 맞는 말이었다. 단일 전투 역사상 공격군과 수비군을 합쳐 70만이 넘는 대군이 동원된 전투는 이전에도 없었고, 이후에도 수양제가 출정하여 113만 대군으로 요동성을 포위하기 전까지는 없었다.

전진군은 낙하 전투에서 1만5천, 비수 전투에서 20만을 잃고 결국 궤멸했다. 3개월 전 백만 대군을 거느리고 기고만장하여 출진했던 부견이 장안에 돌아올 때는 겨우 10만의 군사가 따를 뿐이었다.

백제 근구수천황은 전진에 대한 공격을 실시했다. 백제 중앙군단 소속 15만과 남방군단 소속 15만은 낙양을 향해 공격해 갔다. 마침 전진에서 탈출한 연왕 모용수는 백제 근구수천황에 사절을 보내 연나라 재건을 도와달라고 했다. 백제 조정에서는 연왕을 믿지 못하는 분위기였지만 태자 침류왕은 연왕 모용수를 앞장세워 선비족을 끌어들이자고 했다.

백제군이 낙양을 향해 공격해가자 중원은 혼돈의 시기가 되었다.

전진의 부견은 장안을 버리고 도망쳤다. 섬서로 도망친 부견은 휘하장군이며 강족의 추장이던 요장에게 암살당했다. 그는 동진을 합

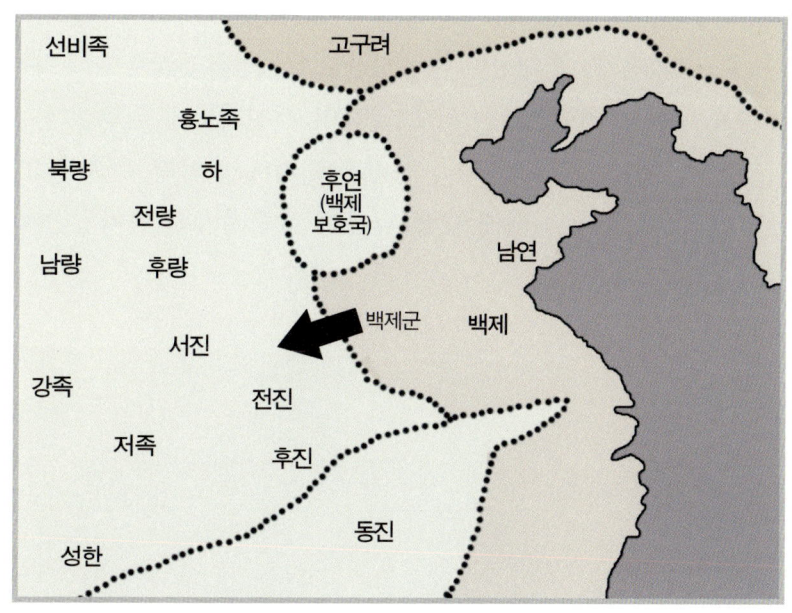

▲ 전진 멸망 후 우후죽순 들어선 유목민족국가와 백제의 공격방향

병하기 위해 나선 비수 전투 이후 전진이 패퇴하자 전진에 반기를 들고 384년 스스로를 '대장군 대선우만년 진왕大將軍大單于萬年秦王(태조·무소제)'이라 부르고 독립했다. 이듬해에는 장안을 빼앗아 도읍으로 정했다.

또한 전진의 부장이었던 유중지방(감숙성)에 있던 선비족의 추장 걸복국인은 비수 전투에서 전진이 쇠퇴하자 스스로 '대도독대선우령진하이주목大都督大單于領秦河二州牧'이라고 칭하여 연호를 정하고 반독립체제를 취하며(385년) 서진을 건국하게 되나 나중에 후진에 병합된다.

전진의 장군으로서 서역 원정에 나갔던 저족의 여광(태조·무황제)은 돌아오는 길에 비수 전투에서 전진이 대패했다는 소식을 듣고 그대로 고장(감숙)을 점령하고 후량(양凉이라고도 하나, 장궤가 세운 양(전량)에 대하여 후량이라고 한다)을 건국한다. 386년 양주목凉州牧 주천공酒泉公이라고 칭하며 하서지방에 군림했다.

전진의 광대한 영토가 휘하 장군들에 의해 갈가리 분해되었다.

전진의 패전 후 백제에 맞설 나라는 고구려밖에 남지 않았다.

중원 공격

383년, 비수 전투 후 백제군은 계속 중원 공격을 감행한다. 업성 전투에서 백제 중앙군단 15만은 업을 완전히 포위했고 전진의 남은 장수들은 자신들의 왕인 부견이 섬서로 도망갔다는 소식을 듣자 항복한다.

전진의 태자 부굉은 남은 병력 10만을 이끌고 백제 남방군단을 막으러 낙양에 도착했다. 낙양성은 백제 남방군단 소속 15만이 동진군 3만과 함께 포위하고 있었다. 낙양성 수비군 1만은 그야말로 풍전등화였다. 마침 태자 부굉의 군대가 도착하지 않았으면 곧 항복할 생각이었다.

384년, 낙양성을 포위한 지 한 달도 안 되어 낙양성 안의 전진군은 도망병이 줄을 잇고 있었다. 하룻밤 새에 수백 명이 성 밖으로 도망쳤다.

그런데 이 시기에 근구수황제가 중병에 걸렸다. 황제는 죽기 전

견강과 장안을 백제군이 함락하는 것을 보고 싶어 했다. 그리하여 백제 수군 5만은 동진왕의 입조를 요구하며 다시 견강을 포위했다. 이미 동진은 국력이 쇠약할 대로 쇠약해진 상태였고 백제군의 도움으로 비수에서 이긴 후 동진의 각 주와 군에는 백제 남방군단이 속속 진주하고 있었다. 동진은 사실상 백제의 보호국이 되었다.

동진의 국경을 돌파한 백제 남방군단은 낙양과 장안 근처까지 진군하고 있었다. 낙양을 함락시키라는 특명을 받은 황제의 둘째 왕자 진사왕은 업을 점령하고 북쪽으로 향하던 백제 중앙군단 중 5만을 뽑아 낙양으로 향한다. 낙양에서는 20만이 넘는 백제군이 전진의 태자 부굉을 포위하여 압박했다.

백제군은 800대가 넘는 발석차로 돌을 던져 성을 부수려 했다. 그러나 성이 견고하여 버티자 파쇄차로 성을 부수기 시작했다. 일부 병사들은 성문 가까이 다가간 후 망치와 도끼로 성문을 부수었다. 성 위에서는 끓는 물과 기름이 쏟아졌다. 백제군은 방패로 막으려 했지만 화상을 입고 물러났다. 성 밖에서는 백제군의 쇠뇌 수천 발이 쏟아졌다. 성 위의 전진군은 도저히 일어설 수가 없었다. 일어서면 백제군의 화살받이가 되었다. 운제(높은 사다리)를 동원한 백제군은 수십 개의 대형 운제로 성에 붙어서 성을 타 넘어갔다.

백제 남방군단에는 가야, 신라, 왜, 안남, 흑치, 남동아시아섬, 복건성, 대만 등지의 토착인들로 이루어진 부대가 있었다. 이들 중 무예가 뛰어난 자들로 천 명의 특수부대를 만들고 성을 넘을 때 선두에 세웠다. 적의 장군의 목을 베거나 백제 깃발을 적의 성 위에 걸면 귀족으로 대우하고 고향으로 돌아가게 해주었다. 이러한

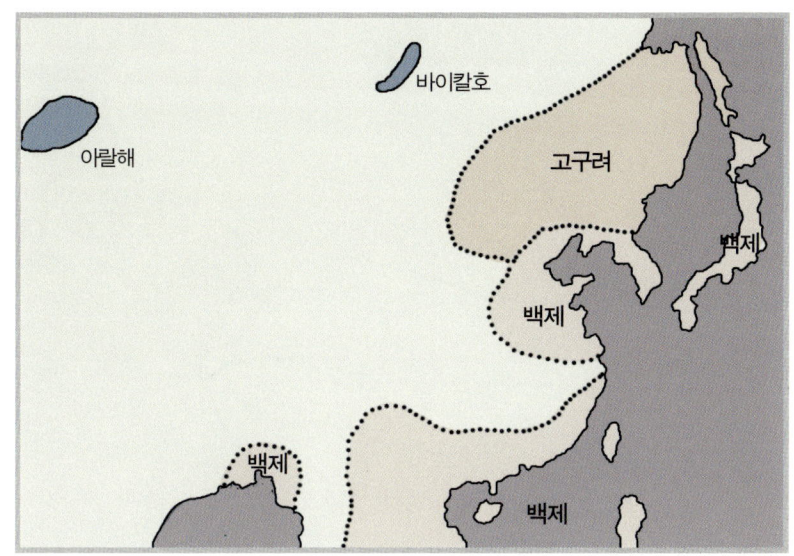

▲ 근구수천황 붕어 때의 백제, 고구려의 영토

 병사들은 곧 전쟁에서 공을 자주 세웠는데 이번 낙양성 공략에도 그리했다.
 병사들은 죽을힘을 다해 운제를 넘어 낙양성 안에 진입했는데 결국 부굉은 견디지 못하고 성을 버리고 탈출한다. 낙양성이 함락되자 백제군은 곧장 장안으로 진군한다. 태자 침류왕은 북방으로 공격하고 차남 진사왕은 장안 공격에 열중한다.
 그해 4월에 황제가 위중하다 하여 태자와 우현왕 겸 진사왕은 황제가 있는 청주로 급히 왔다. 그러나 황제는 장안 함락과 선비족 통일을 목전에 두고 붕어했다. 견강을 포위하고 입조를 요구하던 백제 수군은 철수했다.
 백제 역사상 최대의 영토를 차지한 근구수황제가 붕어했다. 중원을 정벌하고 고구려를 밀어붙이고 남동아시아의 주요 교역기지

▲ 광개토태왕 때의 고구려, 백제의 영토

를 모두 점령했으며 전진의 백만 대군을 격파한 백제 역사상 최고의 황제였다.

　백제의 인구는 3천만 이상으로 늘었으며 동진과 후연은 사실상 속국으로 전락했다. 동진과 후연의 인구까지 합하면 4천만이 넘는 대국이었다. 전진이 있던 자리에 수많은 소국들이 들어섰지만 모두 백제에게는 대항할 꿈조차 꾸지 못했다. 이제 북방의 강국 고구려만이 백제에 저항할 뿐이었다.

　근구수황제 붕어 당시 백제는 인구 3천5백만, 군대 50만(철기군 5만, 기병 15만, 보병 23만, 수군 7만), 번국의 왕과 제후가 수십 인이었다. 영토는 500만㎢를 넘어섰고 만 리가 넘는 엄청난 대국이었다.

　광개토태왕 때의 고구려의 영토가 근구수황제 때의 백제 영토보

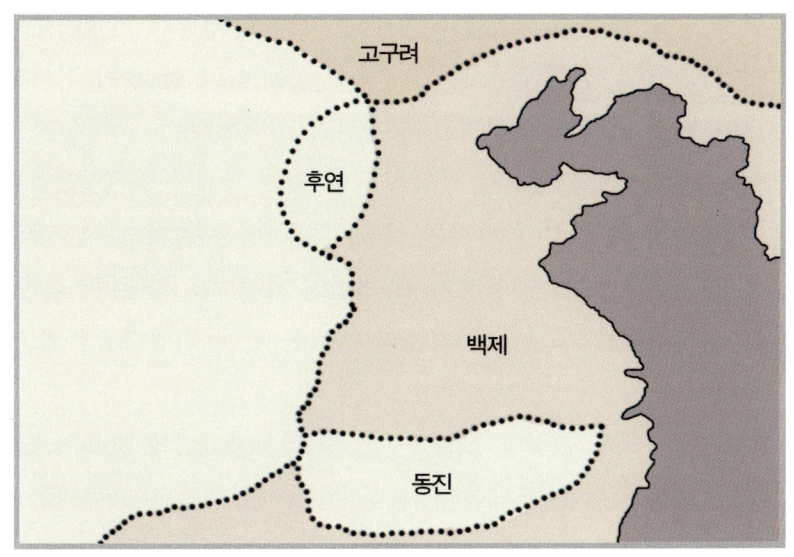
▲ 대백제국의 동진 포위

다 배는 넓지만 인구는 백제가 더 많았다. 영토로 따지면 고구려가 최고였으나 비옥한 옥토와 많은 인구는 백제가 더욱 부강한 나라임을 증명한다.

　백제의 국력이 강해질수록 형제국 고구려의 태왕들은 경쟁심을 불태우며 부국강병을 꿈꾸었다.

　백제 침류천황은 즉위 후 별다른 활동이 없었다. 동생인 진사왕은 우현왕 겸 백제 북방군단 총사령관 겸 진사왕 겸 청주자사직을 맡고 있었다. 진사왕의 사병은 수도 위례성 주위로 1만 이상이 있었다. 백제는 대륙을 정복한 후 수도를 청주의 위례성과 한반도 백제의 한성 두 곳으로 나누어 통치했다.

　해씨와 진씨는 백제의 주축인 두 가문으로 근구수황제 때까지 진씨가 주요 관직을 차지했다. 이들은 황후를 배출한 외척가문이었기 때문이다. 전쟁에서 진씨 세력이 공을 여러 번 세워 진씨의 세력이 날로 커지자 해씨들은 경계하기 시작했다.

　침류황제도 진씨 세력의 지원을 등에 업고 황제가 될 수 있었는데 황제가 진씨 세력이 커지는 것을 경계하여 해씨와 연씨, 국씨 등을 기용했다. 때마침 황제가 될 자질이 있는데도 차남이라는 것 때문에 밀려난 진사왕은 진씨들의 지원을 받게 되었다.

　385년, 고구려 고국양태왕은 즉위 후 양성한 4만의 정예군으로 현도와 요동 요서를 공격한다. 용성 부근에서 출발한 고구려군은 주력 철기군 2만과 경기병 2만을 앞세우고 현도에서 유주방면의 백제군과 후연군을 격파한다.

　후연의 모용수는 즉시 백제에 도움을 요청한다. 침류황제는 대방왕의 지위를 겸하고 있었는데 황제의 권위를 높이기 위해 직접 출진하게 된다. 무려 10만의 병사를 이끌고 고구려를 치기 위해 출진한다.

　중산 인근에서 백제와 후연연합군과 고구려군의 교전이 시작되었다. 백제군은 황제가 직접 지휘하여 철기군 2만, 경기병 3만, 창병 2만, 궁병 3만이었고, 후연군은 기병 1만과 보병 2만으로 합계 13만의 대군이었다.

　고구려군은 철기군 2만과 경기병 2만으로 전투에 나섰다. 고국양태왕은 수적으로 불리하기 때문에 우선 평야에서 소모전만 몇 차례 했다. 양군의 철기군은 평원 중앙에서 부딪치며 서로의 전력을 탐색했다.

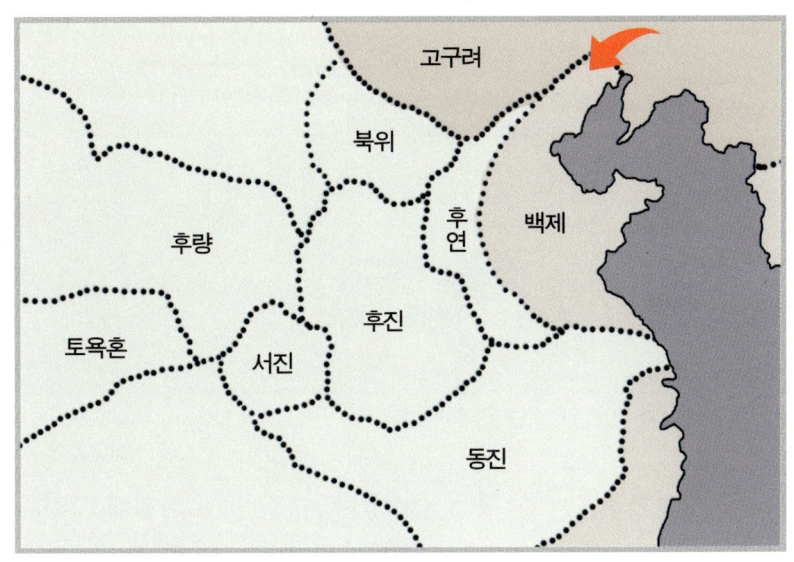
▲ 각국의 영역과 고구려군 진격방향

3일째 되던 날 고구려군이 후퇴했다. 침류황제는 의기양양하여 고구려군을 추격하기 시작했다. 30리를 추격하자 후연군의 선봉을 시작으로 백제 보병까지 장장 20리에 걸친 긴 행렬이 되어버렸다. 참모들은 황제에게 더 이상 추격하지 말 것을 건의했다. 그러나 황제는 듣지 않고 계속 추격을 지시했다.

10리를 더 쫓아가자 고구려군이 멈춰 섰다. 백제군은 13만의 대군이었지만 선두에는 1만도 안 되는 후연 기병이 있을 뿐이었다. 반면 고구려군은 일사불란하게 멈추면서 진형을 초승달 모양으로 갖추었다.

고구려군이 진형을 갖추자 선두의 후연군도 멈추어 진형을 갖추려고 했다. 그러나 갑자기 좌우 측면에서 수만의 고구려 보병이 쏟아져 나왔다. 미리 2일 전부터 매복하고 있던 고구려 보병 4만은

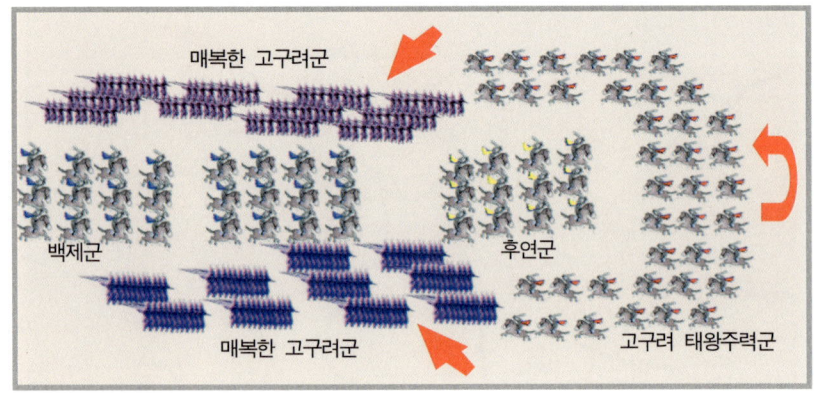
▲ 고구려군에 포위된 후연군과 백제군

후연군이 대형을 갖추기 전에 공격했다. 수만 개의 화살과 수천 개의 돌이 백제와 후연군인들에게 쏟아졌다.

후연군의 바로 뒤에 있던 침류황제는 서둘러 병사들을 수습했지만 고구려 철기군이 후연군을 가볍게 격파하고 밀려들고 있었다. 동진의 장군이었다가 백제로 귀화한 사마 학경은 백제군의 선봉군 장군이었다. 황제의 옆에서 무리한 추격을 막으려 했으나 뜻을 이루지 못하고 오히려 이날 사마 학경은 고구려군의 철기군에 무참히 죽고 만다.

후연군은 반 시진도 못 버티고 궤멸당했으며 백제군도 마찬가지였다. 선두의 백제군이 고구려 철기군에게 무너지면서 병사들은 후퇴하느라 바빴다. 후퇴하는 병사들과 영문을 모르고 진격하던 백제 병사들이 뒤엉켜 일대 혼란이 일어났다. 그 사이 고구려군은 계속 포위망을 좁혀왔고 저녁때까지 백제군과 후연군은 일방적으로 죽어갔다. 백제가 자랑하는 철기군은 모여 있어야 힘을 발휘하는데 고구려군을 추격하다가 행렬이 길어지는 바람에 집중된 힘을

▲ 확장된 고구려 영역

발휘하지 못하고 각개격파를 당했다.

이날 전투로 고구려군은 유주와 영주, 기주의 땅을 모두 백제로부터 빼앗았다. 후연은 유주지방을 근거지로 백제 황제의 허락 하에 연나라를 이루고 있었으나 이날 전투로 근거지를 잃었다. 백제 중앙군단 15만 중 8만이 이 전투에서 목숨을 잃었다. 대패였다.

요동에 주둔 중이던 백제군 3만은 요동에서 철수했다. 고구려군이 요서와 압수 근처를 모두 장악하는 바람에 백제군은 고립되었던 것이다. 고구려군 10만 이상이 요동으로 진격하자 요동군 태수 해원은 철수를 결정했다. 백제 중앙군단이 궤멸된 지금 요동에서 저항하는 것은 무의하다고 생각했기 때문이다.

고구려군이 유주와 기주 정벌에서 얻은 백제와 후연 포로가 1만을 넘었으며 이번 대승으로 고구려 전역이 들끓었다. 태왕의 권위

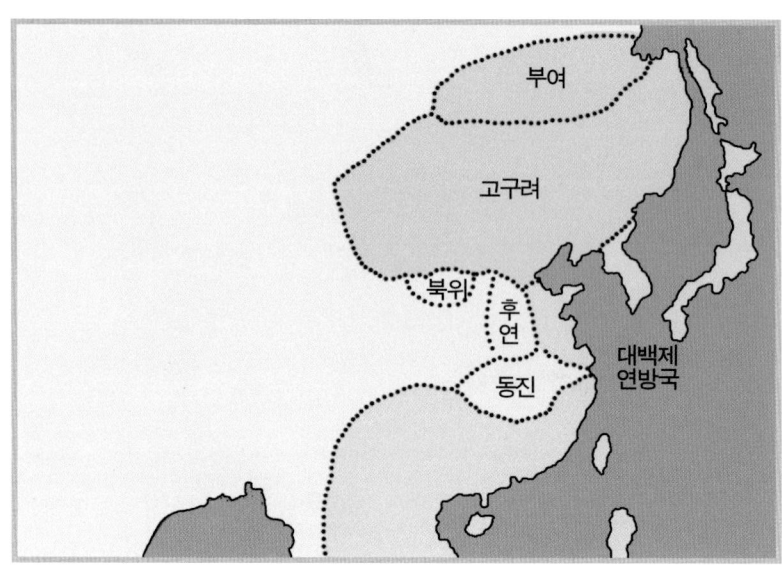

▲ 각국의 영역

는 하늘 높이 치솟았으며 국민들은 단결했다.

그해 11월, 백제 우현왕 겸 진사왕은 백제 북방군단을 한반도에서 산둥으로 이동시키고 남방군단 일부도 같이 산둥으로 이동시킨다. 후연왕 모용수는 선봉을 자처하고 모용농 장수를 보낸다. 요동과 요서, 유주 일대의 지리를 아는 모용농을 선봉으로 백제군 북방군단 10만과 남방군단 7만, 후연군 2만을 앞세워 도합 19만으로 대대적인 고구려 정벌에 나선다.

허울뿐인 황제 자리에서 침류황제는 아우의 승전보를 기다린다. 이미 몇 달 전 패배 후 모든 권력은 동생인 우현왕 겸 북방군단 총사령관, 서주·청주자사직을 모두 겸한 진사왕에게 넘어갔다.

유주와 기주, 요서, 현토, 요동에는 고구려군 10만이 방어하고 있었다. 고국양태왕은 지난번 전쟁에서 백제군을 궤멸시킨 것에 굉장히 고무되어 이번 전쟁에서도 수적으로 불리하지만 충분히 이길 수 있다고 생각했다.

드넓은 유주벌판에서 고구려군 10만과 백제연합군 19만이 포진했다. 후연군 2만은 백제군의 선봉에 배치되었다. 고구려군은 철기군 2만, 경기병 5만, 궁병 2만, 창병 1만인 반면에, 백제군과 후연군은 철기군 3만, 경기병 10만, 창병 3만, 궁병 3만으로 여러모로 유리했다.

고구려군은 주로 하던 전술을 감행했다. 선두에 궁병 2만을 배치시키고, 그 뒤로 철기군, 그 뒤로 창병을 배치하고 경기병은 맨 뒤에 배치했다.

백제군은 우익에 철기군을, 좌익에 경기병을 배치하고, 후연 기병 2만을 선봉에 세웠다. 후연 기병 뒤로 백제 보병과 궁병이 배치되었다.

먼저 고구려 궁병이 일제히 화살을 발사했다. 그와 동시에 후연

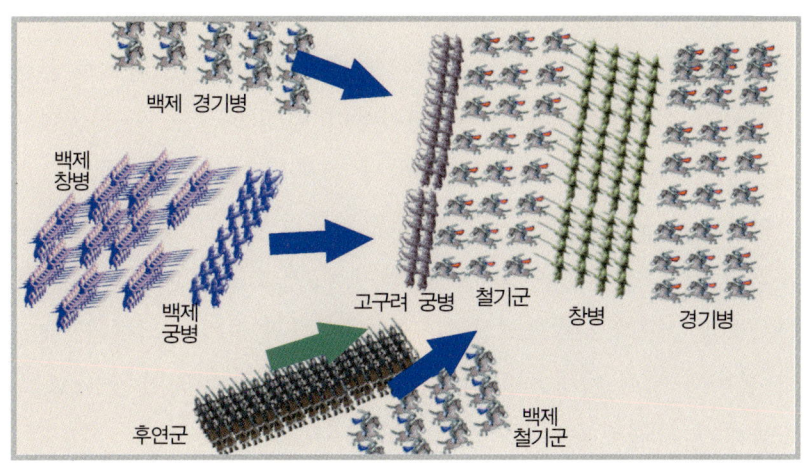

▲ 전투 상황도

의 기병들은 돌진했다. 백제 경기병은 고구려군의 우측으로, 철기군은 좌측으로 공격했다. 후연군의 뒤로 백제 궁병들이 천천히 진군하여 화살을 쏘기 시작했다. 창병도 같이 전진했다. 수십만의 대군이 움직이는 모습은 장관이었다.

고구려군은 궁병이 화살을 두세 발 쏜 후에 바로 뒤로 후퇴하면서 철기군의 뒤로 배치됐다. 그러면 곧바로 철기군이 진격을 시작했다. 그 뒤로 창병과 궁병이 전진했다. 그리고 경기병이 뒤에서 상황을 보고 있었다.

백제 총사령관 진사왕은 철기군 사이에서 군을 지휘하고 있었다. 그러나 후연군 기병은 고구려 철기군의 상대가 아니었다. 순식간에 철기군의 말발굽에 짓밟혀서 쓰러졌다. 후연군의 말도 고구려 철기군의 육중한 갑옷에 부딪치면서 넘어졌다. 백제군의 궁병이 쏜 화살은 고구려 철기군에는 아무 소용이 없었다.

후연군이 후퇴하면서 백제 보병도 일대 혼란이 일어났다. 고구려 철기군이 후연군 중앙을 관통하여 백제 보병과 격전을 벌였다. 이때 백제군의 후미에서 잘 훈련된 창병 1만이 쐐기모양으로 군을 밀집시킨 후 고구려 철기군에 대항했다. 고구려군도 순간 움찔했다. 철기군은 백제 창병과 곳곳에서 전투를 벌였다.

이윽고 고구려 보병이 도착하여 백제군과 맞닥뜨렸다. 측면으로 공격한 백제 철기군과 경기병을 막기 위해 고구려 기병이 출동했다. 그러나 수적으로 불리한 고구려 기병이 밀리기 시작했다. 태왕이 선두에 서서 기병을 독려했지만 백제군은 압도적인 숫자로 밀어붙이기 시작했다.

태왕이 전투 상황을 보니 곧 고구려군이 포위될 것 같았다. 참모들은 후퇴를 건의했고 고구려군은 후퇴하기 시작했다. 그런데 고구려 철기군이 너무 멀리 나간 것이 문제였다. 백제 창병과 후연군 기병 사이에서 잘 싸우고 있었지만 고구려 본대가 무너지자 철기군이 당황하기 시작했다. 백제 진사왕은 5천의 백제 기병을 빼돌려 고구려 철기군의 뒤를 공격하게 했다. 결국 철기군은 포위되었다. 고구려 철기군과 보병은 포위되어 대부분 죽거나 항복했다. 전투 후 백제는 3만의 병사가 죽었지만 고구려는 5만을 잃었다.

유주 전투에서 승리한 백제군은 파죽지세로 고구려를 공격하여 유주와 기주, 요서를 함락시킨다. 문제는 요동이었다. 요동에서 고구려 고국양태왕은 다시 병사 5만을 모아서 요하를 방어했다. 3만의 병사는 요동반도 각지에 흩어져 성을 수비했다.

지원군까지 당도한 백제군은 20만에 가까웠다. 백제 남방군단 총사령관이자 좌현왕인 진도고는 즉시 요하를 건너 고구려를 공격하자고 했다. 하지만 우현왕인 진사왕이 말렸다. 대백제군의 최강 수군을 기다리자는 것이었다.

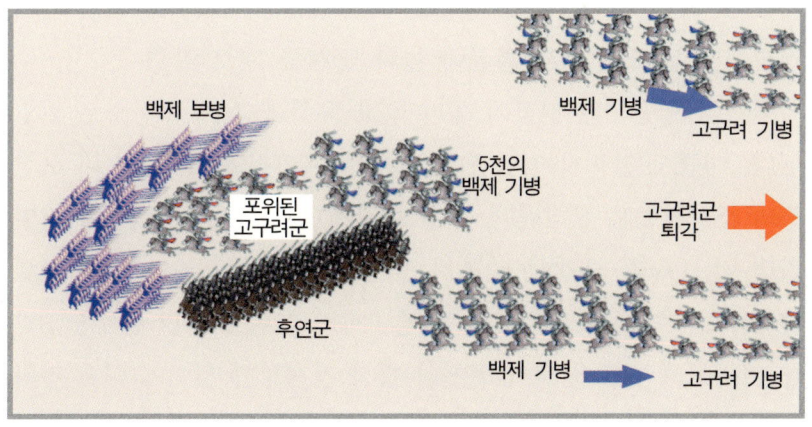

▲ 전투 상황도

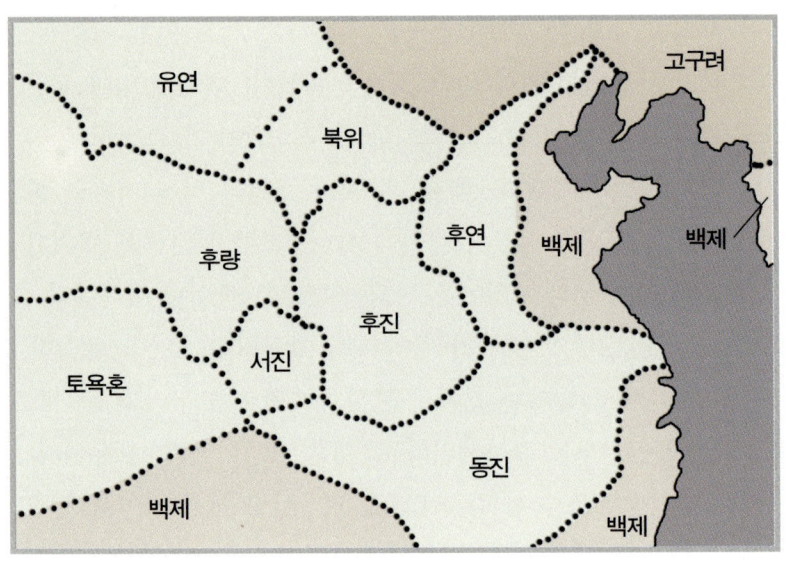
▲ 385년 11월 고구려 패전 후 백제 영토

 3일 뒤, 동청주(산둥성)를 출발한 백제군 수군이 요하에 당도했다. 5만의 백제 수군 중 4만은 고구려 수군을 방어하기 위해 요하 근처에 배치되고 1만의 수군과 100척의 함대는 요하를 거슬러 올라왔다. 요하 동쪽에 진을 친 고구려군 5만은 갑자기 나타난 백제 전함에서 날아든 돌과 화살에 놀라 군대를 뒤로 물렸다.
 백제군은 수군의 전함에 옮겨 타고 요하를 건너 요동으로 진입했다. 대규모 전투가 임박했다. 태왕은 전면전을 주장했으나 욕살들과 군참모들은 반대했다. 마침 몽골지방으로 유목민족들을 정벌하러 간 고구려 대장군 연운과 을지소의 군대 5만을 기다리기로 했다. 또한 백제의 왜 식민지를 장악하러 떠난 고구려 원정군 3만도 기다려서 대군을 모아 백제와 다시 전쟁하는 것이 좋다고 건의했다.

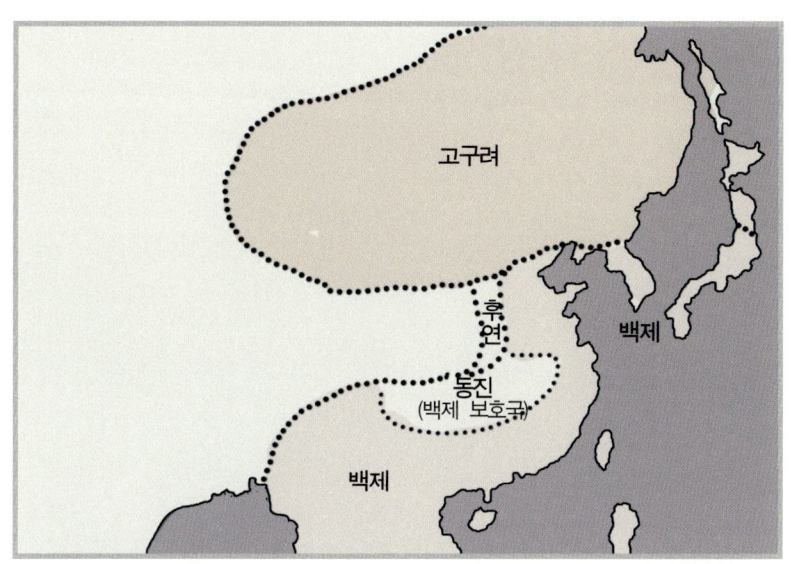

*대백제 연방국(동진, 신라, 가야, 후연, 왜 남부, 흑치, 대만, 동남아 포함), 동진은 반독립국가
*대고구려 연방국(부여, 말갈, 거란, 왜 북부, 북위 포함)

▲ 고구려군의 몽골과 왜 북부 장악, 백제군의 요동반도 수복

참모들의 말을 들은 태왕은 일단 요동군단을 철수시키기로 한다. 지난번 백제군이 요동을 미련 없이 버린 것처럼 이번에는 고구려군이 어쩔 수 없이 요동을 버리기로 한다.

영웅 침류황제

침류황제는 백제 땅 서주에서 태어났다. 385년 아우인 진사왕은 대승을 거두어 영웅이 되었다. 반면 침류황제는 허울뿐이고 힘없는 존재로 전락했다.

어느 날, 침류황제가 진사왕을 불러 독대한다. "무릇 황제의 자리는 하늘이 내시는 것, 아우가 나보다 지략과 용기가 뛰어나 고구려를 물리쳤으니 이제 짐은 허울뿐인 이 자리를 아우에게 양위하고 초야에 묻혀 살겠네"라고 했다. 진사왕이 극구 사양했으나 황제는 계속 권했고 결국 진사왕은 황제의 장남인 아신이 장성할 때까지만 황제직을 맡겠노라고 했다. 그리하여 침류황제는 동진 땅으로 내려갔다.

동진은 사방이 백제 땅으로 둘러싸여 완전히 고립되어 있었다. 또한 입조 약속으로 백제의 대병을 빌려 전진을 격파했지만 약속은 지켜지지 않았다.

침류는 유유로 이름을 바꾸고 출신을 서주 출신이라 했다. 나무

꾼 출신이라고 자신을 속이고 동진의 북방군단 대장군 유뢰지의 군대에 들어갔다. 유뢰지의 휘하에서 자신을 수련하고 싶었던 것이다.

침류는 아직 젊었다. 30도 안 된 젊은 침류는 동진의 북방군단에서 혹독히 자신을 수련했다. 검술과 무술을 배웠고 지휘하는 법도 배웠다. 유유의 성실한 면이 유뢰지의 눈에 띄어 부관으로 진급했다. 다행히 아무도 그를 알아보지 못했다. 유뢰지는 침류를 전진과의 전투에서 먼발치에서 본 적은 있었다. 하지만 그때는 갑옷과 투구로 무장할 때였고 평민 출신이라고 속이는 유유를 그때의 침류왕으로 생각할 여지가 전혀 없었다.

북부군은 독강북제군사督江北諸軍事의 직책을 지닌 대장군 사현(謝玄, 343~388)이 북방의 전진을 막기 위해 조직한 군대이다. 장군 유뢰지는 북부군단의 장군으로서 승상 사온의 동생 사현의 밑에서 여러 차례 전연과 전진에 대한 전쟁에 참가하여 공을 세웠으나 지략이 모자라다는 평을 듣고 있었다.

유유는 유뢰지의 군문에 들어가 사병으로 시작했으나 무예솜씨와 특유의 언변, 그의 기품과 인격으로 주변 사람들을 동화시켜 주목을 받았다. 곧바로 유뢰지의 조카인 하무기, 유뢰지의 아들인 유경선 등과 결의형제를 맺고 나이에 따라 맏형이 되었다. 지난날 백제 황실에서 수양했던 그의 인품이 여러 사람들에게 호감을 얻은 것이다. 비록 백제에서는 허수아비 황제였지만 새로운 인생을 시작한 이후 의형제를 얻고 그 미래가 밝아졌다. 백제 황제 시절에 볼 수 없었던 그의 처세술은 날로 성장하여 이 같은 결과를 낳았다.

당시에 동진은 잃어버린 북쪽의 땅을 되찾는 것과 동진을 완전히 포위하고 있는 백제로부터 벗어나는 것이 국가적인 과제였고 국가의 숙원이었다. 그 대표적인 사람이 바로 환온(桓溫, 312~373년)이었다.

기록에 의하면 그는 명제(明帝, 322~325)의 부마로 영화 원년(345)에 형주자사 영호남만교위領護南蠻校尉가 되어 양자강 상류지역의 병권을 장악하고, 2년 뒤인 347년 3월에 서정西征에 나서 저족의 이웅이 세운 성한(成漢, 304~347)을 멸망시켜 자신의 위상을 확고하게 다졌다고 한다.

환온은 354년에 드디어 북벌의 기치를 내걸고 전진을 공격하여 승리를 얻었으나 369년에 전연의 모용수에게 대패하여 전연을 치는 북벌에는 실패했다. 하지만 황제가 되려는 야심을 버리지 못하고 371년에 폐제(廢帝, 365~371)를 내쫓고 낭야왕琅邪王 사마욱司馬昱을 추대하여 황제로 삼았으니 그가 간문제(簡文帝, 371~372)이다.

환온은 간문제를 뒤이어 황제가 되려고 했으나 간문제는 셋째아들인 사마요(司馬曜, 효무제, 372~396)에게 황위를 넘겨주었다. 결국 고숙(姑孰, 안위성 당도)에서 조정의 대권을 지휘하며 때를 기다리던 환온은 황제의 꿈만 꾼 채 뜻을 이루지 못하고 병으로 세상을 떠났다.

환온과 그의 수하들은 견강을 두 번이나 포위한 백제 수십만 대군으로부터 동진을 지켜내어 일약 영웅으로 추앙받았다. 하지만 그 인기를 이용하여 황제가 되고자 했으나 승상 사안의 지략으로 왕위에 오르지 못한다.

▲ 환온 사망 당시의 남부대륙

〈동진의 내부 세력 판도〉

왕제 사마도자 계열	황후 계열
왕국보 중앙군	왕공 북부군
왕서 중앙군	은중감 형주자사
유해 역양 주둔 지방군	양전기
사마원현 양주자사	유뢰지 북부군
사마상지 예주자사	고아지 북부군

환온의 지위는 아들인 환현(桓玄, 369~404)에게 계승되었다. 하지만 환온이 죽었을 때 환현은 너무 어렸다. 늦둥이로 환온의 사랑을 받은 환현은 겨우 5살의 나이에 환온 가문을 이어받았다. 나이가 어렸기에 아버지처럼 강력한 힘을 발휘할 수 없었고 사마요

가 효무제가 되자 조정의 대권은 황제의 동생인 회계왕 사마도자 (司馬道子, 364~402)에게 들어갔다.

기록에 의하면, "동진의 땅은 중앙조정을 장악하고 있는 사마도자와 그의 아들들인 양주자사 사마원현(司馬元顯, ?~402), 서쪽의 예주豫州를 장악한 사마상지, 경구와 강북을 장악한 북부병의 유뢰지와 고아지高雅之, 석두성 남쪽지역을 나누어 차지한 환씨(환현, 환수), 은씨(은중감), 양씨(양전기) 3대 문벌이 각각 천하를 3분하여 장악했다"라고 전해진다.

유유는 이때 유뢰지의 북부군단에 속해 있으면서 후에 참모장이 되는 단도제를 만나며 군단 내에서 확실히 자리를 잡아간다. 이들이 훗날 유유를 도와 황제가 되게 해주었다.

동진은 최대 강국인 백제에 둘러싸이고 북방의 신흥 왕국들과도 국경을 접하고 있는 상황인데도 내부는 분열되었고, 각 지방의 군벌들은 제각기 왕을 자처하며 그 지방에선 왕처럼 행동했다.

백제 진사황제는 형인 침류황제가 적은 병사를 거느리고 남쪽으로 향하면서 대백제 제국을 돌아보며 유유자적한 삶을 살다가 나이가 들면 따뜻한 안남으로 가겠다고 하여 그 말을 믿었지만 침류황제를 보호하기 위해 무예가 뛰어난 병사 몇을 보내어 멀리서 보호하게 했다. 침류황제가 유유로 이름을 바꾸고 동진 북부군단 유뢰지의 휘하에 들어갈 때도 병사들을 한족으로 속이고 북부군단에 넣어서 전 황제를 멀리서 보호하게 했다.

진사황제는 형의 부탁대로 제국 내에 침류황제의 붕어를 공표했다. 한편 침류황제의 맏아들 아신은 비록 나이는 어리지만 아버지

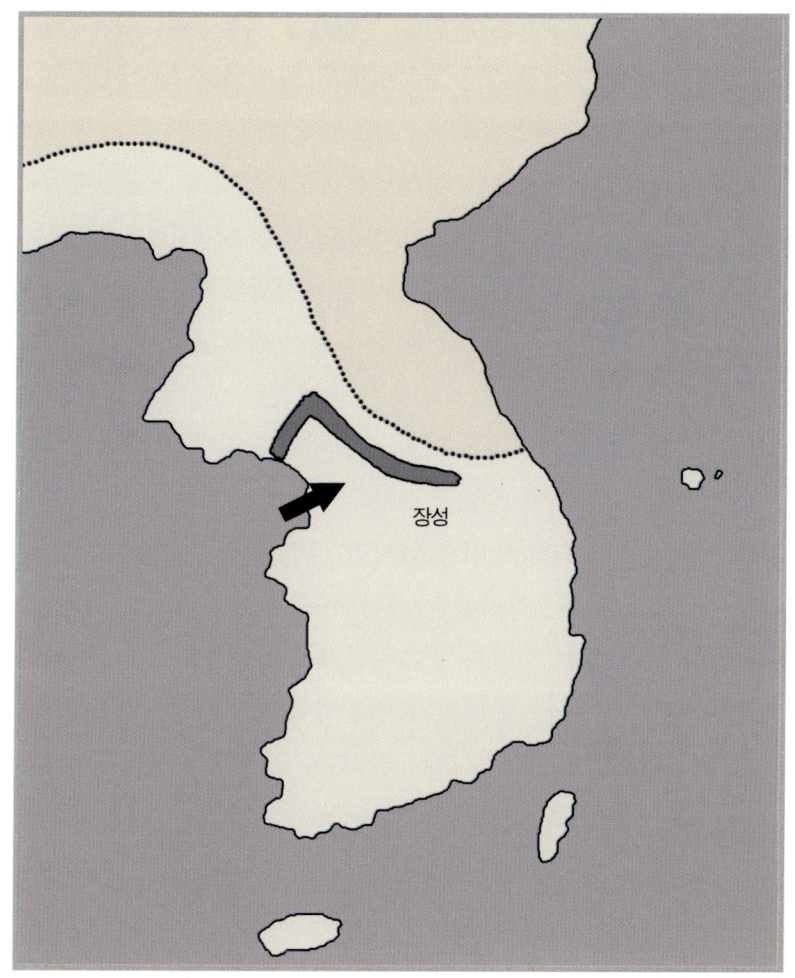

▲ 진사황제가 쌓은 장성

가 돌아가신 것이 황위를 노리는 숙부 진사황제의 탓이라고 생각했다. 즉 숙부가 아버지를 암살한 것으로 오해했다.

386년 봄, 백제 진사황제는 고구려군의 한반도 남하를 막기 위해 한반도 백제의 15세 이상 되는 사람들을 징발하여 관문의 방어시설을 설치했다. 그 길이가 청목령에서 시작하여 북으로는 팔곤성, 서로는 바다에 닿았다.

같은 해 8월, 고구려 고국양태왕은 아들 담덕을 요동군왕으로 봉하고 태자로 삼았다. 아직 회복하지도 못한 요동군의 왕으로 삼은 것은 요동을 꼭 탈환하려는 태왕의 의지였다. 고구려군은 5만의 대병을 일으켰다. 이번에도 태왕이 직접 출병했다. 5만의 대군은 요동성을 공격했다.

요동성 주둔 백제군 1만은 즉시 항전태세를 갖추고 백제 본국에 지원을 요청했다. 당시 백제군의 주력은 청주와 기주에 있었다. 청주와 기주에 인구가 많은 것도 있지만 아직 황권을 제대로 갖추지 못한 진사황제로서는 병력을 자신의 주변에 주둔시키려 했다. 백제의 20명이나 되는 지방의 왕들과 제후들 중 침류황제의 아들인 아신왕을 따르는 자들이 많았기 때문이었다. 심지어 진사황제가 전 황제를 암살했다는 소문까지 돌았다.

황권수호에 비상을 건 진사황제는 20만 대군을 청주와 기주에 주둔시켰다. 요동군이 공격당했다는 소식에 전략가인 진사황제의 역량이 발휘되었다. 각 왕들과 좌평들은 조정회의에서 육군의 철기군과 기병을 동원하여 빠른 반격을 주장했다. 하지만 황제는 오히려 등주 근처에 정박 중인 백제 수군을 동원하기로 했다. 5백 척의 배에 4만의 육군, 철기군과 기병을 실어서 요하에 실어 나른 다음 고구려군의 후방으로 상륙시키자는 것이었다.

은솔 진가모가 황제의 의견에 찬성하며 선봉장을 자처했다. 황제는 진가모를 선봉장으로 하여 두지를 부관으로 선봉군 1만,

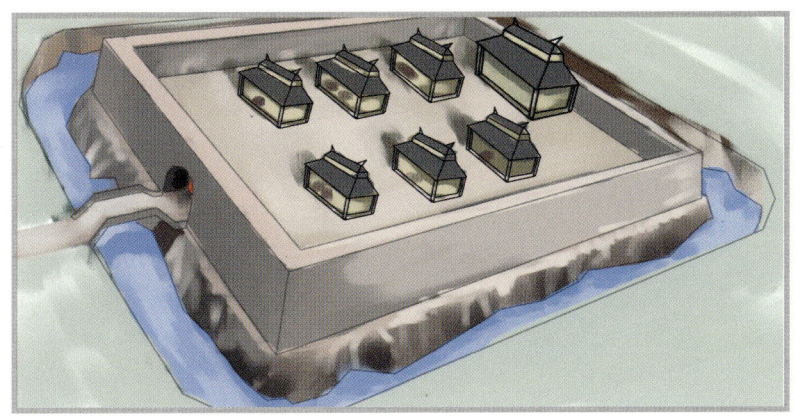
▲ 해자로 둘러진 요동성

100척의 전선을 먼저 보냈고 그 뒤로 좌평 진고도의 대함대를 보냈다.

요동성은 평야에 세워진 성으로서 강과 해자가 성을 둘러싸고 있었다. 요동성 주위로 깊고 넓게 판 해자는 고구려가 자랑하는 철기군과 기병이 제대로 역할을 하지 못하게 만들었다. 해자를 메우려면 수만의 인부가 필요한데 그 일을 기병들이 할 경우 오히려 요동성내의 백제군이 공격할 염려가 있었다.

성벽은 두텁고 높았다. 백제의 지원군이 없는 경우라면 한 달이고 두 달이고 포위해서 백제군의 식량이 떨어지면 함락시킬 수가 있는데 문제는 백제군의 지원군이었다. 게다가 여기는 후연이 가까워서 백제 황제가 후연에 요동성을 도우라는 명령이라도 내리면 4만 정도로 추정되는 후연군이 몰려올 가능성이 있었다.

요동성 다음의 안시성은 더 점령하기가 어려웠다. 태왕은 우선 요동성을 점령하고 곧 오게 될 백제의 지원군을 몰살시킨다는 계획을 세우고, 해자 주변에 목책을 세우고 목책 사이로 통로를 내고

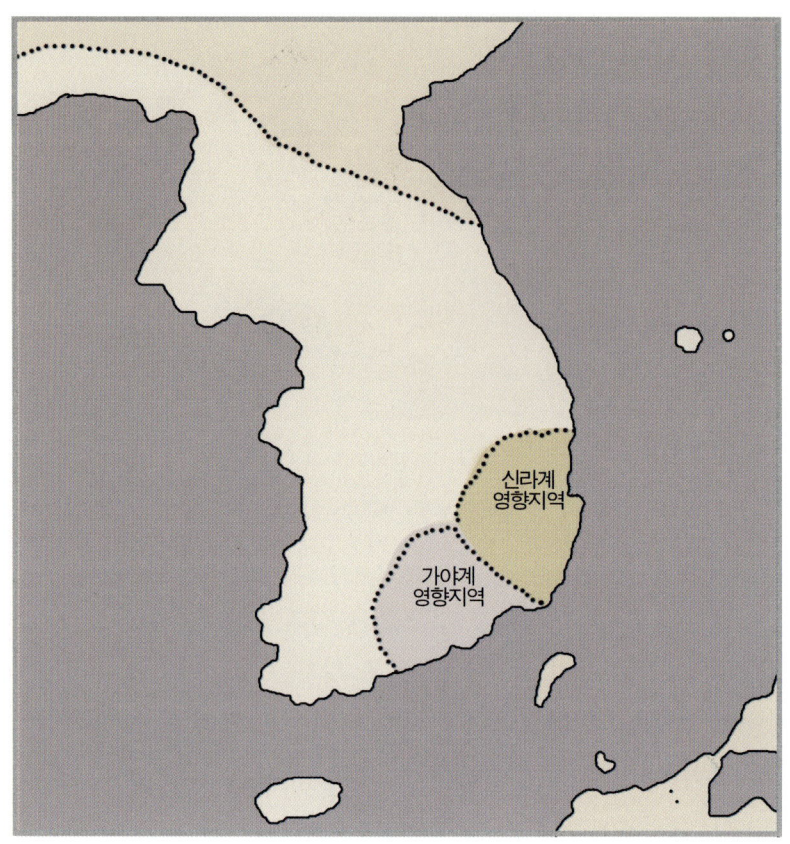

▲ 대백제국 내 신라와 가야의 영향지역

는 흙으로 해자를 메워 나갔다. 고구려군은 며칠 동안 공사를 하느라 많이 지쳤다. 이때 해로로 들어온 백제 지원군이 당도했다. 태왕은 포위될 것을 우려해 철군했고 별 소득 없는 이번 싸움으로 인해 태왕의 입지만 좁아졌다.

387년 정월, 진사황제는 진가모를 달솔로 임명하고, 두지를 은솔로 임명했다.

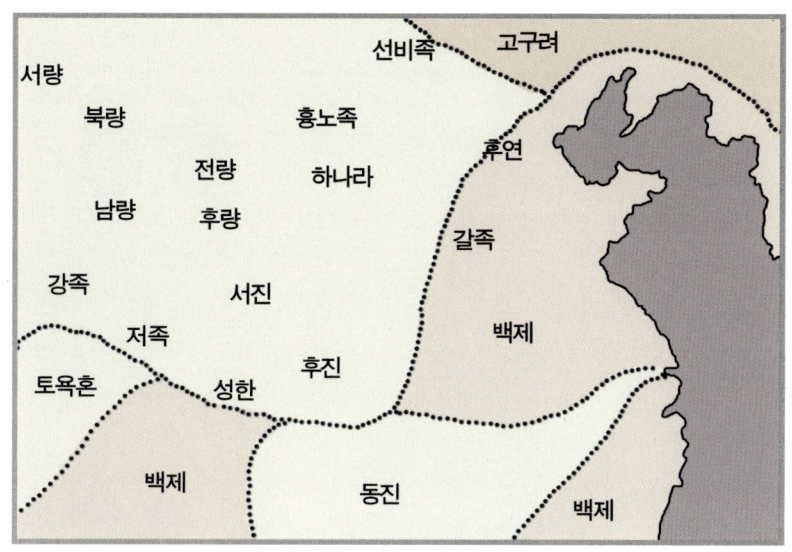
▲ 전진 멸방 후 각 지방에 들어선 유목민족국가

9월, 한반도 황해도 부근 관미령에서 백제군 장군 진가모는 3만의 보기병*으로 진을 쳤다. 고구려군은 말갈 기병 2만, 고구려 정예군 1만을 징발하여 남진할 계획이었다. 관미령 언덕 위에 진을 친 백제군은 상대적으로 유리한 위치였다. 고구려군 5천이 야밤에 뒤로 돌아서 백제군의 후방에 나타났다. 진가모는 정면의 고구려군도 상대하기 버거운 기병이 대부분인데 후방이 고구려군에 막혔으므로 후퇴하기로 한다.

389년 가을, 백제 진사천황은 5만의 병력을 이끌고 직접 고구려 요하로 진격한다. 고구려가 흉년이 들어 백성들이 고구려에서

---
*보기병 : 보병과 기병의 준말

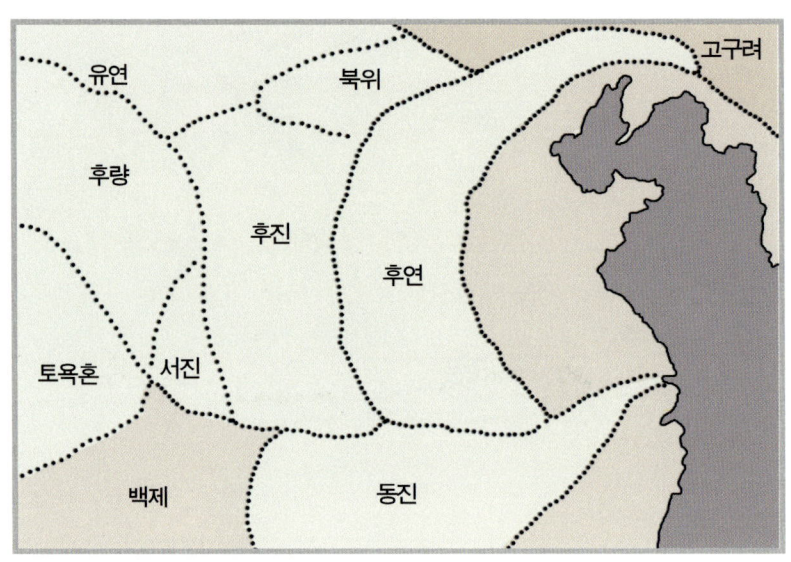

▲ 후연의 재기 후 영토

백제로 이동하는 것을 보고 고구려 멸망의 기회로 생각한 것이다. 이번 기회에 아예 고구려군을 북쪽으로 쫓아버리고 서쪽의 작은 유목민족국가들을 복속시켜서 중원 전체를 차지할 계획이었다.

고구려군은 4만의 정병을 요하에 급파했다. 요하를 사이에 두고 양군은 대치했다. 고구려군은 깃발과 허수아비를 준비하여 마치 수만의 군사가 진영에 남아있는 것처럼 위장했다. 그날 밤 고구려군은 요하 북쪽 상류에서 강을 건너 백제군 진영 뒤쪽으로 갔다. 공교롭게도 그날은 그믐이라 백제군도 강을 건너 고구려군 진영을 기습하기 위해 이동한 뒤였다.

양군이 적 진영에 도착했을 때는 수비군 수백 명밖에 없었다. 강을 건넌 양군이 서로의 위치를 확인했을 때 백제 진사황제가 웃으며 고구려 태왕에게 사절을 보냈다. 이쯤해서 전투를 중지하고 내년에 다시 대결을 하자고 했다. 태왕이 이에 응하고 양군은 철수한다.

390년 7월, 혜성이 북하 성좌에 나타났다.
9월, 황제는 달솔 진가모로 하여금 고구려를 치게 하여 도곤성을 함락시키고, 포로 2백 명을 사로잡았다. 이번 전투에서는 진가모가 병사들의 희생을 줄이기 위해 발석차와 파쇄차를 많이 동원했다. 도곤성을 점령한 공을 높이 산 황제는 가모를 변관좌평으로 임명했다.
10월, 왕이 구원에서 사냥하다가 7일 만에 돌아왔다

당시 백제의 보호국은 다음과 같다.
· 후연
· 한반도 사벌국(상주), 신라, 가야 7국
· 흑치국(필리핀)

동진은 백제에 둘러싸여 있으나 겉으로 백제에 조공하고 번국을 자처하나 실제 백제의 군대와 관리가 들어가지는 못했다.
진사황제는 사냥을 무척 좋아했다. 제위기간 동안 사냥은 그의 일과였다. 사냥은 고대 전투훈련의 일종이고 황제의 과시를 위한 전략이기도 하며 지방 순시의 일종이었다. 문제는 사냥을 자주 하면 인근 백성들이 동원된다는 것이었다. 이는 곧 민란의 원인이 되기도 했다.

391년 정월, 궁실을 중수하면서 연못을 파고 산을 만들어 진귀

한 새를 기르고 기이한 화초를 가꾸었다.

4월, 고구려 말갈이 북쪽 변경의 적현성을 공격하여 함락시켰다. 적현성은 하북성 북쪽에 위치한 백제 요새로 고구려군은 2만의 기병을 동원하여 야간기습을 감행했다. 이곳까지 고구려군이 올 줄 꿈에도 상상치 못했던 백제군은 성을 내주고 철군했다. 성주는 직위 해제되어 왜로 유배되었고 인근에는 경계령이 내려졌다.

후연왕은 백제 진사황제에게 군대를 지원하면 적현성을 자신이 공격하겠다고 했다. 후연군 1만과 백제군 2만이 적현성을 되찾기 위해 출발했다. 백제 유주자사 진서와 후연왕 모용수가 직접 출진했으나 적현성 안에 버티고 저항하는 고구려군을 이길 수는 없었다.

대국의 황제 역할에 만족해진 진사황제는 자신의 취미인 사냥을 위해서 전국을 돌아다녔다.

7월, 황제는 이번에 나라의 서쪽지방으로 순시를 내려왔다. 지금의 해남도로 내려온 것이다. 서쪽지방의 큰 섬에서 사냥하다가 직접 사슴을 쏘아 적중시켰다. 그러나 고구려군이 북쪽에서 집결하고 있다는 소식을 들은 황제는 즉시 해군을 이용하여 북쪽으로 이동했다.

8월, 황제가 다시 횡악 서쪽지역에서 사냥했다. 고구려 태왕인 고국양왕이 와병 중임을 알고도 황제는 사냥을 또 하기 시작한 것이다.

내부적으로 황제는 진가모를 중용하여 병권을 위임했다. 진가모는 황제에게 충성스러운 인물로 대부분의 진씨 일족이 황제의 조카인 아신왕을 지지하는 상황에서 황제에게 힘이 되어준 인물이었

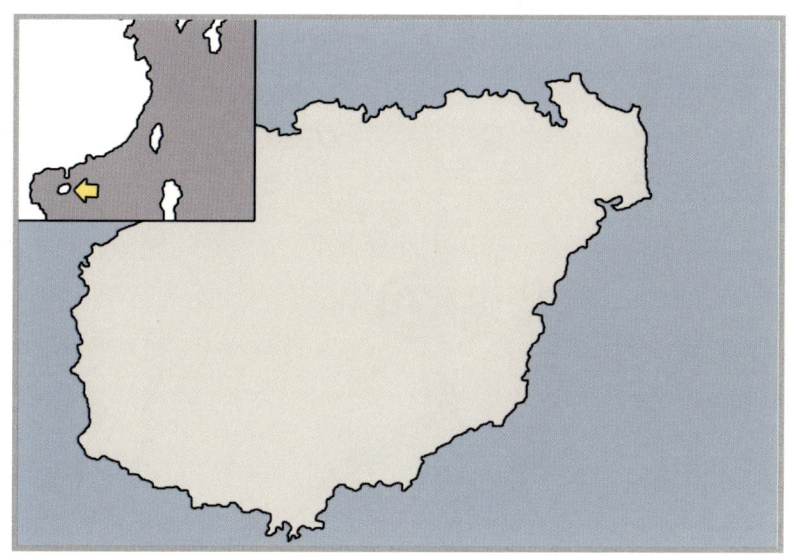
▲ 해남도(백제 황제의 휴양처 및 사냥지)

다. 진씨의 수장격인 진무는 아신왕의 외삼촌으로서 공개적으로 다음 황제는 아신왕이 돼야 한다고 주장하고 있었다.

　예로부터 일찍 죽은 형을 대신하여 왕위에 오른 이는 죽은 형의 아들로부터 왕권을 도전받아 왔다. 나중에 신라에서도 비슷한 일이 일어나는데 진흥왕의 맏아들이 일찍 죽자 둘째인 진지가 왕이 되었으나 오래가지 못하고 맏손자인 진평이 왕이 되었다.

　392년 5월 초하루 정묘일에 일식이 있었다.
　7월, 고구려 태왕 담덕이 4만 명의 군사를 거느리고 와서 북쪽 변경을 침공하여 석현성 등 10여 개의 성을 함락시켰다. 황제는 한껏 기세가 오른 담덕과의 정면대결을 피하고 싶었다. 모름지기 적군의 사기가 높을 때는 피하는 것이 병법이었다. 또한 한수 북쪽

▲ 관미성의 위치와 고구려군의 남하경로

의 여러 부락을 빼앗겼다.

이번 패전은 백제 황권에 치명적인 상처를 주었다. 지략이 뛰어난 진사황제가 고구려 태왕과의 정면대결을 회피한 것은 아신왕을 비롯한 강경파들을 굉장히 분개하게 만들었다.

10월, 고구려가 관미성을 쳐서 함락시켰다. 관미성은 백제의 요새 중의 요새로 철벽수비를 자랑하는 곳이었다. 또한 관미성은 경기도 파주시 탄현면에 위치한 고구려와 접경한 요새로서 392년 광개토태왕이 이끄는 고구려군이 군사를 7개 방면으로 나누어 20일 동안 공격한 끝에 함락했다. 관미성은 백제가 고구려의 남진을 막는 중요한 교두보로 고구려 수군 1만과 보기병 3만 등 총 4만의 병력이 동원되었다. 광개토태왕은 보기병 3만을 이끌고 남진했고 수군은 황해도 연안에서 출발했다.

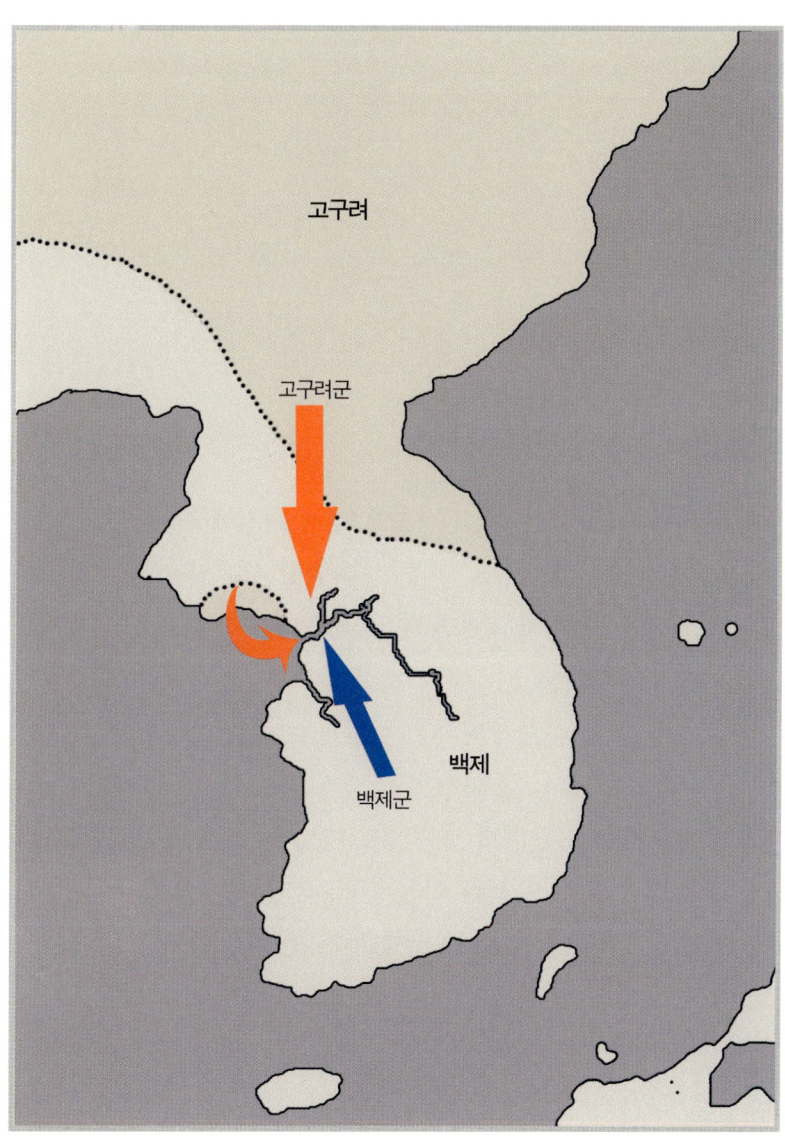

▲ 고구려, 백제군의 이동경로(관미성)

역 모

    관미성 백제 수비군은 1만 정도로 백제 최정예군단이었다. 소속은 백제 동방군단 소속으로 지휘는 우현왕 부여설로 황제의 육촌이었다. 우현왕은 즉시 충청도와 전라도에 배속된 백제군 동방군단 3만을 소집했다.
    당시 백제 조정이 황제파와 아신왕파로 나뉘어져 군부 내 명령이 잘 먹히지 않았다. 황제는 수군 동원령을 내려 산둥성 청주에 있던 수군 4만을 이동하게 했다. 하지만 수군 총사령관 진도는 아신왕 계열로 일부러 천천히 이동했다. 관미성이 함락되면 황제로서는 치명적인 황권의 손실을 받게 된다. 게다가 우현왕은 황제 계열의 인물로 아신왕은 우현왕의 몰락을 바라고 있었다.
    우현왕의 구원부대가 관미성 가까이 다가가자 광개토태왕은 군대를 나누어 관미성으로 오는 길목에 매복시켰다. 우현왕은 서둘러 오다가 매복한 고구려군의 기습을 받았다. 우현왕은 용감했으나 광개토태왕의 상대가 되지 못했다. 수천의 병사를 잃고 퇴각했다. 성을 다시 포위한 고구려군은 구원군이 오지 않는다고 백제군에게 통보했다. 그러자 성내의 백제군은 사기가 꺾여 며칠을 버티지 못하고 점령당했다.

우현왕 부여설은 아신왕과 그 일당에게 탄핵을 받고 좌천되었다. 이제 황제의 주요 측근은 병권을 장악한 진가모 뿐이었다. 황실의 일원조차도 진사황제에게 등을 돌렸다. 황제는 진가모와 근위병 1천을 대동한 채 머리도 식힐 겸 향후 정국구상을 위해 사냥을 떠났다.

사냥지는 구원이란 곳으로 황제가 자주 이용하던 곳이었다. 그 곳에는 아신왕이 3천의 사병들을 미리 매복시켜 놓은 곳이었다. 아신왕은 사냥터를 겹겹이 포위했다. 사냥터 주위에 3천의 병사를 3부대로 나누어 각각 동, 남, 북쪽에 배치시키고 서쪽을 비워두었다. 서쪽에는 조금 떨어져서 2천의 병사들을 배치시켰다. 황제가 도망할 곳을 서쪽으로 만들고 그 곳에서 죽일 생각이었다.

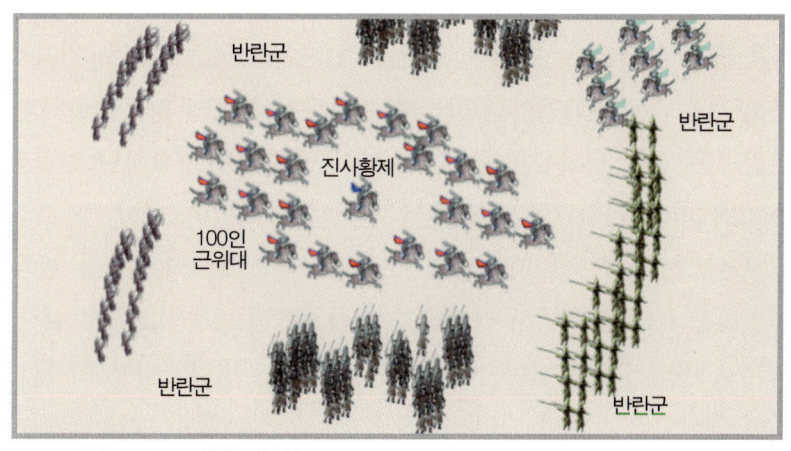

▲ 사냥터를 포위한 반란군

황제는 사냥터에 도착하자 미리 와 있어야 할 지방군 3천이 보이지 않아 의아하게 생각했다. 원래 지방군에게 짐승들을 몰게 해서 황제와 근위병들이 그 짐승들을 사냥하기로 되어있었다. 아마도 우현왕이 탄핵받으면서 새로 우현왕이 된 진도가 부임 초기라 잘 알지 못하고 미리 준비를 소홀히 한 것으로 생각했다.

황제는 군사를 넷으로 나누어 3개 부대는 짐승을 3면에서 몰고 자신은 서쪽에 매복했다가 짐승들이 오면 사냥할 생각이었다. 각 부대가 배치된 상태에서 사냥 시작을 알리는 나팔소리가 들렸다. 그때 아신왕의 반란군도 포위망을 좁혀오기 시작했다. 북쪽에서 짐승을 몰던 근위군은 반란군을 보고 지방군이 늦게 도착한 것으로 알고 지휘관을 꾸짖으려 했다. 그러나 반란군은 대꾸도 없이 화살을 날리기 시작했다.

그제서야 역모임을 알아챈 근위장이 서둘러 뿔나팔을 불어 위험을 알렸다. 사방에서 징소리와 함께 반란군이 소리를 지르며 쏟아져 나왔다. 근위군은 백제군 중에서 무예시합을 거쳐 최고의 병사들을 뽑은 부대였다. 당연히 무예 실력은 최강이었다. 특히 진사황제를 보호하는 100인의 무사들은 그야말로 최고의 병사들이었다. 반란군은 수적으로 우세했지만 오히려 남쪽에서 포위하던 반란군은 2백 명의 근위군에게 밀려서 후퇴하고 있었다.

진가도는 황제에게 역모임을 보고하고 서쪽으로 피하자고 했다. 시종들은 지금 남쪽에서 근위군이 반란군을 밀어붙이고 있으니 남쪽으로 내려가자고 했다. 아무래도 서쪽에서 반란군이 오지 않는 것이 수상하다고 했다. 진가도가 생각해보니 그 말이 맞는 것 같아 남쪽으로 이동하기로 하고 시종에게 황제의 옷을 입혀 근위군 50

명과 함께 서쪽으로 보냈다.

  아신왕은 반란군과 함께 서쪽에서 황제가 오기만을 기다렸다. 멀리서 황제와 그 근위기병들이 보이자 화살을 쏘아댔다. 황제가 쓰러지고 살아남은 기병들이 도망치자 서둘러 황제를 확인하러 갔다. 그러나 황제가 아님을 깨닫자 즉시 사냥터로 전군을 이끌고 출발했다.

  사냥터 북쪽과 동쪽에서는 한참 전투가 벌어지고 있었는데 근위군의 뛰어난 무예솜씨에 반란군이 서서히 후퇴하고 있었다. 남쪽에서는 아예 반란군이 도망치고 있었다. 3백의 근위군은 포위망을 뚫으며 황제를 보호했다. 황제는 근위병의 옷으로 갈아입고 남으로 남으로 내려갔다.

  50리 밖에는 우현왕의 병영이 있었다. 비록 지금은 왕이 바뀌었지만 그곳 병영의 사령관은 진가도의 사람이었다. 병영까지 도착한 황제는 병영 사령관을 호출했지만 수천의 병사들에게 둘러싸이고 말았다. 그곳 병영 사령관 진기원이 아신왕에게 충성하기로 맹세한 것이다.

  2백의 근위병이 황제를 보호하며 가까스로 병영을 빠져나왔으나 뒤이어 쫓아오던 아신왕의 군대와 마주치고 말았다. 황제가 아신을 꾸짖으며 어찌 반란을 일으켰는지 물었다. 그러나 아신은 숙부에게, "숙부가 역모를 일으켜 아버지를 죽이고 황제가 된 것을 잊었나이까"라고 흥분하며 되물었다.

  황제는 아신에게 침류황제가 살아있다고 설득했으나 아신은 이 말을 믿지 않고 화살을 쏘아 진사황제에게 상처를 입히고 말았다. 근위병들이 황제를 보호했으나 서서히 의식을 잃어갔다. 아신은 급히 황제를 모시고 행궁으로 들어갔다. 황제는 침류황제와의 일을 얘기하고 오해는 풀었으나 곧 숨을 거두었고, 아신은 장례를 성대하게 치러주었다.

392년, 아신왕이 황위에 올랐다.

아신왕(혹은 아방이라고도 한다)은 침류황제의 맏아들로서 그가 한성의 별궁에서 태어났을 때 신비로운 광채가 밤을 밝혔다고 한다. 그가 장성하자 의지와 기풍이 호방했으며, 매사냥과 말 타기를 좋아했다. 침류황제가 붕어했을 때, 그는 나이가 어렸기 때문에 그의 숙부 진사가 황위를 이었다. 그 후 진사왕이 재위 8년에 붕어하자 아신왕이 황제가 되었다. 그는 반란에 참가한 진씨 일족을 크게 대우했고 서둘러 군권을 장악했다.

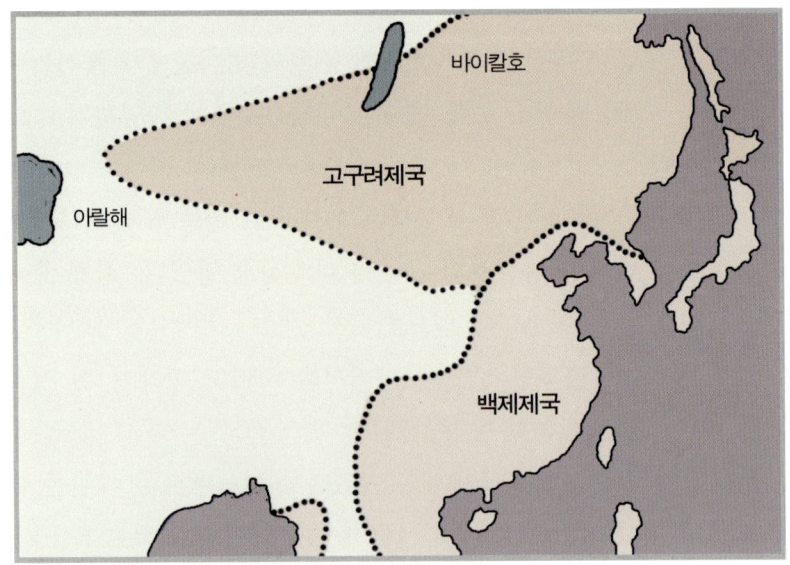

▲ 광개토태왕 중반기 고구려, 백제의 영토

당시 고구려 광개토태왕의 군대는 나날이 힘을 더해 백제를 전 방위에서 압박하고 있었다. 고구려군은 거란을 정복하고 군을 서쪽으로 이동시켜 새로 건국한 북위를 항복시켰다. 고구려군은 계속 서쪽으로 군을 전진시켰다. 또한 남쪽으로 군대를 보내 백제와 후연을 압박했다.

고구려군은 서쪽으로 계속 진군하면서 남쪽으로도 병력을 증강시켰다. 서쪽의 유목민국가들은 모두 고구려에 복속되어 전쟁에서 고구려의 선봉부대 역할을 했다. 특히 유연, 북위, 거란은 기병들이 많아서 고구려군의 선봉 역할을 충실히 해냈다.

393년 정월, 아신황제가 동명왕의 사당에 배알하고 또한 남쪽 제단에서 천지신명에게 제사를 지냈다.

진무를 좌장으로 임명하여 군사에 관한 일을 맡겼다. 진무는 황제의 외삼촌으로서 침착하고 굳세며 지략이 많았으므로 당시 사람들이 그를 따랐다.

8월, 황제가 진무에게, "관미성은 우리나라 북쪽 변경의 요새이지만 그 땅이 지금은 고구려의 소유로 되어 있다. 이것을 과인은 애통하게 생각하니, 그대는 응당 이 점에 마음을 기울여 이 땅을 빼앗긴 치욕을 갚아야 할 것이다"라고 말했다.

황제가 마침내 1만 명의 군사를 동원하여 고구려의 남쪽 변경을 칠 것을 계획했다. 진무는 병졸보다 앞장서서 석현 등의 다섯 성을 회복하기 위하여 먼저 관미성을 포위했는데, 고구려 사람들이 성을 둘러싸고 굳게 방어했다. 더구나 진무는 군량의 수송로를 확보하지 못해 군사를 이끌고 돌아왔다.

394년 2월, 황제의 맏아들 전지를 태자로 삼고 죄수들을 크게 사면했다. 황제의 이복동생 홍을 내신좌평으로 임명했다.

7월, 우현왕에 봉해진 부여홍은 정병 5만을 이끌고 고구려 땅이 된 수곡성을 공격했다. 한반도 백제는 한강유역 위쪽의 땅이 대부분 고구려에 빼앗겨서 이번 전투는 다시 백제가 북진할 수 있는 좋은 기회였다. 만일 이번 전투에서 패배하면 요동군이 위험했다.

고구려는 장군 고기를 보내 주력 철기군 1만과 기병 3만, 보병 1만을 내보냈다. 수곡성 인근 벌판에서 백제군과 고구려군이 전투를 벌였다. 우현왕은 아신천황에게 고구려군의 수가 많고 기세가 등등하니 백제군을 증원시켜 달라고 했다. 아신천황은 수군 3만을 증파했다.

수곡성 인근 해안에서 고구려 수군 3만과 백제 수군 3만의 해전이 펼쳐졌다. 고구려 수군은 해안가에 진을 치고 백제 수군을 맞이했다. 백제 수군 총사령관 진도가 고구려 수군의 규모가 큰 것을 보고 주저했으나 아신황제는 패전을 용서치 않는 냉혹한 군주였다.

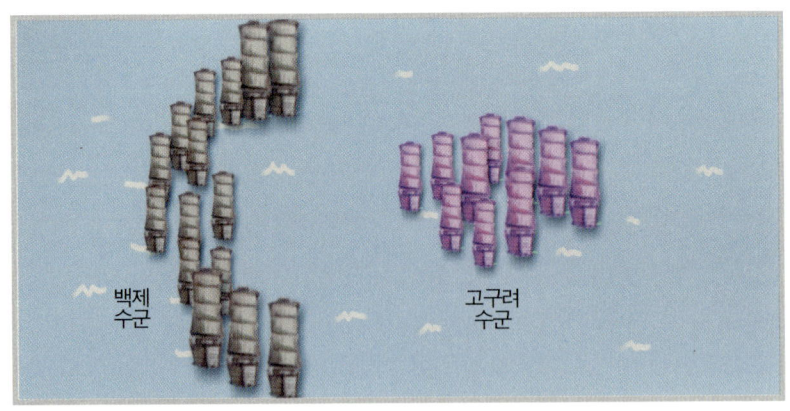

▲ 전투 상황도 · 1

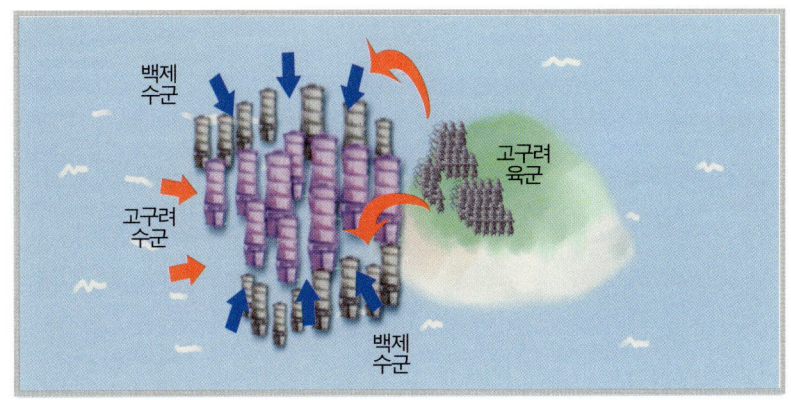

▲ 전투 상황도 · 2

진도는 어쩔 수 없이 출전하긴 했으나 고구려 수군의 규모를 보고 놀라지 않을 수 없었다.

　백제 수군은 진영을 넓게 펼쳐 고구려군을 포위하는 형태를 만들었다. 반면 고구려 수군은 중앙에 집중시킨 다음 백제 수군을 정면 돌파할 작전을 짰다. 진도는 고구려군이 중앙으로 돌파할 것을 간파하고 중앙에 수군을 집중시키고 좌우 측면으로 대형함들을 배치시켰다. 중앙군이 되려 후퇴하면서 고구려 수군을 끌어들인 다음 측면의 수군들이 고구려군을 완전히 포위하여 섬멸할 계획이었다.

　고구려 수군이 백제 수군의 중앙으로 몰려오자 진도는 내심 승리를 확신했다. 백제 수군은 날렵하게 고구려 수군을 포위하고 발석차와 석궁으로 유린했다. 고구려 수군이 섬쪽으로 이동하자 백제 수군이 더욱 포위망을 좁혔다. 섬과 백제 수군이 가까워지자 난데없이 수백 개의 돌이 날아들었다. 섬에 미리 상륙한 고구려 수군이 발석차 100여 기를 설치하고 좋은 위치를 골라 매복한 것이다. 백제 수군 우측의 전함들이 섬에서 날아온 돌과 석궁에 많이 부서지고 말았다. 고구려 수군이 필사적으로 섬쪽으로 백제 수군을 밀어붙였다.

백제 수군은 우측의 100척 전함들 중 반수가 침몰되었다. 고구려 수군도 40척을 잃었다. 총 전함 300척을 이끌고 황해도로 파견된 백제 수군은 6천의 병사와 80척의 전함을 잃고는 퇴각했다.

백제 해군이 패하자 육군도 사기가 많이 저하되었다. 또한 광개토태왕이 직접 온다는 소식에 백제 병사들은 후퇴하길 원했다. 그러나 우현왕 부여홍은 수곡성 아래 벌판에서 고구려군과 회전을 벌였다. 고구려군은 철기군을 앞세우고 백제군의 선봉을 격파한 뒤 파죽지세로 밀어붙였다. 백제가 자랑하는 수백 대의 발석차와 석궁도 철기군을 막지는 못했다. 백제 철기군도 고구려 기병을 상당히 고전시켰으나 사기가 꺾인 백제군은 크게 저항하지 못하고 후퇴한다.

아신천황은 진도에게 패전의 책임을 물은 후 북해도로 추방한다. 우현왕에게는 녹봉을 깎고 사병 수를 반으로 줄이도록 했고 영지도 축소시켰다.

395년 2월, 혜성이 서북쪽에 나타났다가 20일 만에 사라졌다.

8월, 황제가 좌장 진무 등에게 명하여 고구려를 치게 하니, 백제 철기군 1만, 기병 3만, 보병 3만으로 이루어진 대군이었다. 고구려태왕 담덕이 직접 군사 7천 명을 거느리고 패수에 진을 치고 대항했다. 패수 북쪽에 고구려군의 규모가 작은 것을 보고 진무가 태왕을 잡을 목적으로 패수를 건넜다. 그러나 철기군과 기병이 강을 건넌 후 보병이 강을 건너는 도중에 패수의 남쪽 백제 진영에 고구

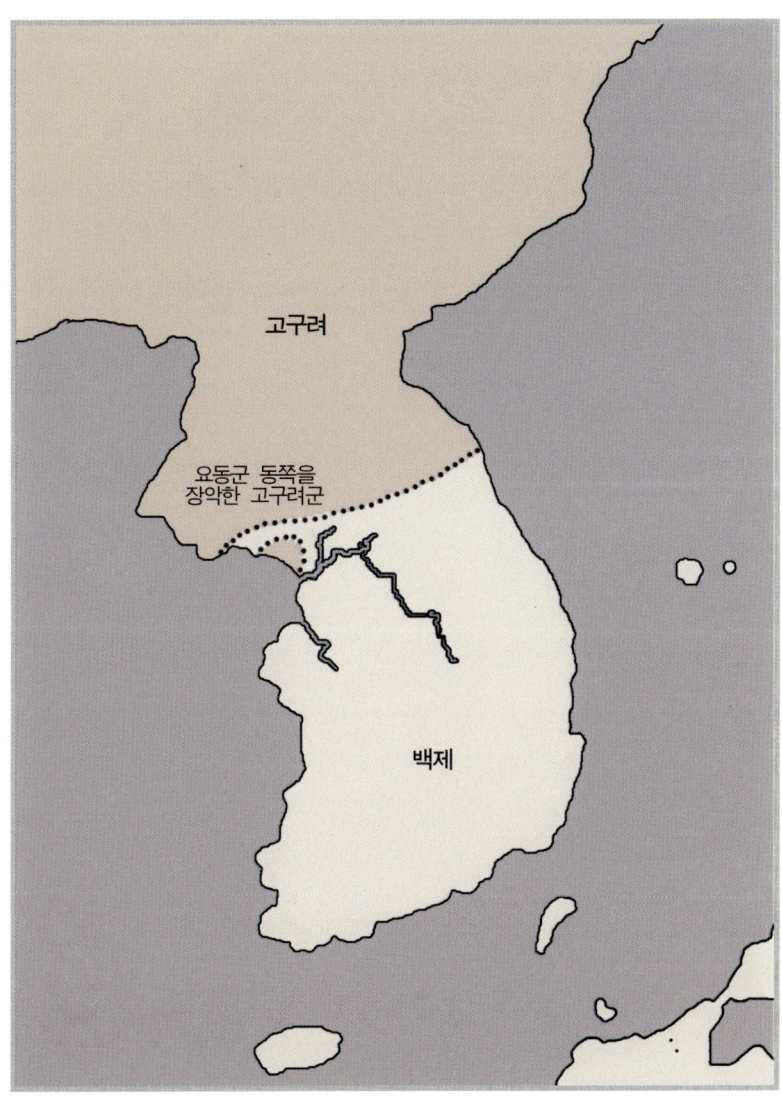

▲ 관미성 주위 고구려 영역

려군이 들이닥쳤다. 기병은 모두 광개토태왕을 잡으러 진격했고 보병은 강에서 우왕좌왕했다. 진무는 선봉에 있었으므로 본진에 고구려군이 기습한 것을 한참 뒤에 알았다.

 진무가 군을 회군하여 본진으로 돌아오기 위해 패수를 다시 건너려 하자 고구려군 수만 명이 숲에서 나왔다. 백제 군사가 크게 패했으니 사망자가 8천 명이었다. 부상자를 합치면 3만의 인명피해가 발생했다. 고구려는 패수 전투에서 승리하여 요동군의 동쪽을 장악했다.

 고구려군의 남진이 본격적으로 시작되었다. 고구려군의 전방위 압박이 시작되자 백제 아신천황이 다급해졌다.

태왕과 황제

395년 11월, 백제 아신천황은 패수 전투의 패배를 보복하기 위해 직접 군사 7만 명을 거느리고 한수를 건너 청목령 아래에 진을 쳤다. 그때 마침 큰 눈이 내려 병졸들 가운데 동사자가 많이 발생하자 왕은 회군하여 한산성에 와서 군사들을 위로했다.

396년 5월, 황제는 전지를 왜왕으로 봉하고 왜로 보냈다. 전지가 아직 어리므로 황후의 일족들이 같이 건너가서 실질적으로 왜를 통치하도록 했다.
7월, 하남성 한수 남쪽에서 대대적으로 군대를 사열했다. 백제 북방군단, 남방군단 소속 15만과 후연, 가야, 신라, 왜, 남쪽의 섬나라 군대까지 모두 동원하여 총 20만의 대병을 집결시켰다. 고구려에게 무력시위를 보여주려는 것이다.
고구려 광개토태왕도 전군을 소집했다. 무려 20만의 대병을 소집한 고구려군은 3개 방면으로 나누어 진격했다. 제1방면군은 요동으로, 동부욕살 연소의가 5만의 군대로 진격했고, 제2방면군은 남부욕살 사계원이 5만의 대군으로 진격했고, 제3방면군은 요하를 넘어 백제 주력군이 있는 유주와 청주를 향하여 남진했다. 병력은 10만으로 광개토태왕이 직접 지휘했다.

후연왕 모용수는 남하하는 대규모 고구려군을 피해 서쪽으로 이동했으며 광개토태왕은 유연과 북위, 거란 기병 5만을 소집해 추가로 내려오게 했다.

20만 백제군은 북경 부근에서 고구려군 10만, 동맹군 5만과 대치했다. 15만 고구려군은 수적으로 열세였으나 고구려 철기군이 3만이나 되어 그 위력은 백제보다 강했다. 이번 전투에서는 붉은 깃발을 들고 붉은 옷을 걸친 5만의 기병대가 보였는데 이들은 고구려 정예기병으로서 다른 기병부대보다 전투력이 뛰어났다. 고구

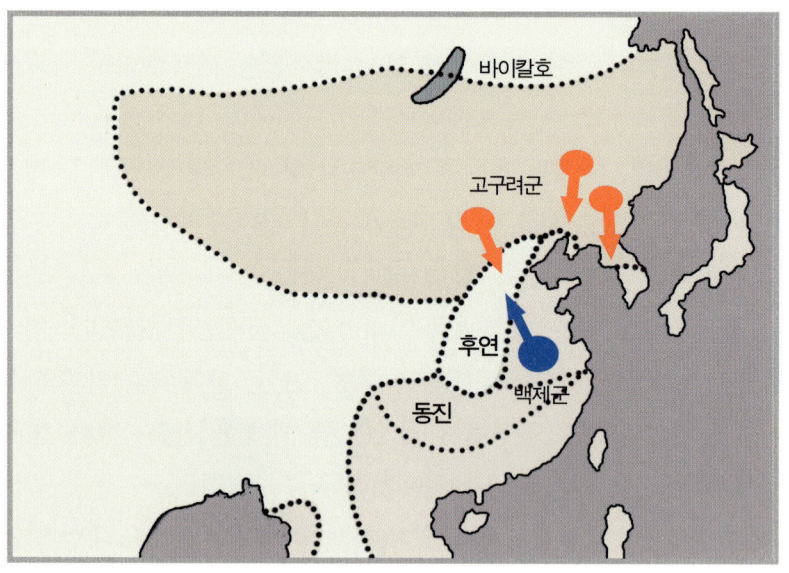

▲ 백제, 고구려군의 공격로와 후연의 영토

려군은 15만 대군 중 기병의 비율이 12만 대 3만으로서 전군이 기병이라 해도 과언이 아니었다. 반면 백제군은 2만의 철기군과 기병 7만, 보병 11만으로 대적했다.

첫 전투에서 고구려군이 백제군 궁병 수만 명의 화살 공격에 패했다. 광개토태왕이 일부러 져준 것이다. 고구려군은 다음날 전투에서도 패했다. 백제 아신천황이 기세가 등등하여 고구려를 얕보고 셋째 날 전군을 동원하여 총공격을 가했다. 백제 유주자사, 기주자사, 서주자사, 청주자사, 좌현왕 등이 모두 각각 군을 이끌고 여러 방향으로 고구려군을 포위하고 공격해 들어갔다. 그러나 고구려군은 이상하게 백제군이 자신들을 포위하는데도 별다른 저항을 하지 않았다.

고구려군은 병력을 일제히 정면에 집중시킨 후 선두에 선 붉은 기병을 앞세우고 정면으로 백제군에게 쳐들어갔다. 그 뒤로 철기군이 따르고 그 뒤로 검은 옷을 입은 조의들이 따라 돌격했다. 5만의 붉은 깃발과 붉은 옷을 입은 기병은 멀리서 봐도 장관이었다. 순간 백제군이 움찔했다.

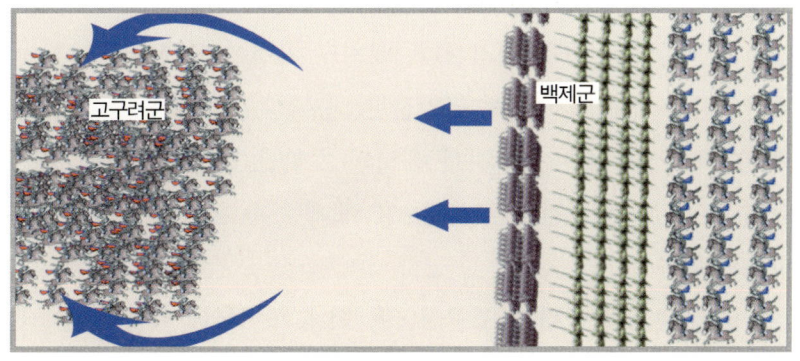

▲ 전투 상황도

백제가 자랑하는 철기군 2만은 고구려군의 후방으로 투입되어 고구려군의 보병부대를 공격했다. 각 지방에서 모여든 백제 동맹군들은 우측으로 돌아서 고구려군과 격돌했다. 그러나 고구려 동맹군에 비해 백제 동맹군은 보병 중심으로 전투력이 낮았다.

중앙에서 군을 지휘하던 백제 아신천황은 그야말로 엄청난 붉은 물결에 놀랐다. 근위군이 황제를 에워싸고 고구려군을 막았지만 고구려군은 전부 백제 황제만 노리는 것 같았다. 5천에 달하는 백제 근위군이 고구려군을 막았지만 역부족이었다. 황제는 철기군을 중앙에 투입하지 않고 괜히 후방으로 돌린 것을 후회했지만 때는 늦었다.

백제 중앙군단이 벌써 무너지기 시작했다. 고구려군의 후방을 공격하던 백제 철기군은 고구려 보병들이 긴 낫과 창으로 위협하자 속수무책이었다. 게다가 날쌘 조의들이 백제군 말의 다리를 칼로 베어버렸다.

백제는 철기군 중 가야 출신 2천의 철기군이 용감하게 활약을 했지만 승세를 뒤집지는 못했다. 백제 중앙군단이 괴멸당하고 고구려 철기군과 기병대는 좌우로 흩어져 고구려군 측면을 공격하고 있는 백제 기병군단을 공격했다. 백제군 기병이 뿔뿔이 흩어졌다. 기병군단이 패주하자 백제 철기군은 더 이상 싸울 의지를 잃고 후퇴했다. 아신천황은 유주자사 해서의 호위를 받으며 남쪽으로 후퇴했다. 북경 부근 전투의 패전으로 백제는 유주를 잃었고 기주까지 밀렸다.

한편 요동으로 공격한 고구려군은 백제 주력군이 패했다는 소식을 듣고 사기가 올랐으나 백제군은 사기가 떨어졌다. 요동성, 안시

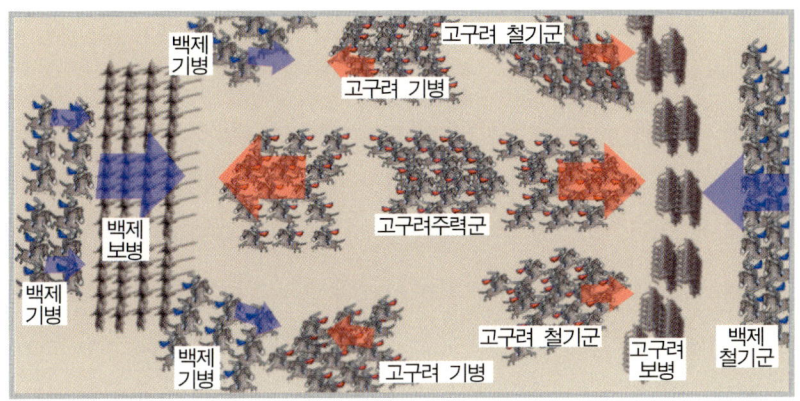
▲ 전투 상황도

성을 비롯한 주요 성들이 함락당하고 백제군은 비사성으로 몰려들었다.

한강 북쪽에서 남하한 고구려군단도 승승장구하며 한강을 점령하고 고구려 수군의 도움으로 한강을 도하한 뒤 계속 내려왔다. 백제 우현왕은 5만의 병사로 저항했지만 막을 수 없었다. 이번 전쟁에서 고구려군은 주력 철기군의 활약 외에도 강궁을 개발하여 백제군을 물리쳤다. 그리하여 백제에 속했던 많은 소국들이 연이어 고구려에 항복했다.

비사성에 모인 백제 요동군단 소속 병사 2만은 백제 해군전함에 옮겨 타고 산둥성 청주로 후퇴했다. 산둥성 청주에는 각지에서 후퇴한 백제군이 집결했다. 아신황제는 대반격을 위해 병사들을 모집했는데 백제 전국에서 수십만의 군대가 모여졌다.

기주가 고구려군에 점령되자 수도 북쪽 산둥성의 황하 인근에 집결한 백제군은 20만에 가까웠다. 북경 부근 전투에서 병사 10만을 잃었지만 백제는 여전히 최고 강국이었다. 황하 북쪽에 진을 친 광개토태왕은 육군 15만을 배치시켰다. 별도로 해군 3만을 황하 남쪽으로 이동시켰다.

백제 수군은 고구려 수군과 일전을 벌이기 위해 장사군도와 황해도 수곡성 남쪽 고구려 수군기지로 나누어 보내졌다. 하남땅 위례성에 도읍한 백제는 이번 전투에서 밀리면 수도가 위험해지기 때문에 황제는 필사적으로 고구려군을 막으려 했다.

황하 남쪽에 진을 친 백제군은 강 건너편 고구려군이 강을 건너지 못하도록 감시하고 있었다. 황하 남쪽으로 상륙한 고구려 수군은 아무런 저항을 받지 않고 새벽녘에 백제군 진지에 도착했다. 3만의 고구려군은 동이 트자 기습을 감행했고 미리 강 근처까지 이동한 고구려군은 동시에 강을 건너 백제군을 공격했다.

아신천황은 또다시 대패했다. 잠이 덜 깬 백제 정예 철기군은 갑옷도 못 입어보고 죽었고 동맹군들은 도망치기 바빴다. 오직 가야 철기군만이 갑옷을 입고 잠을 자는 통에 아신천황을 보호하면서 수도로 퇴각할 수 있었다. 병사 5만이 죽고 10만이 포로로 잡히는 대패였다.

한반도 한강에서는 한강을 건넌 고구려군이 파죽지세로 밀고 내려왔다. 충청도까지 진격한 고구려군은 거기서 우현왕의 항복을 받고 고구려군은 산둥성 청주로 입성한다. 이미 막을 수 있는 백제군이 없었다. 10만의 고구려군이 산둥성의 백제 수도를 포위하고 나머지 군은 각기 백제의 영토를 점령해 나갔다.

아신천황은 이길 수 없음을 깨닫고 화의를 청한다. 속국으로 조공을 바치기로 하고 남녀 1천 명과 비단 1천 필을 바치고 황제의 동생과 대신 10인을 볼모로 바친다. 사실상 대백제국은 고구려제

▲ 대고구려 연방국(북위, 부여, 신라, 가야, 왜, 실직국, 사벌국… 등)

국의 신하국으로 전락한다.

백제는 엄청난 영토를 빼앗기고 속국 중 신라, 가야, 후연, 왜 등이 고구려에 항복했다. 왜의 땅 중 절반에 고구려군이 진주했고 후연은 이번 기회에 백제로부터 벗어났다. 그리하여 58성 700촌을 빼앗긴 백제는 인구와 영토가 크게 줄었다.

398년, 서신을 계속한 고구려군은 토번(티베트지방)까지 신격하여 토욕혼의 땅을 빼앗고 백제로부터 항복을 받아내면서 역사상 최강국으로 발전한다.

백제는 후연이 독립하고 신라, 가야, 왜 일부, 요동군, 유주, 기주, 한강유역 등을 잃었다. 이번 전쟁에서 백제군 50만 중 10만이 죽고 10만이 포로로 잡혔다. 전쟁이 끝나고 징병을 실시하여 40

만을 채웠지만 전쟁에서 진 여파가 커서 민심이 좋지 않은 데다 무리한 징병으로 백성들이 동요했다.

백제 인구의 절반도 안 되던 고구려는 일약 가장 넓고 가장 많은 인구를 가진 최강국으로 발전했다.

〈당시 국력〉

나라	인구	군대
고구려	1,800만	50만
백제	1,500만	40만
동진	1,000만	20만
후연	800만	14만
후진	400만	8만

광개토태왕을 밀어내다

398년 2월, 아신천황은 진무를 병관좌평으로 삼고 사두를 좌장으로 삼았다.

3월, 쌍현성을 쌓았다.

8월, 고구려를 공격하기 위하여 군사를 출동하여 한산 북쪽 목책에 이르렀다. 그날 밤에 큰 별이 떨어졌는데 진영에서 소리가 났다. 황제가 이를 불길한 장소로 생각하여 공격을 중지했다.

9월, 서울 사람들을 모아 서대에서 활쏘기를 연습하게 했다.

399년 8월, 고구려를 공격하기 위하여 군사와 말을 대대적으로 징발하니, 백성들이 병역을 고통스럽게 생각하여 많은 사람들이 신라로 도망했고, 이 결과로 호구가 줄었다.

백제군은 고구려를 공격하기 위해 전국에서 병력을 모았는데 30만의 대병을 징집했다. 아신천황은 후연의 모용성에게 사신을 보내 고구려 공격에 동참할 것을 요청했다. 모용성은 백제에서 독립했지만 아직 백제와 동맹관계에 있었다.

고구려군도 이번 전쟁에서 모든 동맹군을 총동원했다. 무려 35만의 대병을 모집하고 전선에 나섰다.

백제군 제1군은 아신천황 지휘 하에 청주를 출발하여 기주를 거쳐 유주로 진격했다. 15만 대군이었다. 제2군은 사두 좌평의 지휘 하에 수군 4만, 상륙군 3만, 도합 7만이 비사성으로 진격했다. 제3군은 진무좌평의 지휘 하에 8만의 육군이 웅진을 출발하여 북진하여 한강으로 진격했다. 전국에서 모인 백제의 병사들 중에는 흑치, 안남, 왜 등 비교적 먼 곳에서 차출된 병사뿐 아니라 인도의 용병까지 거의 전군을 동원했다. 백제국의 운명을 건 전쟁이었다.

후연군은 백제군의 측면을 지원하기로 했다. 하지만 후연왕 모영성은 고구려와 백제의 눈치를 보면서 어느 한쪽이 승기를 잡으면 그때 승자에게 기울 생각이었다.

광개토태왕은 직접 20만의 대병을 이끌고 유주에 집결한 뒤 기주로 내려가 백제군과 대치했다. 아신천황은 이번 전쟁의 승패를 수군에 걸고 있었다. 수군이 고구려 수군을 격파한 후 요동반도에 상륙하면 고구려군은 후방의 보급로를 차단당하고 패배할 것이라고 믿었다.

황하 인근에서 양군은 대치했다.

광개토태왕의 고구려 수군 3만은 백제군이 어느 방향으로 올지 몰라서 일단 장사군도에 배치되었다. 수군은 발해만으로 이동하라는 명령을 내린 태왕은 백제 육군의 후방에 고구려군을 상륙시킬 생각이었다. 이 무렵 백제 수군은 고구려 수군을 피해 비사성 앞바다에 상륙했다. 비사성이 워낙 난공불락이라 1만의 병사를 남겨둔

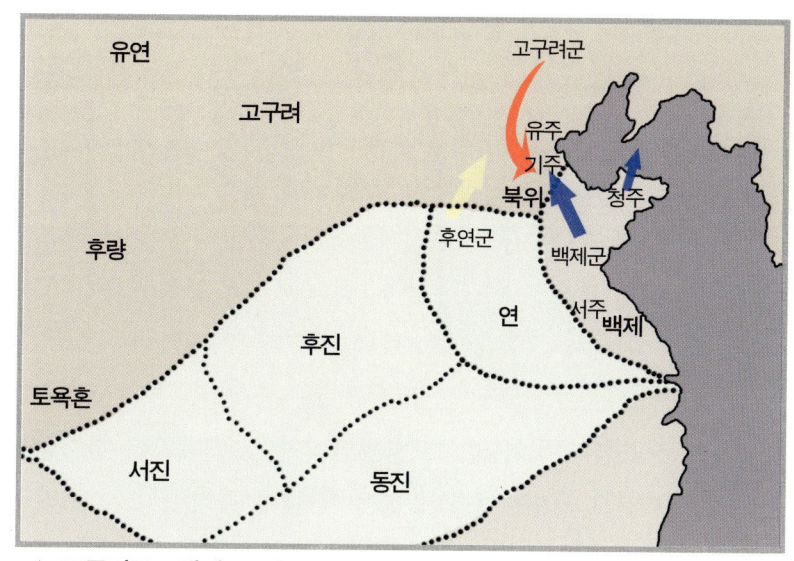

▲ 고구려군, 백제군, 후연군의 이동경로

채 백제 상륙군은 북상했다.

황하에서 강을 건너 백제군을 몰살시키려던 태왕은 백제군이 요동에 상륙했다는 보고를 들었다. 게다가 후연군이 고구려 측면으로 파고들고 있다는 보고도 받았다. 후연군의 기병 3만이 유주로 들어왔다. 태왕은 어쩔 수 없이 퇴각령을 내렸다.

아신천황은 고구려군이 퇴각하자 기주를 회복하고 유주에 진입한다. 요하까지 퇴각한 고구려군은 배수의 진을 치고 백제군과 후연연합군과 일전을 벌인다. 요하 뒤에는 백제군이 이미 요동성과 안시성을 포위하고 군량보급을 차단하고 있었다. 20만의 고구려군과 백제, 후연연합군 23만이 요하 서쪽에서 대진을 벌였다.

승리에 도취된 아신황제가 전군에 총공격령을 내렸다. 백제군은 철기군 3만, 기병 10만, 보병 7만, 후연 기병 3만이었고, 고구려

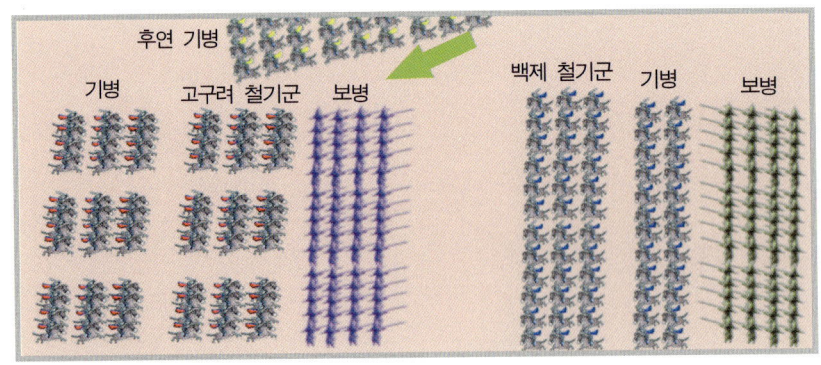

▲ 양군 배치도

군은 철기군 3만, 기병 12만, 보병 5만이었다. 백제군은 철기군을 앞세우고 그 뒤로 기병, 그 뒤로 보병이 함께 돌격했고, 고구려군은 궁병을 앞세우고 계속 화살 공격만 했다. 백제 기병이 가까이 오자 고구려 보병이 일순간에 뒤로 후퇴하면서 후방의 철기군과 기병이 진격했다.

양군의 철기군이 부딪치면서 수천의 병사들이 땅에 쓰러졌다. 태왕은 철기군 사이로 군을 지휘하고 있었는데 태왕의 무예가 출중하여 백제 철기군이 당해내지 못했다.

아신황제는 기병 사이에서 군을 지휘하고 있었는데 멀리서 보니 태왕의 철기군의 활약이 대단하여 백제 철기군이 밀리는 양상이었다. 즉시 백제 기병을 고구려 철기군 외곽으로 포위하고 공격하도록 명했다. 후연의 기병도 고구려군의 우익을 공격했다.

양군이 서로 우열을 가리기 힘든 상황이었는데 멀리서 붉은 깃발과 갑옷을 입은 수만의 고구려 기병들이 백제군 우익을 공격하기 시작했다. 붉은 군대는 고구려 최정예군단을 상징하는 군대였다. 백제군도 파란 깃발을 든 정예군단을 보냈다. 양군 모두 3만 정도의 기병이었으나 백제군이 아무래도 밀리고 있었다.

저녁 무렵이 되자 양군이 철수하기로 했다. 그러나 광개토태왕은 그날 저녁 백제군 후방으로 붉은 군단을 보내 기습을 시도했다. 뜻밖의 기습에 백제군이 허둥대자 고구려군이 총공세로 나왔다. 그리하여 저녁에 시작된 전투가 새벽까지 이어졌다. 양군 모두가 하루 종일 싸운 탓에 많은 병사들이 탈진해버려서 더 이상 싸우지 못하고 10리씩 후퇴했다. 양군의 피해도 커서 백제군 8만, 고구려군 6만의 사상자가 발생했다.

신성과 그 주변 성에 있던 고구려군 3만은 요동성을 포위한 백제군의 감시를 피해 강 상류로 도하한 뒤 백제군 후방으로 이동했다. 그런데 후연의 또 다른 군단 3만 명도 역시 요하강 상류로 도하하여 고구려 신성 방면으로 이동하고 있었다. 이들은 백제군을 지원하기 위해 멀리 돌아오던 병사들로서 고구려군 일부가 이동하는 것을 멀리서 지켜보고는 계획을 바꾸어 신성을 공격하기로 한다. 그리하여 비어 있던 신성과 남소성이 함락되고, 후연군에 의해 고구려성이 함락되었다는 소식에 백제군이 더욱 맹렬하게 요동성을 공격했다.

그러나 백제군 후방으로 이동한 고구려군 3만은 백제군의 보급로를 끊었고 그로부터 5일 뒤 백제군의 군량이 바닥나면서 탈영병이 속출하자 아신황제는 퇴각을 결심한다. 이때 고구려군은 총공격을 가해 백제군을 밀어붙인다.

사기가 떨어진 백제군은 엄청난 피해를 입었고 후연군은 날쌔게 남쪽으로 도망해버린다. 요동반도에 상륙했던 백제군도 주력부대인 육군군단의 괴멸소식에 배를 타고 청주로 귀환한다. 한강유역

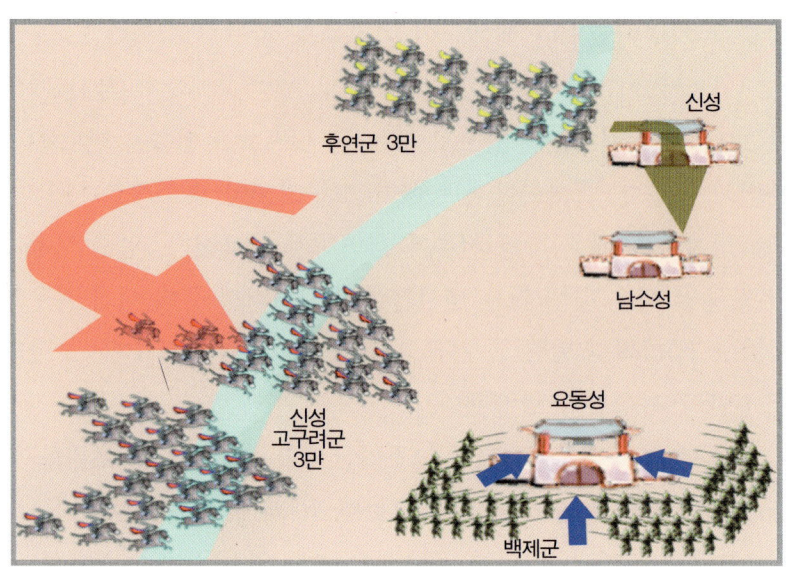

▲ 요동성 전투 상황도

에서 펼쳐진 백제군과 고구려군의 전투는 진도 좌평의 활약으로 황해도까지 진격하나 황제의 패전소식에 철군하여 한강 이남으로 회군한다.

400년 10월, 신라가 백제를 배신하고 고구려에 충성하자 아신천황이 5만의 병력을 신라에 파병한다. 이번 작전에는 가야와 왜군을 징발하여 파견했으며 왜로부터 수군 1만이 도착했다. 파죽지세로 신라 국경을 돌파하여 서라벌을 포위했으나 고구려 광개토태왕이 장수연 고도에게 보병과 기병 5만 명을 주어 백제로부터 신라를 구하고 더 나아가 가야까지 점령해버린다.

서라벌을 포위하던 백제군은 새벽녘에 도착한 고구려군 기병 2만의 기습을 받고 순식간에 무너져 버린다. 퇴각하던 백제군은 가

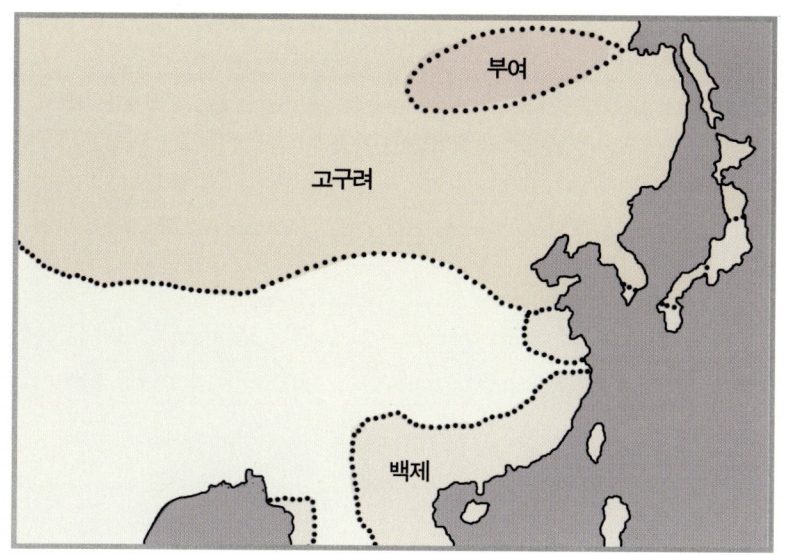

▲ 한반도 남부와 왜 일부를 차지한 고구려

야 땅에 도착하여 안심했으나 쫓아온 고구려군에게 전멸당한다. 이윽고 가야의 모든 성이 항복했다.

　고구려군은 가야에 군대를 주둔시키고 성을 쌓고 가야군을 수습하여 편입시킨 후 남하한 고구려 수군과 가야와 신라 수군을 징발하여 왜로 상륙한다. 한반도 남부에서는 이미 전의를 상실한 백제군이 거의 저항하지 못하고 패주했다. 왜에 상륙한 고구려군은 백제군과 왜군을 차례로 격파하여 상당한 영토를 차지한다.

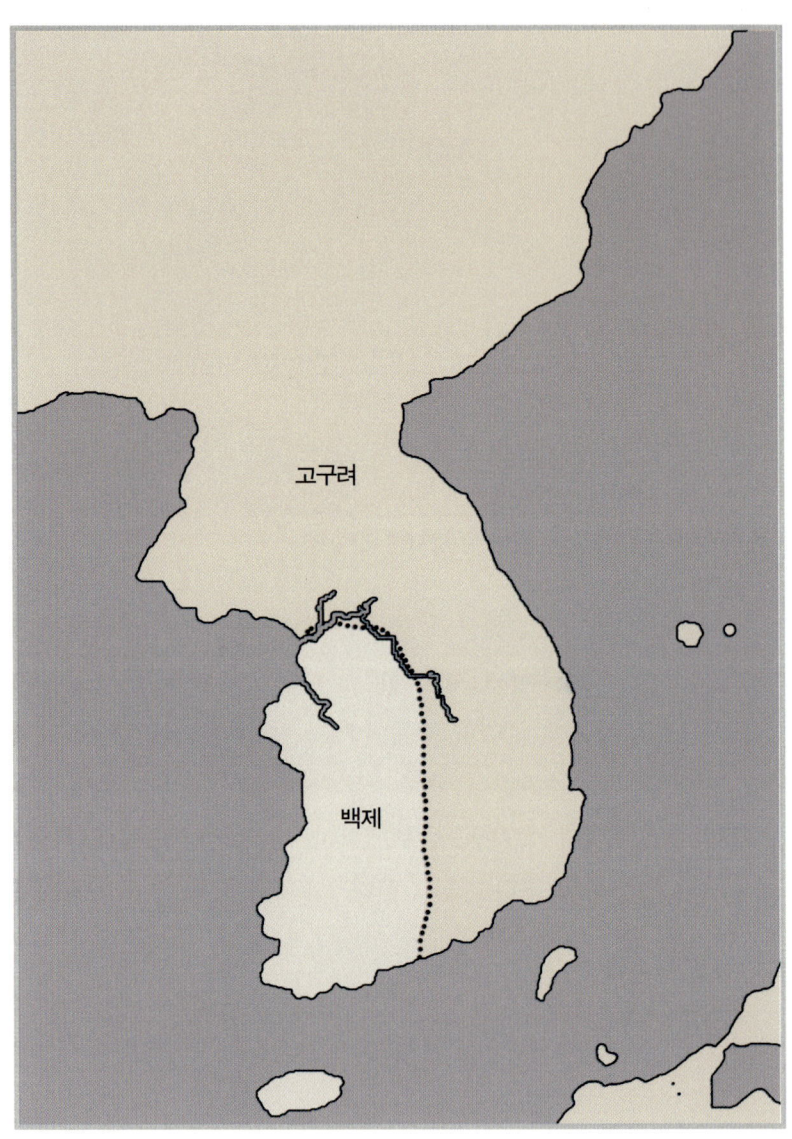

▲ 한반도 내 고구려 점령지

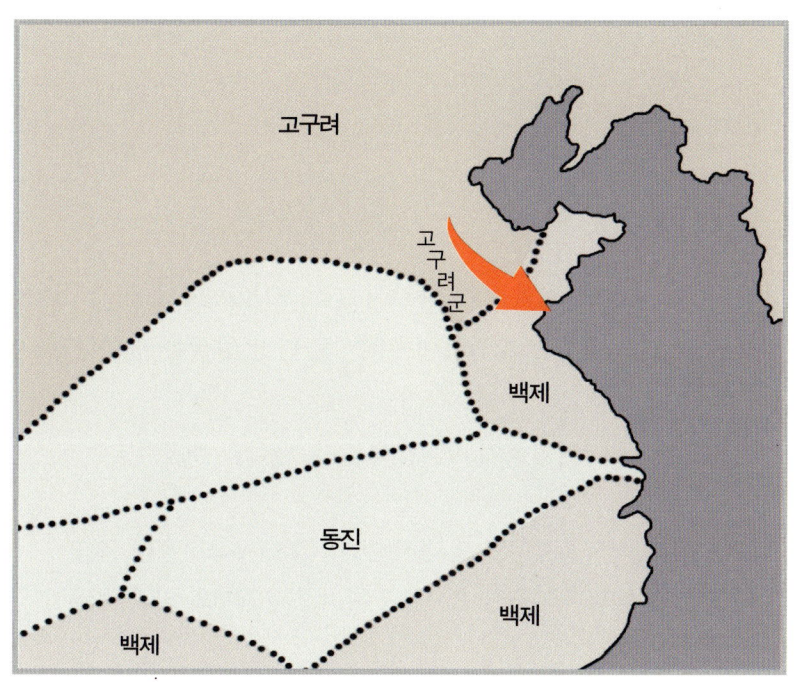

▲ 백제 수도 산동성 근처까지 남하한 고구려군

제국의 몰락

백제는 고구려에 굴욕적인 화친사절을 보내고 사실상 고구려에 조공을 바치기로 한다. 그리하여 이후 몇 년간 양국은 평화롭게 지낸다.

백제는 국가를 쇄신하기 위해 새로이 관직을 배정한다.

- 우현왕 겸 백제 동부군단 총사령관 부여 훈해(황제의 둘째 동생)
- 좌현왕 겸 백제 서부군단 총사령관 부여 첩례(황제의 막내 동생)
- 청주자사 해수
- 서주자사 해구
- 남해왕 겸 백제 남부군단 총사령관 부여 여신(황제의 차남)
- 왜왕 겸 백제 북부군단 총사령관 부여 전지(태자)

백제 중앙군단은 관례상 황제의 직접 통치 하에 있었다. 황제가 신임하는 진무를 중앙군단의 사령관으로 임명하고 황제 대신 군단을 지휘하게 했다. 백제군단은 5군단으로 나누어져 병력이 30만에 달했다.

이 무렵 고구려는 후연에 대한 대대적인 토벌을 시작했다. 북위, 거란, 유연의 속국 기병을 앞세운 고구려군단은 후연의 영토를 잠식해갔다.

후연의 영토는 멸망 후 남연*으로 백제 내의 보호국이 된다. 북위는 고구려의 비호 아래 선비족을 통합한 후 남하한다.

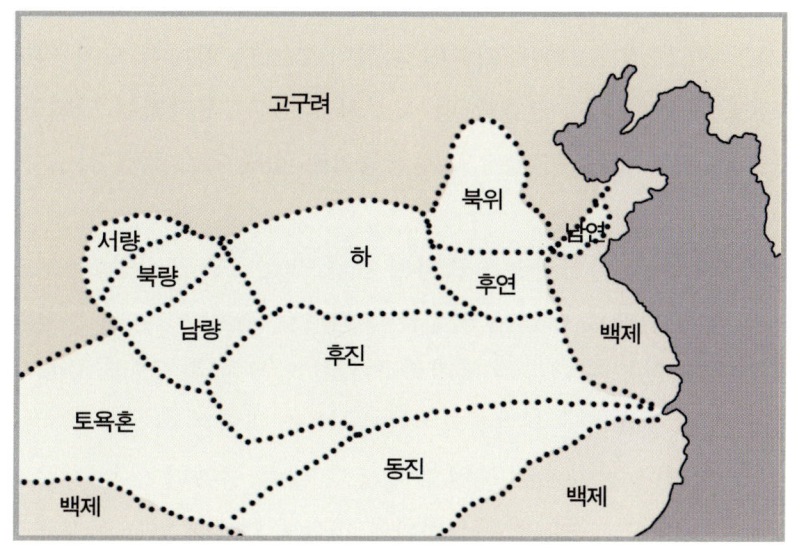

▲ 대륙의 영토(북위와 토욕혼, 서량, 북량은 고구려 보호국)

---

*남연(南燕)
연이라고도 한다. 후연의 왕 모용수가 고구려의 보호국인 북위를 공격하다가 북위군과 교전 중 고구려군의 기습으로 대동에서 대패하여 전사하고, 수도 중산(하북성 정현)이 북위군과 고구려군에게 함락되어 망하자, 골대(하남성 골현)에 있던 수의 아우 모용덕(慕容德, ?~405)이 백제에 투항하여 398년 아신황제로부터 남연국 왕으로 봉해진다. 그러나 고구려군의 남하와 북위의 공략을 받고 400년 수도를 백제 영토 내의 광고(산동성 익도현)로 옮겼다.

한편 동진에 간 유유(침류황제)는 유뢰지의 밑에서 군부를 장악해가고 있었다.

환현은 강주에서 세력을 키운 후 399년에 양전기와 은중감을 공격하여 양자강 중류를 장악하고 석두성 남쪽을 모두 차지했다. 환현은 유뢰지를 설득하여 반란에 동조하도록 한 후 성공하자 유뢰지에게 이름뿐인 직책을 주었다. 유뢰지가 분노로 자결한 후 유유(침류황제)는 북부군단을 장악했다.

402년 12월, 기록에 의하면 환현이 스스로 황제가 되어 나라 이름을 초楚라 하고 연호를 영시永始라고 했다. 황제였던 안제(安帝, 396~418)는 평고왕으로 강등시켜 심양으로 보냈다.

403년 7월, 아신천황은 또다시 대규모 군대를 모집한다. 여러 번의 전쟁 실패로 수많은 백성들이 해외로 빠져나갔는데 일부는 고구려로, 일부는 다른 유목민족국가로, 일부는 동진으로 망명하여 국가가 총체적인 위기상황이었다. 대국 백제는 아신천황 시대에 그 국력이 절반으로 줄었고 영토도 많이 줄었다.

동청주에 주둔 중이던 아신천황은 한반도 백제에 있는 동부군단 총사령관 부여 훈해에게 명해 신라 접경을 침공하도록 한다. 3만의 보기병을 파병하여 신라 국경으로 쳐들어간 훈해는 서라벌 근처 명활성 인근까지 밀고 들어왔다.

신라왕 실성은 신라 주둔 고구려군에 도움을 요청했고 고구려군 1만이 황급히 신라군 1만과 함께 백제군을 막으러 출진했으나 이기지 못했다. 고구려 장수가 본국에 지원을 요청했고 백제군은 명

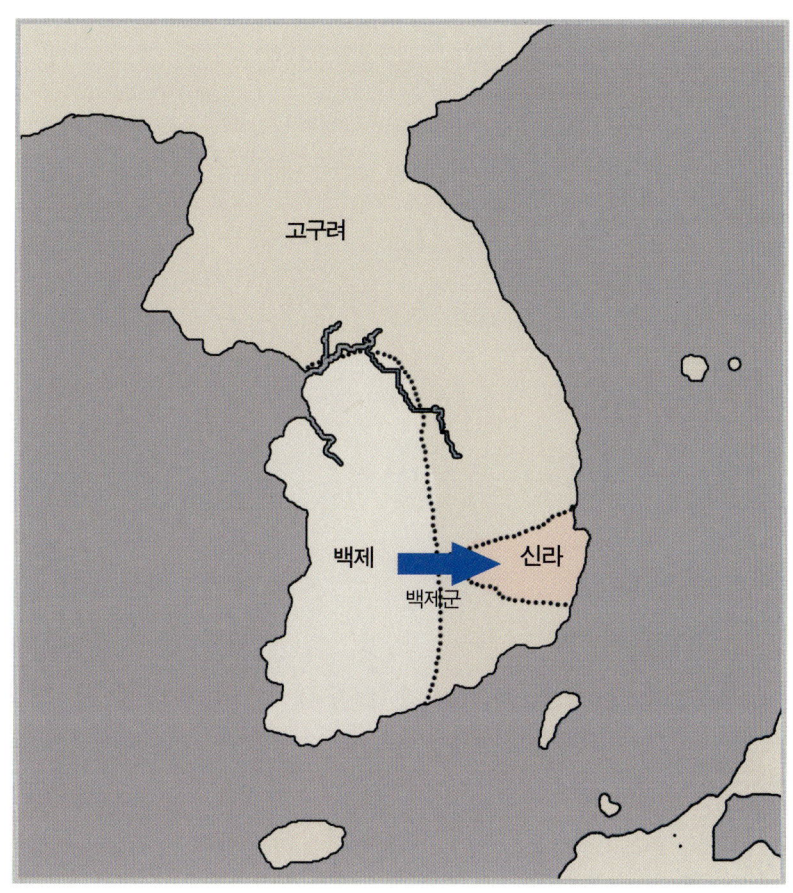

▲ 백제군의 신라 침공

활성 근처에 주둔하며 인근 신라 땅을 점령해 나갔다.

　한강유역에 주둔한 고구려군 2만이 추가로 파병되었다. 한강유역 주둔 고구려군은 고구려 남방군단 소속 병사 4만으로 그중 절반만이 파병되었다. 백제군이 한강유역을 다시 탈환할 작전을 전개할 수도 있기 때문이었다.

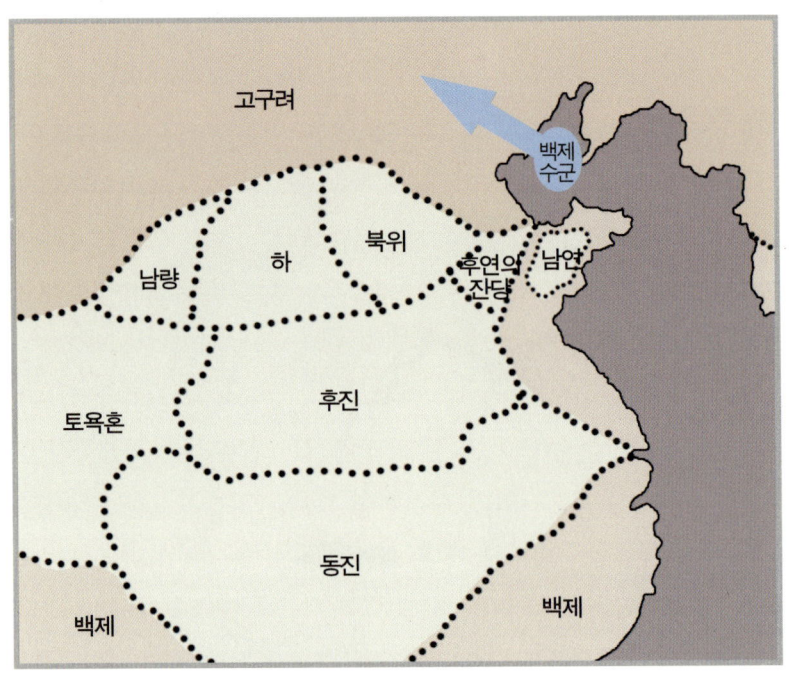

▲ 백제군의 이동방향(남연은 백제 내 속국)

광개토태왕에게도 보고가 들어왔다. 태왕은 백제가 무슨 작전을 전개할지 급히 세작들을 통해 정보망을 총동원했다. 한반도 신라 영토 내에서의 전투가 대치국면으로 전환되었다. 그러나 백제군은 더 이상 진격하지 않았고 고구려군과 신라군도 반격하지 않았다.

404년, 아신천황은 대규모 상륙작전을 감행하기로 한다. 수군과 육군을 합쳐 10만의 대병을 대방군에 상륙시키고 고구려군의 허리를 끊으려는 작전이었다.

당시 고구려는 하북과 하남성 일대를 모두 평정했다. 후연의 잔당들이 일부 있었으나 고구려군이 곳곳에서 토벌하고 있었다. 고구려 대장군이며 유주자사 진은 후연 잔당 토벌 중 대방군에 갑자기 상륙한 대규모 백제군을 보고 즉시 광개토태왕에게 구원을 요청했다.

상륙한 백제군은 황하강에 배치된 고구려군 10만의 후방을 끊고 유주지역을 평정하기 위해 대방군과 낙랑군을 차례로 공략했다. 이와 때를 같이하여 청주에 있던 백제군 7만과 남연군 3만이 황하강에 집결하여 고구려군을 견제했다.

광개토태왕은 몸소 5만의 기병을 이끌고 요동에서 출발하여 요서를 지나 대방에 도착한다. 거기서 다시 5만의 유주 정예병과 합세했다. 태왕은 기병 3만을 백제군과 교전하게 하고 일부러 패한 척하며 계속 백제군을 유인한다.

아신천황은 황하강에 있는 고구려군을 치러 남하하던 중 광개토태왕이 직접 내려왔다는 말에 발끈하여 즉시 군대를 모두 북쪽으로 이동시킨다. 상륙한 백제군은 9만 명 규모로 1만 명은 배를 지키고 있었다.

아신천황이 고구려군 기병을 쫓아 군을 이동시키자 백제군의 행렬이 길게 늘어졌다. 30리를 쫓아가자 백제군의 행렬도 10리 이상이나 되어버렸다. 그런데 한참을 도망가던 고구려 기병들이 갑자기 뒤돌아서서 백제군을 공격하자 동시에 길 양옆에서 수만의 고구려군이 뛰쳐나왔다.

함정에 빠진 것을 알고 아신천황이 빠져나오려 했지만 고구려군은 포위망을 쉽사리 풀어주지 않았다. 태왕이 황제를 멀리서 보고 항복을 권유했지만 황제는 백제 철기군 수천 명의 호위를 받으며 포위망을 돌파했다. 대방군 근처 바닷가까지 퇴각한 백제군은 거

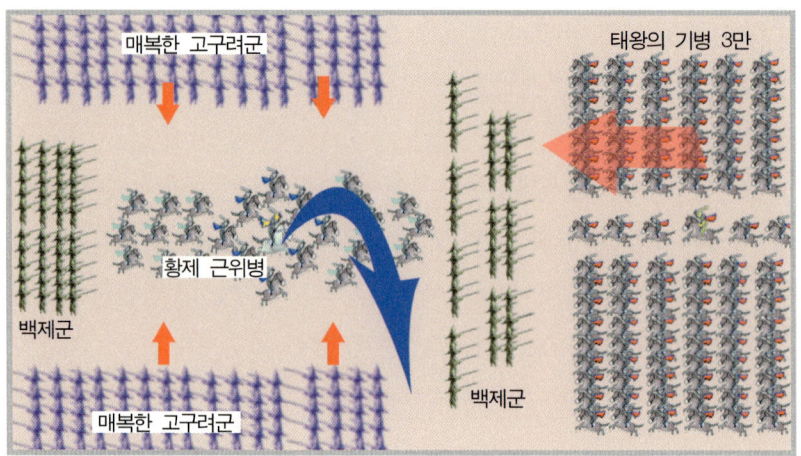
▲ 전투 상황도

기서 배를 타고 후퇴할 생각이었다. 그러나 고구려 수군 3만이 이미 백제 수군을 공격하여 전함의 절반 이상이 불타버렸다.

광개토태왕은 백제군의 상륙소식을 듣고 요동에서 고구려 수군을 출발시키고 동시에 고구려 주력군을 이끌고 내려온 것이다. 치밀한 계략에 백제군 10만 중 7만 이상을 잃었고 아신천황은 동청주로 배를 타고 후퇴한다.

404년 2월 28일, 유유가 경구에서 북부군단 병사 5천과 함께 반란을 일으켰다. 이에 근처에 주둔 중이던 다른 부대가 반란을 진압하지 않고 오히려 합류해버렸다. 그리하여 유유는 즉시 군대를 수도 견강으로 진격시켰다.

환현은 제대로 싸워보지도 못하고 도피했다. 전 왕인 안제를 데리고 도망쳤으나 강릉에서 반란에 합세한 유의에게 잡혀 죽게 된다.

405년, 유유와 유의가 안제를 다시 왕으로 모셨다.

안제가 유유에게 연주자사직과 16주제 군사직을 주고 경구에 주둔토록 허락했다.

405년 6월, 기록에 의하면 유유는 후진에 사신을 보내 지난날 전진에게 잃어버린 동진의 영토를 돌려달라고 요구했다. 후진은 전진의 왕 부견을 죽이고 들어선 나라로 도읍을 장안에 두고 차츰 강해지고 있었다.

후진은 당시에 고구려, 하나라, 북위, 백제 등에 둘러싸여 있어 전쟁을 할 형편이 못 되어서 동진에게 영토를 떼 주었다.

유유는 남향, 순양, 신야, 무양 등 12군을 할양받았고 민심을 얻었다. 사실상 유유가 시중이자 군부의 실세로 등극했다.

405년 9월, 재위기간 내내 전쟁과 술로 보낸 아신천황은 분을 이기지 못하고 화병을 얻어 젊은 나이에 죽고 만다. 백제는 최고 강국에서 그 자리를 고구려에 내주고 이제는 유유(침류황제)의 동진에도 국력이 밀리는 제3국으로 변했다.

유유는 아들의 죽음에 슬퍼하며 국정을 중단했다. 차마 아들이 묻힌 산둥성으로 가지는 못했다. 백제인들에게 이미 그는 죽은 사람이었다. 동진의 국정은 유유의 참모들이 도맡았다.

전지천황(직지 혹은 진지)의 이름은 여영餘映·영映이며 그는 아신천황의 맏아들로서 아신천황 재위 3년에 태자가 되었고, 6년에 왜왕으로 봉해졌다.

아신천황이 붕어하자 황제의 둘째 동생 훈해가 정사를 대리하며 태자의 귀국을 기다렸는데 왕의 막내 동생 첩례가 훈해를 죽이고 자기가 황제가 되었다. 이때 전지가 왜국에서 부고를 듣고 국경에 이르자 위례성 사람 해충이 와서 고하기를, "황제가 죽은 후에 황제의 동생 첩례가 형을 죽이고 황위에 올랐으니, 태자께서는 경솔히 들어오지 마시기 바랍니다"라고 했다.

전지가 왜병을 체류시켜 자기를 호위하게 하면서 바다 가운데 섬에서 대기하고 있었는데, 백성들이 첩례를 죽이고 전지를 맞이하여 황위에 오르게 했다.

내란으로 백제는 더 흔들렸다. 남연이 독립을 선포하고 서청주를 차지했다. 전지천황은 유유가 할아버지임을 알고 있었다. 그리하여 유유에게 사신을 보내 도움을 요청했고, 동진의 유유는 군대를 파견해 손자의 황제 등극을 도왔다.

406년 정월, 전지천황이 동명왕의 사당에 배알하고 황제 등극을 사방에 알렸다. 남쪽 제단에서 천지신명에게 제사를 지내고 죄인들을 크게 사면했다.

9월, 해충을 달솔로 임명하고, 한성의 벼 1천 석을 주었다.

407년 2월, 이복동생 여신을 내신좌평으로 임명하고, 해수를 내법좌평으로 임명하고, 해구를 변관좌평으로 임명하니 모두가 황제의 친척이었다.

고구려 광개토태왕이 5만의 대군을 보내 대륙 남쪽을 공격했다. 남연이 크게 밀려 청주로 후퇴했다. 남연이 태왕에게 조공하고 번국이 되기를 자처했다.

408년 정월, 여신을 상좌평으로 임명하여 군사와 정사를 맡겼다. 상좌평이라는 직위가 이때부터 시작되었으니, 지금의 재상과 같은 것이었다.

409년, 왜국이 사신을 파견하여 야명주를 보내오니 황제가 특별히 예우했다.

동청주 위례성에 온 전지천황은 유유에게 밀사를 보내었다. 백제와 동진 양군이 합세하여 남연을 멸망시키고 북진하자는 계획이었다. 그즈음 남연은 쇠약해진 백제를 청주에서 계속 밀어내고 남진하여 동진의 영토 일부를 잠식해갔으며 후진과 동맹하여 중원에

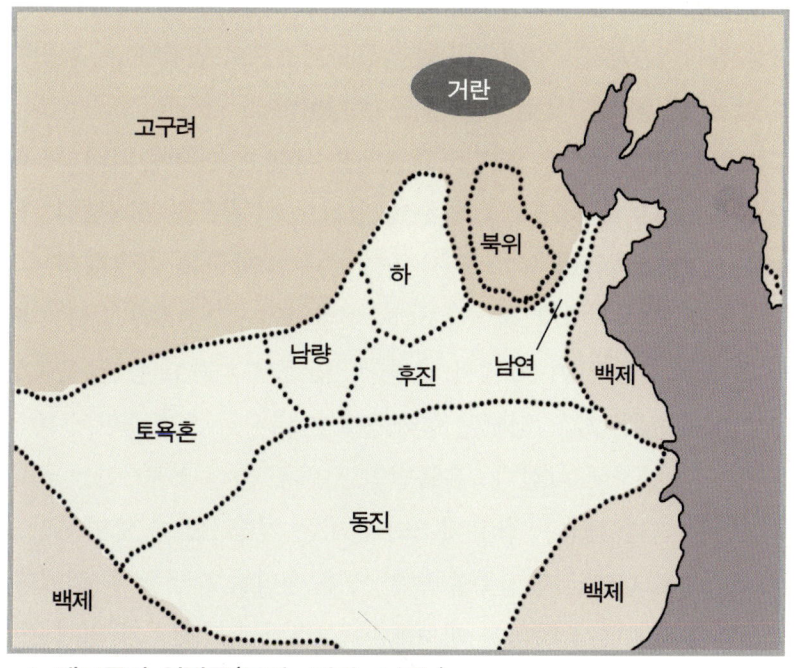

▲ 대고구려 연방국(북위, 거란, 남연)

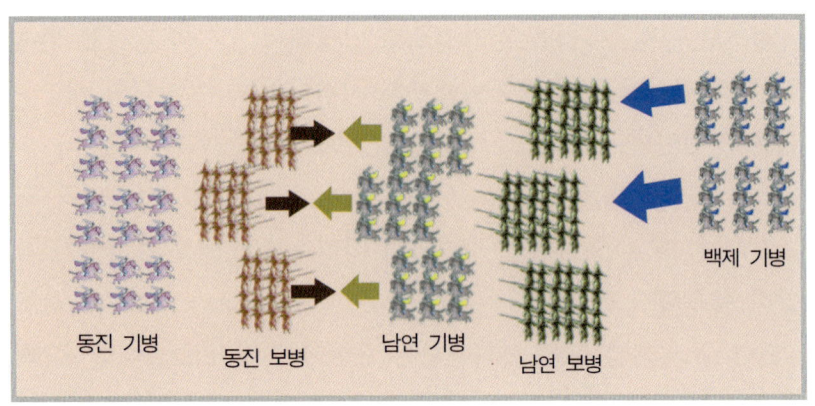

▲ 전투 상황도

서 독자 세력화했다.

당시 북방은 대고구려의 영토로 속국인 북연, 거란, 유연, 북위, 서량 등이 있었고, 후진과 남연은 독립 세력으로 연합했고, 흉노족이 세운 하나라가 독립 세력으로 존재했다.

409년 4월, 유유는 북부군단 8만을 이끌고 북진에 나섰다. 백제 전지천황도 군사 5만을 일으켜 남연의 서청주를 공격했다. 남연의 모용초가 급히 후진에 사신을 보내 응원군을 요청했다.

유유의 군대와 백제군은 연전연승하며 곧바로 낭야를 되찾고 뒤이어 대현(산동성 기수)에서 남연군 5만을 격파하고 동완(산동성 기수현)을 탈취했다. 남연황제 모용초는 다시금 모은 5만의 대군을 이끌고 반격에 나섰다. 유목민인 선비족 출신답게 5만의 군대 중 4만이 기병이었다. 유유의 8만 군단은 기병 2만에 보병 6만으로 정면으로 남연군과 전투를 벌일 경우 승리를 장담할 수 없었다.

산둥성 평원에서 양군은 대치했다. 그러다가 모용초가 백제군이 오기 전에 유유를 토벌하기 위해 무리하게 전군을 총공격시켰다.

그러나 유유군은 평원에 각종 방어물을 설치하고 창병을 앞세워 남연군을 막아냈다.

전투는 반나절 동안 계속되다 남연군이 동진 군대의 중앙을 돌파하기 시작했다. 유유는 기병 2만을 이끌고 중앙에서 남연군과 대결했다. 동진의 군대는 기병이 약하여 밀리기 시작했다. 남연의 기병이 동진의 기병을 파하려는 순간 동쪽에서 수만의 백제 기병이 달려왔다.

모용초가 뒤돌아서 백제군과 대치하려 했지만 백제 철기군 1만이 모용초의 경무장 기병을 낙엽처럼 쓸어버렸다. 모용초의 기병 부대는 동진군 보병에 측면을 포위당하고 후방의 백제 철기군에 의해 무수히 쓰러졌다.

이날 백제군과 유유의 군대에 대패한 모용초는 성에 들어가 수성 전략을 택한다. 모용초는 후진의 지원을 기다렸으나 지원병은 오지 않았다. 유유와 백제군은 10만 대군으로 성을 포위하고 남은 군사는 남연의 각 성을 공격하여 남연 영토의 대부분을 차지한다.

전지천황이 유유를 만나기 위해 직접 광고성으로 오게 된다. 유유가 전지천황을 보고 크게 기뻐했으나 권력은 혈연 간에도 나눌 수 없는 법, 게다가 유유는 새로 얻은 부인에게서 자식도 여럿 있었다. 그리하여 유유의 나라와 백제는 혈연관계로 동맹 맺는 것을 대내외에 선포했다. 이후 한족들은 송나라를 건국한 유유가 동이족 백제인임을 알게 되었다.

유유와 전지천황은 광고성에 지원군이 오지 않는다는 쪽지를 화살에 쏘아 보냈는데, 수천 장의 쪽지를 본 성내 백성들의 인심이 급격히 나빠졌다. 그곳은 원래 백제 땅이었으므로 백제인이 많이

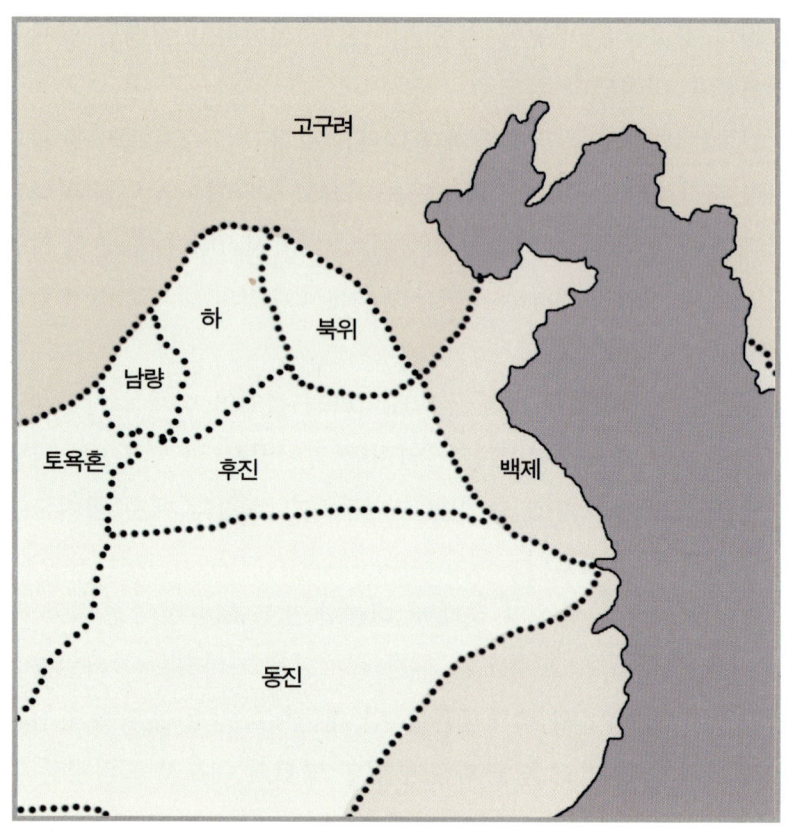

▲ 남연 멸망 후 각국의 영토(백제는 청주 수복, 북위는 독립)

살고 있었는데, 그중 일부가 성문을 열어 주어 백제군은 쉽게 입성할 수 있었다.

　모용초는 궁전에서 체포당했고 백제를 배신한 죄를 물어 참수하려 했지만 유유가 그를 원하여 건강으로 압송 후 동진의 왕 앞에서 참수당했다. 그리하여 청주는 백제에 다시 귀속되었고, 연주 일부가 동진에 넘어갔으며 남연은 멸망했다.

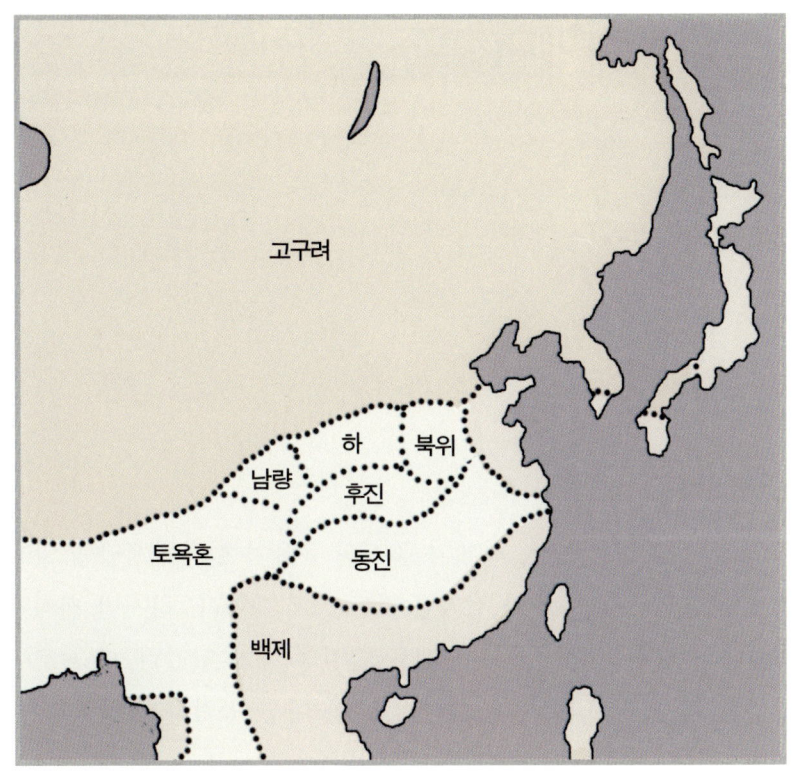

▲ 각국 영역도

　410년, 농민반란군을 유유가 진압했으며 유유는 태위가 되어 전권을 행사했다.

　광개토태왕은 이때 동부여가 반란을 일으키자 대군을 보내 공격하여 64성을 점령하고 멸망시켰다.

평화의 시대

고구려 광개토태왕은 백제와 동진의 유유가 혈연관계임을 알아내고 동진 조정을 유유가 장악한 것도 알게 되었다. 하지만 전지천황시대의 백제는 고구려와 전쟁을 벌일 여유가 없었다. 백제군이 고구려 땅을 넘보지 않자 고구려도 더 이상 공격하지 않았다.

〈당시의 국력〉

나라	인구	병력
고구려	2천만	50만
동진	1천5백만	25만
백제	1천2백만	25만
북위	5백만	10만
후진	4백만	10만
하	3백만	8만

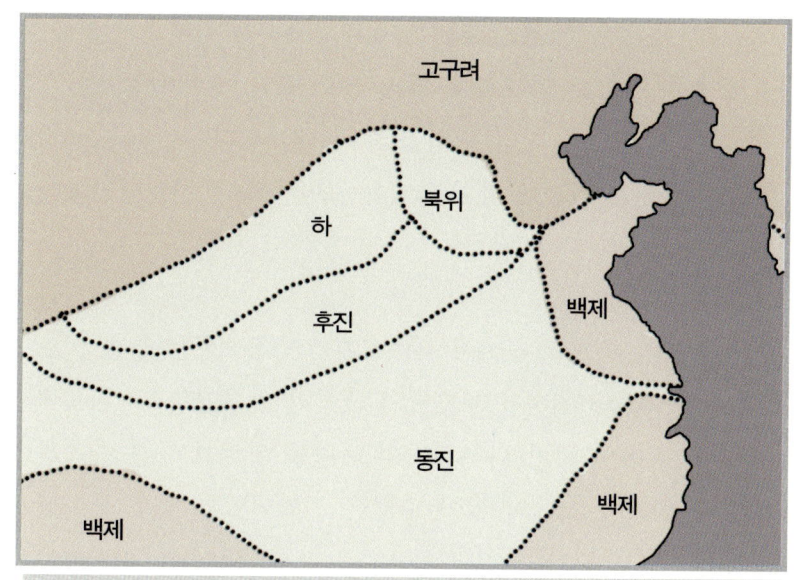

*남량은 서진에 멸망 후 하나라에 흡수됨.

▲ 각국 영역도

고구려의 영토는 모든 나라들을 합친 것보다 컸다. 그러나 실제 쓸모 있는 땅은 중원이었으로 중원이라 할 수 있는 유주, 기주, 병주, 청주, 연주, 서주, 예주 중에서 고구려는 유주 전부와 기주 전부, 병주의 절반을 차지하고, 백제는 청주와 서주를, 동진은 연주와 예주를 차지했다.

각기 실제 관할구역은 아니지만 고구려도 청주자사와 연주자사를 두었고 백제 또한 연주자사, 기주자사, 연주자사를 두었으며 동진 또한 기주, 청주, 서주자사를 두었다. 이는 대외적으로 과시하기 위한 것이었으나 땅을 회복하고야 말겠다는 의지의 표현이기도 했다.

이때 유유의 독주에 불만을 품은 형주자사 유의는 병력을 모으던 중 병으로 죽었고 조카 유번이 형주자사직을 수여받기 위해 견강으로 오자 유유는 역모죄로 다스렸다. 또한 예주자사 제갈가문이 반기를 들었으나 미리 병력을 보내 제거했다.

　유유가 반란을 사전에 막아낸 것은 그만큼 그가 주도면밀하다는 것을 보여준다.

　415년 3월, 동진의 왕족인 사마휴지가 남쪽에서 반란을 일으켰다. 유유는 진압군 3만을 보냈으나 오히려 유인당한 후 계곡에서 대패했다. 유유가 화가 나서 4만의 대병을 이끌고 직접 총공격을 감행했다. 2달이 지나지 않아 반란은 진압되었고 일부 살아남은 왕족들은 후진으로 도망쳤다.

　417년, 유유는 후진에 망명한 왕족들이 혹시나 후진의 군대를 앞세워 남하할 것을 우려해 후진을 정복하기로 결정하고 북진했다. 백제에서는 철기군 1만을 빌렸다. 그리고 하나라에 몰래 사신을 보내 후진을 양분할 것을 제안했다.

　10만 대군을 이끌고 북진한 유유는 곳곳에서 승리했고 후진은 동진군의 선두에서 진격하는 백제 철기군을 막아내지 못하고 또한 북쪽에서 내려오는 하나라 군대에 밀려 장안으로 후퇴했다. 유유는 얼마 지나지 않아 11월에 이르러 후진의 장안을 점령하고 드디어 후진을 멸했다.

　12월에 견강에 돌아온 유유는 상국이 되었다.

　418년 12월 17일, 동진 왕 안제가 죽었다. 유유의 측근이 암살

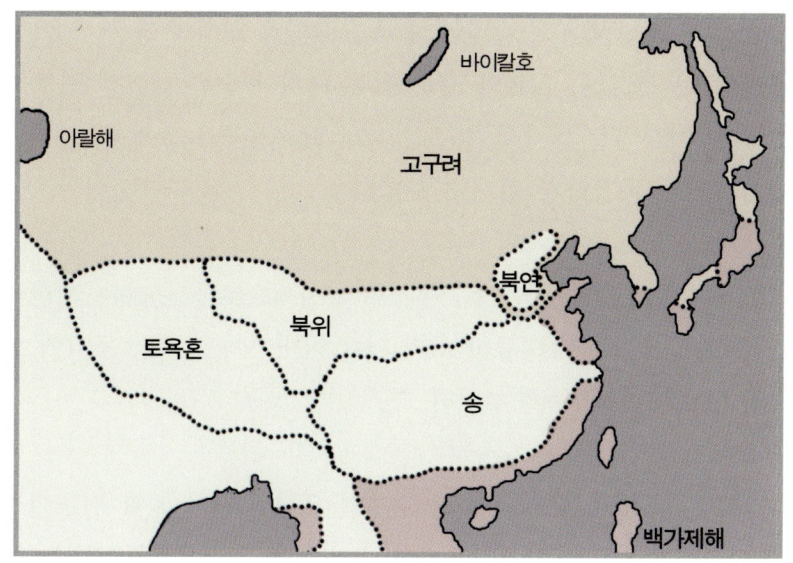

▲ 송제국 성립 후 각국의 영역도

한 것이다. 유유는 전왕의 동생인 낭야왕 사마덕문을 옹립했다.

419년 7월, 유유는 자칭 송왕이 되어 군대를 수춘에 머물게 했다.

420년 정월, 유유와 그 측근들이 사마덕문에게 퇴위할 것을 강요했다.

420년 6월 11일, 사마덕문이 왕위를 유유에게 넘긴다는 조서를 발표했다. 유유는 황제가 된 후 나라 이름을 송宋이라 했다.

420년, 전지천황은 35세의 나이에 붕어했다. 70세가 다 된 유유는 맏아들 아신의 죽음 이후 다시 손자의 죽음까지 보았다. 전지의 장자 구이신이 18세의 나이로 황제에 등극했다. 유유가 손자의 죽음을 슬퍼하며 정사를 아들에게 맡겼다.

422년, 백제 황제와 송나라 황제를 역임한 희대의 영웅 유유(침류황제)가 죽었다. 유유의 죽음 이후 백제와 송은 미묘한 관계가 되었다. 아시아는 대제국 고구려 아래 백제제국과 송제국, 북위의 역학관계가 복잡하게 얽히게 되었다.

413년, 광개토태왕이 붕어한 후 일시적으로 고구려는 혼란에 휩싸였다. 아직 장수태왕이 어린 탓에 아버지의 업적을 초기에 고스란히 이어받지 못한 것이다.

427년, 백제 조정은 황제의 동생인 우현왕 비유와 황제 구이신이 대립하고 있었다. 한반도 백제 내의 동방군단 5만을 보유한 우현왕 비유는 몸이 약한 황제 구이신을 대신해 조정을 실질적으로 통치하고 있었다. 그러다가 구이신이 사냥터에서 낙마사고로 갑자기 붕어하자 비유는 황제가 되었다. 구이신의 아들은 8살 정도로 아직 황제가 될 순 없기 때문이다.

광개토태왕 사후 북방은 절대강자 고구려의 약화를 가져왔고 선비족 출신인 북위가 연나라의 영토를 잠식하고 하나라와 북량을 멸했다. 장수태왕은 아직 제국의 정비가 끝나지 않아서 북위의 세력 확장을 지켜보고만 있었다. 북위가 강대해지며 백제 국경과 접했다. 백제도 이전의 황제가 젊은 나이에 붕어하여 이전에 강대했던 백제제국이 많이 쇠약해졌다.

장수태왕이 산서성 평양으로 도읍을 천도했다. 북위가 강해졌다고 하나 고구려에 비할 수 없었고 북연은 사실상 고구려의 보호국이므로 수도를 옮기는 데는 아무런 장애가 없었다. 장수태왕은 아

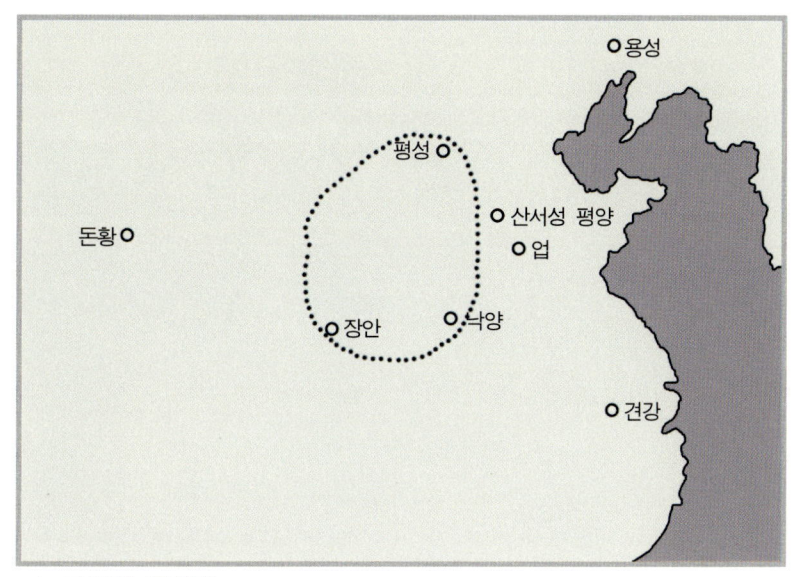
▲ 북위의 세력권

버지 광개토태왕의 서쪽 정벌에 비해 따뜻한 남쪽지방에 관심이 많았다. 게다가 백제와 송의 넓고 기름진 영토에 관심이 많았다.

431년, 지리한 싸움 끝에 북위가 하나라를 점령했다. 이윽고 북위가 북연에 대한 야심을 드러내기 시작했다.

북위의 첫 번째 도읍은 현재의 중국 대동시 인근이며 초기부터 광개토태왕의 보호국이었다. 이후 고구려와 함께 후연 공격에 가담하여 업을 탈취한 후(398년) 일시적으로 수도로 정했으나 광개토태왕의 명으로 대동 근처 평성으로 다시 수도를 옮긴다.

광개토태왕 시절 북위는 평성에 도읍을 정하고 세력을 키운다. 광개토태왕 사후 고구려 혼란기에 북위는 주변지역을 평정하고 새로운 강국으로 부상한다.

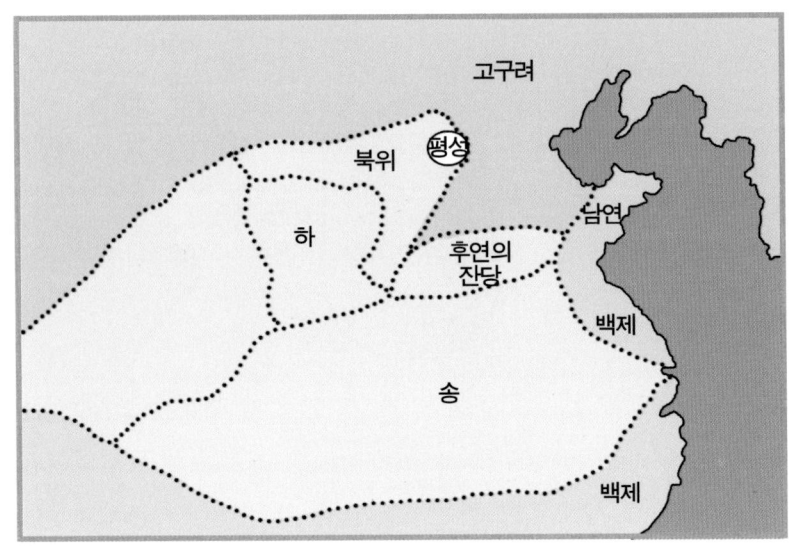

▲ 후연의 잔당(남연과 기타 세력)

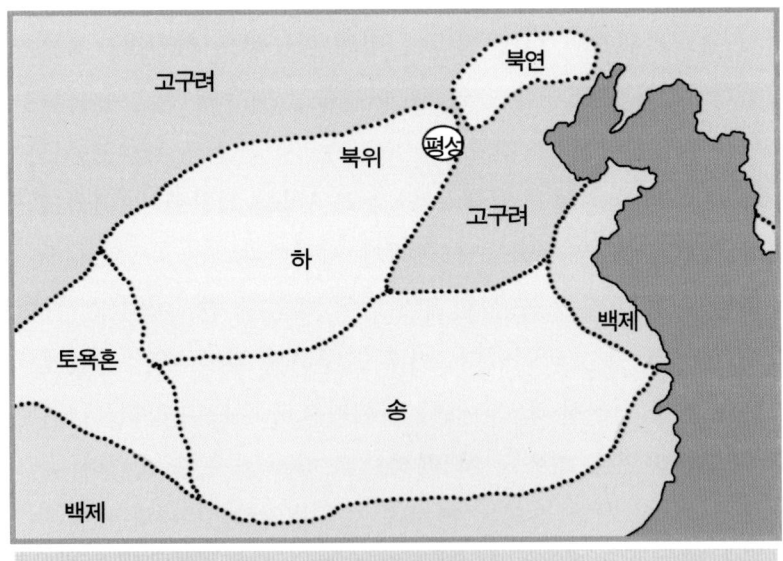

*북연은 당시 부여, 신라, 가야와 같은 고구려의 보호국

▲ 장수태왕의 산서성 평양 천도(427년) 당시 각국의 영토

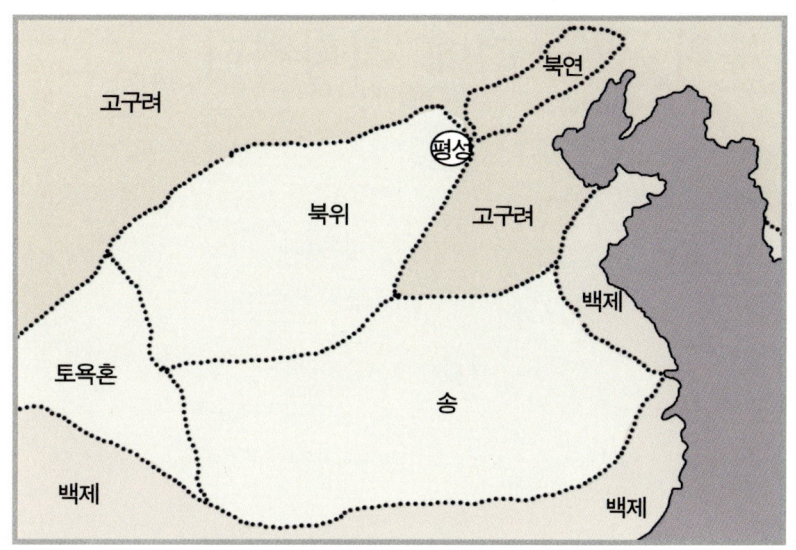

▲ 북위의 하나라 점령 후 대륙판도(431년)

북위, 고구려에 저항하다

　435년, 북연이 북위군의 공격을 막아달라고 고구려에 호소했다. 장수태왕은 이번 기회에 북위를 확실히 제압할 생각이었다. 광개토태왕 시절 북위는 고구려의 조그만 보호국으로 태왕의 후연 정벌 때 앞장서서 선봉을 달리던 부족이었다. 하지만 이제 고구려가 무시 못하는 강국으로 발전하자 제국을 정비한 장수태왕은 북위를 제압할 계획을 세운다.

　북연왕 풍홍을 고구려로 이동시킨 후 고구려군은 기병 5만, 보병 5만으로 평성 인근의 북위 국경에 집결한다. 북위도 그동안 양성한 10만 병력을 고구려 국경으로 이동시킨다. 북연 기병 1만을 징발한 장수태왕은 북위군과 정면으로 마주한다. 북위군은 하나라와 남량, 후진 등의 각 지역에서 군대를 차출해 모은 군대였다. 따라서 결집력이 상당히 약했다. 그중에는 고구려와 내통한 이들도 많았다.

　장수태왕은 선전포고문에서, "지난날 고구려의 변방 보호국이었던 북위가 소국들을 병합하며 자칭 천자국이라 하니 지난날의 예의를 일깨워주겠다"고 했다.

북위의 왕이 크게 분개하여 전군을 장수태왕이 있는 본진으로 돌격시켰다. 일부러 적의 왕을 화나게 한 후 유인하려던 태왕의 전략이 맞아 떨어졌다. 북위군 10만이 기병 4만을 앞세우고 고구려 중앙군단으로 밀려들었다.

고구려군의 선두에는 궁병이 배치되었는데 이들은 화살과 돌을 던지며 뒤로 후퇴했다. 그 즉시 뒤쪽에 있던 창병들이 진영을 갖추고 북위군 기병과 부딪치기를 기다렸다. 이윽고 양군이 부딪쳤다. 북위의 경무장 기병들은 3m가 넘는 창으로 무장한 고구려 창병들에 막혀서 혼란이 일어났다.

선두의 병사들은 이미 말에서 떨어져 창에 찔려 죽고 후방의 병사들은 선두의 병사들에 막혀서 오도 가도 못하는 상황이었다. 창병의 뒤에선 고구려 궁병이 계속 화살을 날렸다. 북위 기병도 말 위에서 화살을 쏘았지만 말 위에서 쏘는 것과 땅 위에서 쏘는 것은 적중률에서 많은 차이가 났다.

잠시 뒤에 뒤따라오던 북위 보병이 기병의 뒤에 바짝 붙었다. 이들도 더 이상 전진을 못하는 상황이었다. 그때 고구려 창병들이 일제히 신호에 맞추어 전진하기 시작했고 북위 기병들은 어찌할 바를 몰랐다. 당황하는 사이 우측에서 고구려 철기병 1만과 기병 5만이 쏟아져 나왔다. 북위의 왕 척발사는 기병의 중앙에서 군을 지휘하다가 고구려군의 우측에서 쏟아져 나온 기병을 보고 놀랐다. 오랜 전쟁에서 잔뼈가 굵은 척발사는 즉시 고구려군의 포위 공격임을 눈치 채고 후퇴 명령을 내렸다.

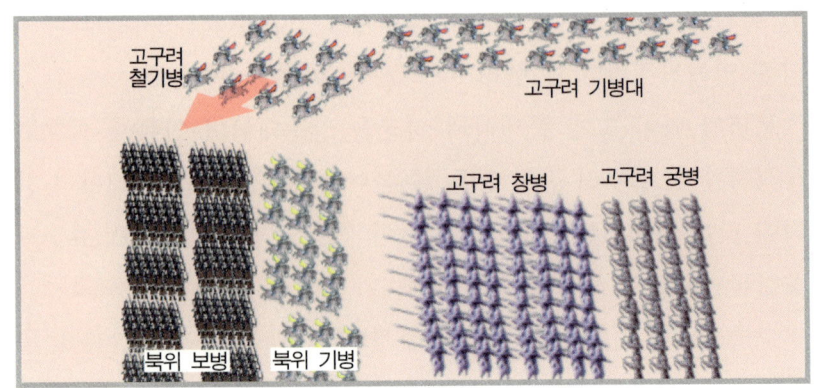
▲ 북위군 좌익을 파고든 고구려 기병대

　북위 기병은 날쌔게 전쟁터를 빠져나왔다. 반면 보병은 고구려 철기병에 짓밟혔다. 북위 기병을 추격하는 고구려 기병 5만은 북위 기병의 절반인 3만을 죽이거나 포로로 잡고 수도 평성 인근에 진영을 설치한다.
　척발사가 대동 남쪽으로 후퇴하면서 고구려군에 휴전을 제의했다. 그 후 북위는 고구려에 조공을 바치고 고구려를 천자국으로 인정했다.

　433년 7월, 백제 비유황제는 고구려의 강대한 기세에 눌려 제위 몇 년 동안 별다른 행적 없이 국내 정치에 매진했다. 그러다 북위의 강성해짐을 듣고 비밀리에 북위, 신라와 동맹을 모색한다.

　434년 2월, 백제는 신라에 사신을 파견하여 좋은 말 두 필을 보내고 9월에는 흰 매를 보내 신라왕을 설득했다.
　신라왕 눌지는 당시 고구려의 영향력에서 벗어나고 싶었다. 입조人朝하는 굴욕도 더 이상 하고 싶지 않았다. 매일 거들먹거리는 신라의 수도 주변에 주둔한 고구려 사령관 고계의 거만함에도 이력이 나 있었다. 하지만 힘없는 신라로서는 어찌할 방도가 없었다. 신라군이 총 2만인데 월성 인근에 주둔한 고구려군은 1만이나 되었다.

10월, 신라왕 눌지는 고계의 눈을 피해 좋은 금과 구슬을 답례로 보냈다.

440년, 신라 눌지왕이 고구려 장군 고계와 충돌을 일으켰다. 백제에서 보내온 선물이 고계의 정찰병에게 발각된 것이다. 고계가 군사 3천을 거느리고 월성 안 신라 왕궁으로 입성했다. 잡혀온 백제의 사절과 선물을 들고 고계는 눌지를 협박했다. 눌지가 이에 굴복하여 원하는 것을 말하라 했다.

고계가 황금과 비단, 노예 백 명을 요구했다. 눌지는 비밀리에 백제 비유황제에게 사절을 보내 도움을 요청했다. 마침 한반도 몽천토성에 머물고 있던 황제가 소식을 듣고 자객 수십 명을 보냈다. 고계는 신라왕으로부터 많은 선물을 받는 대신 백제와 연락한 것을 보고하지 않았다.

눌지는 고계를 초대해 성대한 잔치를 벌였다. 고계가 술에 취해 부대로 돌아가려 하자 극구 만류하며 왕궁의 미인을 불러 시중을 들게 했다. 고계는 기분이 좋아져서 왕의 말대로 했다. 고계의 호위병 3백도 모두 대취하여 경계를 소홀히 했다. 신라왕궁 근위대도 일부러 술에 취한 모습을 보여주었다.

새벽에 백제의 자객 50명은 신라궁에 침입하여 고계의 목을 베었다. 고계의 죽음은 곧 고구려 조정에 보고 되었고 태왕이 크게 노해 고구려 남부군단 5만의 병력을 신라 국경으로 이동시켰다. 이에 눌지가 크게 사죄하고 백제인이 저지른 짓임을 부각시켰다. 그리고 조공을 지난해의 두 배로 바치고 노예와 황금을 보내자 태왕이 용서했다.

447년 5월, 백제 산둥성 내의 위례성 대궐 남쪽 연못에서 불길이 일어났는데, 불꽃이 수레바퀴 같았고 밤새도록 타다가 사그라졌다.

7월, 한반도 백제에 가뭄이 들어 곡식이 익지 않았으므로 백성들이 굶주려 신라로 들어간 자가 많았다. 신라 눌지는 백제인들을

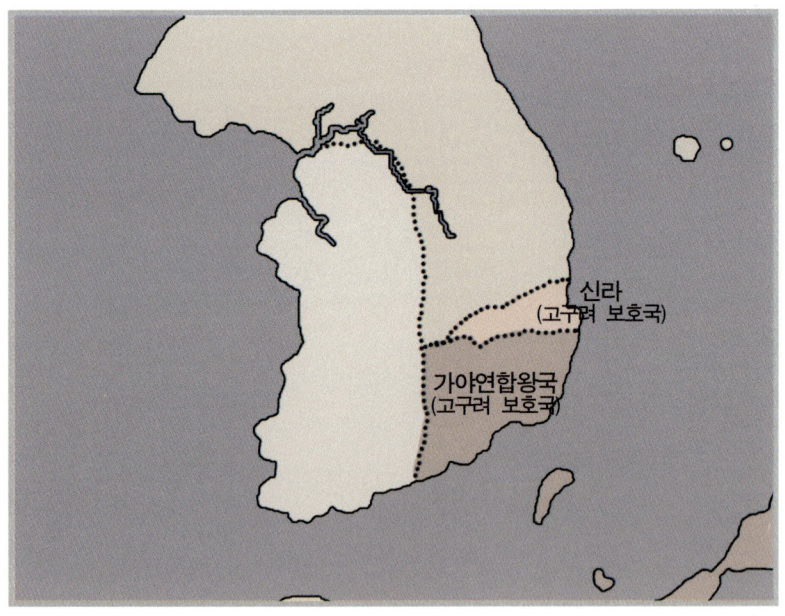

▲ 눌지왕 재위 당시 한반도 각국의 영토

받아들였다.

449년, 별이 비처럼 떨어지고 혜성이 서북쪽에 나타났는데 길이가 두 발 정도 되었다.

8월, 메뚜기 떼가 청주 북쪽에 발생하여 곡식에 해를 입혀 흉년이 들었다.

453년, 눌지가 백제에 사신을 보내 제나동맹을 요청했다. 눌지는 가뭄으로 인해 신라로 들어온 백제의 유민들과 가야의 유민들을 병합하고 신라 내의 군대를 키워 3만의 대군을 양성했다. 또한 가야의 철기대를 모방하여 철기군 3천을 양성하여 고구려 철기군과 겨룰 수 있게 되었다.

▲ 당시의 세계지도

57세가 된 눌지는 환갑이 되기 전에 고구려의 직접통치로부터 벗어나고 싶었다.

454년, 백제군 기병 1만이 신라 국경으로 이동했다. 이들은 고구려군의 감시를 피해 낮에는 숨어있고 밤에 이동하여 신라 월성 인근에 도착했다. 도중에 신라군복으로 갈아입어 또한 의심을 피할 수 있었다. 신라군 3만은 고구려군 진영이 있는 산성으로 이동했다. 대규모 신라군의 이동에 고구려 장군 협원이 저의를 파악하기 위해 신라왕궁에 사절을 보냈다.

신라군은 국경지방에 백제군이 나타났다는 보고를 받고 이동 중이라 했다. 협원도 백제에 인접한 신라 국경지방에서 일련의 군대가 월성으로 이동 중이라는 보고를 받았다. 신라군 복장을 한 기병이 1만 기 이상이었다. 그러나 협원이 그 군대가 백제군임을 알아채고 신라왕에게 같이 토벌하러 가자고 연락했다. 고구려군이 철기대 1천 기를 앞세우고 도합 8천 명이 산성을 나오자 신라군이 바짝 붙어서 따라갔다.

1만의 신라군은 산성 주변에 포진하고 있다가 고구려군이 30리 이상 이동하자 산성을 공격했다. 멀리서 연기가 오르는 것을 본 협원이 이상함을 느끼고 군대를 되돌리려는 순간 양옆에서 백제 기마대가 나타났다. 뒤쪽의 신라군도 고구려군의 후미를 기습했다. 순식간에 포위된 고구려군은 죽기로 싸웠으나 패퇴하여 5백의 기병만 고구려 국경수비대가 있는 미칠부(흥해)로 퇴각했다.

칠부 주둔 고구려군 3천은 그들만의 힘으로 신라를 치기는 어렵다고 판단하여 즉시 가야 주둔 고구려군 5천과 왜에 주둔 중인 고

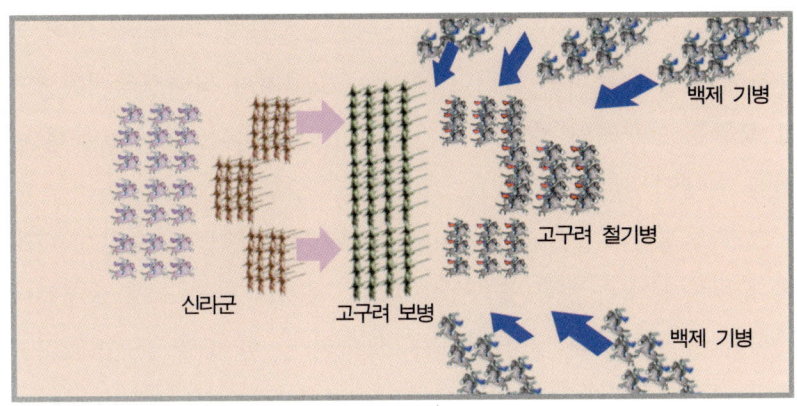
▲ 영천 근처에서 벌어진 고구려와 제나동맹의 전투

구려군 8천을 소집한다. 고구려 조정은 사벌군(상주)에 주둔 중인 고구려 기병 4천도 내려 보낸다.

그해 7월, 각지에서 끌어 모은 고구려군 2만이 대장군 연호령의 지휘 하에 신라 북쪽 국경을 침공한다. 눌지가 병력 3만을 이끌고 미칠부로 향했다. 고구려군이 변방의 성 1개를 점령하고 부락 10곳을 약탈했다. 때마침 백제군이 한강유역에 집결하여 고구려군의 한강방어선을 위협했다. 그러나 고구려 장수태왕은 맏아들인 조다가 죽어 전쟁을 중지했다.

455년, 백제 비유황제가 병으로 붕어했다. 백제군은 황하와 한강에 배치된 백제군을 철수시켰다. 아들 개로가 황제가 되었다.

466년, 북위왕 현조가 고구려에 사신을 보내 부마국이 되기를 원했다.

나중에 북위가 동위와 서위, 이후 북주와 북제로 나뉘어지는 데 이때는 돌궐이 강국이었다. 이 두 나라는 돌궐의 부마국이 되어 앞다투어 돌궐의 눈치를 살폈다. 이때는 고구려가 최대강국이었으므로 북위는 고구려의 부마가 되기를 원했던 것이다. 혼인을 통한 안전을 원했던 것이다.

그러나 장수태왕은 별로 내키지 않았다. 대신들도 오랑캐 나라에 공주를 보내는 것은 불가하다 했다. 북위의 왕은 크게 실망하여 다시금 사신을 보내 재차 청하자, 황족의 딸 한 명을 줄 수 있다고 했다. 현조는 이를 자기 대신들과 상의했다. 그러나 얼마 지나지 않아 현조가 병으로 죽으니 혼사는 없었던 일이 되었다.

468년, 장수태왕이 장수 맹광과 그 아들 맹원에게 병사 2만을 주고 신라의 실직주성을 공격케 한다. 이 성은 신라군이 수군 5천 명으로 지난달에 실직주성을 먼저 공격하여 차지한 것이다.

맹광은 기병 5천으로 신라군의 퇴로를 막게 하고 성을 포위했다. 성주 김상은 병사 3천과 함께 고구려군을 막았으나 하루가 되지 않아 고구려 철기대에 의해 성문이 부서지고 모두 죽거나 포로가 되었다. 남은 신라군 2천은 배로 돌아가거나 남하하다 모두 고구려 기병에 의해 죽었다.

고구려군은 승세를 몰아 남하하니 다시 미칠부(흥해)에서 신라군과 고구려군이 전투를 벌였다. 신라 기병 4천과 보병 1만이 고구려군 2만과 교전했다. 평야에서 신라군이 목책을 세우고 막으려 했지만 고구려군이 목책을 불화살로 불태우고 철기대를 앞세우고 돌진해왔다.

신라는 백제에 구원사절을 보냈으나 백제군은 대군을 동원하지

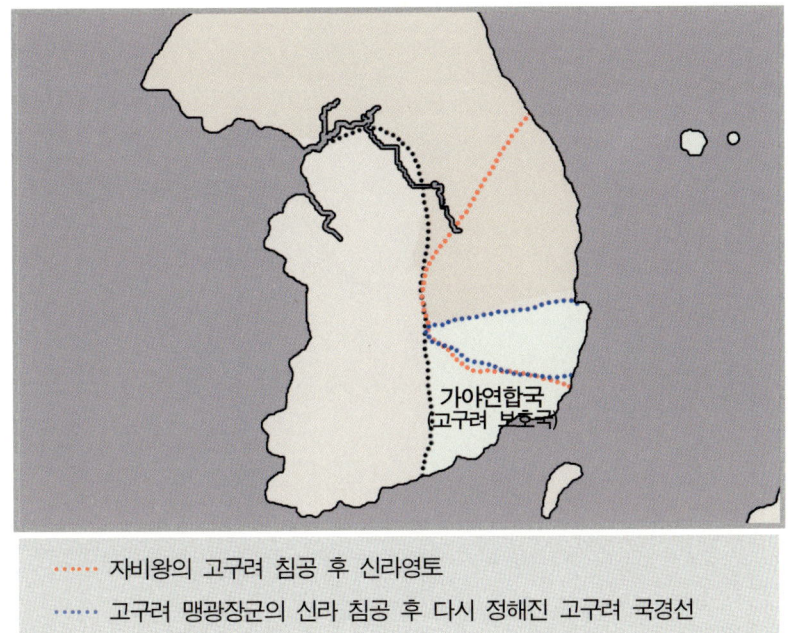

······ 자비왕의 고구려 침공 후 신라영토
······ 고구려 맹광장군의 신라 침공 후 다시 정해진 고구려 국경선

않겠다는 연락을 해왔다. 결국 신라 자비왕이 고구려에 화의를 청하고 조공을 바쳤다.

 469년 8월, 백제 개로천황이 병력 3만을 이끌고 청주 북방에 집결했다. 고구려군의 황하 방어선을 돌파할 생각이었다. 지난해 신라국이 고구려의 침공을 받을 때에도 돕지 못한 것은 백제군이 대부분 황하강 인근에 집결하고 있기 때문이었다. 발해(황해)를 고구려 수군이 장악하고 있는 상황에서 백제군이 대규모로 한반도로 이동할 수 없었다.
 백제군이 황하를 건너 고구려 국경수비대를 공격했다. 그리하여 고구려 수비대 5천은 백제군에 포위되어 전멸당했다. 장수태왕이

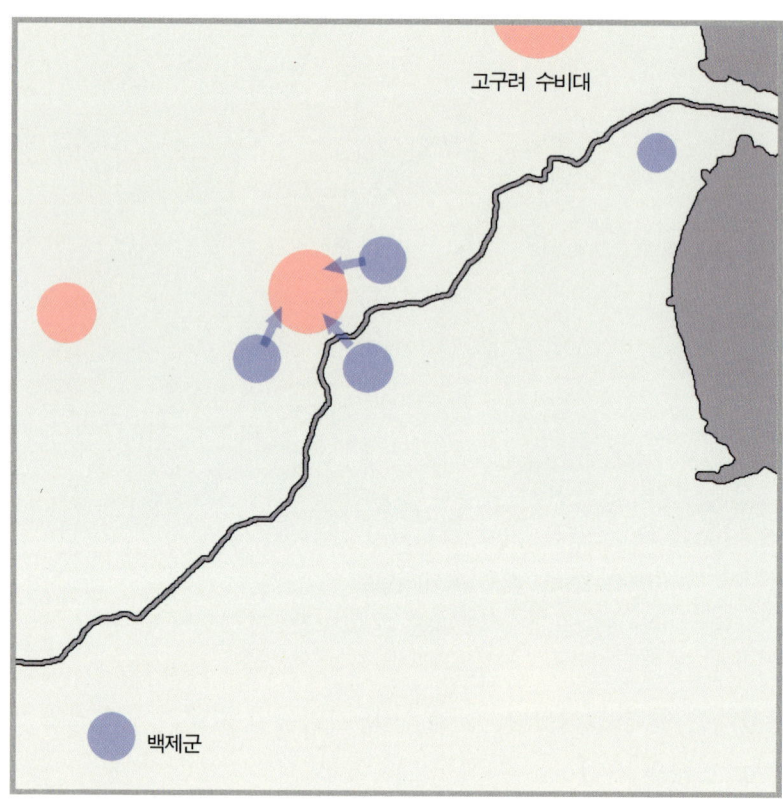

▲ 황하유역의 전투

노하여 유주의 정병 4만을 황하에 급파했다. 백제군은 황하를 건너 퇴각했다. 개로황제는 고구려군의 방어태세를 알아보기 위해 나선 것이지 전면전은 원치 않았던 것이다.

469년 10월, 지난번 한반도에서 패배를 만회하기 위해 고구려군이 보기병 5만 명을 이끌고 이동 중이라는 첩보가 들려왔다. 개로황제는 즉시 10만의 민간인을 징발하여 쌍현성을 수축하고, 청목령에 큰 목책을 설치한 후 북한산성의 병졸들을 나누어 그곳을 수비하게 했다. 그리하여 백성들의 원성이 많았다.

472년, 개로황제가 차남 곤지왕의 의견을 물었다. 태자는 장남인 문주왕이지만 왜왕 겸 곤지왕으로 봉해진 차남이 더 현명하고 전략가다웠다. 곤지가 황제에게 북위와의 동맹을 추천했다. 남쪽의 송나라는 이미 전국이 민란으로 어지러웠다.

송의 개국황제는 백제의 황제이기도 했던 유유(침류황제)이지만 수십 년이 지난 뒤 무능한 황제의 등장이 반복되면서 나라가 혼란스러워졌다. 개로황제는 백제인 출신이면서 송나라 장군으로 있는 소도성에게 군대를 지원하기로 했다. 민란을 진압시키고 송나라의 왕이 되라고 부추기며 소도성이 송나라 왕이 되면 백제에 부용할 것을 다짐받았다.

백제 철기군 3천을 지원받은 소도성은 송나라군을 규합하여 민란을 진압하고 군부 내에 강력한 힘을 얻게 되었다. 양주 북부에서 거병한 소도성은 이후 군대를 증강하여 형주자사 심유지와 결전했

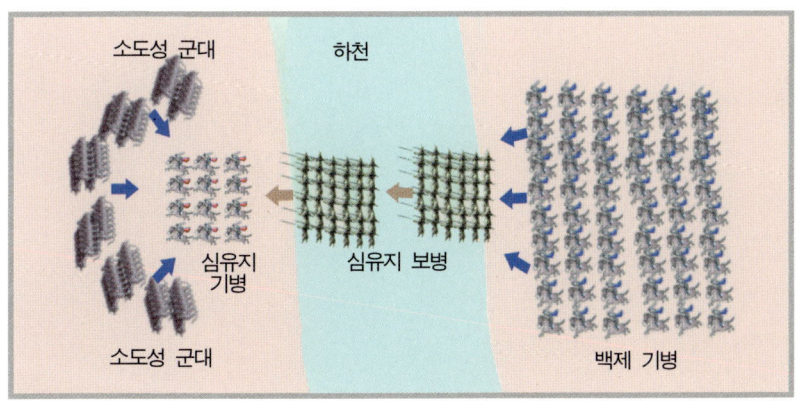

▲ 양주 인근 전투

다. 심유지가 병사 5만으로 소도성을 공격하려 했으나 오히려 소도성의 군대 3만이 심유지를 유인하여 양주로 끌어들였다. 심유지의 기병이 소도성을 쫓아 작은 강을 건너자 보병들이 뒤따랐다. 소도성은 강 맞은편 숲 속에 숨어 있다가 심유지의 기병 5천이 몰려오자 일제히 화살을 날려 제압했다. 심유지가 보병과 함께 강을 건너자 뒤쪽에서 백제군 기병 1만이 덮쳤다. 심유지가 강에서 백제

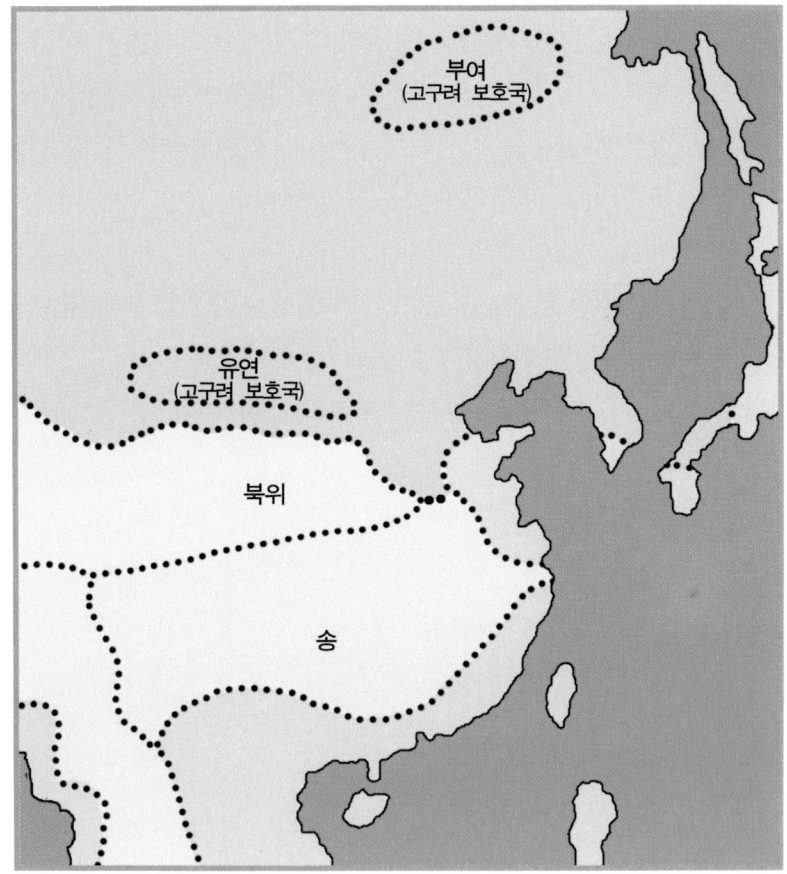

▲ 송 말기 당시 국제 정세

군과 소도성군에게 포위되어 무수한 화살세례를 받고 죽었다. 이 윽고 양양에 입성한 소도성이 형주의 군권을 장악했다.

송나라의 정세에 개입한 후 개로황제는 북위에 사신을 보냈다. 황하를 따라서 거슬러 올라가는 상선들 속에 사절을 숨기고 보낸 것이다.

복수는 복수를 부르고

 북위와 백제의 국경은 고구려군이 가로막고 있었다. 북위의 왕 척발홍이 크게 기뻐했다. 백제와 송과 연합하여 고구려의 남진을 막으려는 계획을 세웠다. 하지만 대신들은 반대했다. 북위 각 지방에는 고구려의 첩자들이 깔려있는데 북위의 배신을 고구려가 모를 리 없다는 것이었다. 고구려는 대국으로서 북위의 몇 배가 되며 인구도 2배나 되는데 이길 수 없다고 했다. 고구려의 인구는 부여와

〈당시 국력〉

나라	인구	병사
고구려	2천만	50만
백제	1천5백만	30만
북위	1천1백만	25만
송	2천만	20만

유연의 인구를 합한 것으로 부여의 인구는 당시 1~2백만 정도였고 유연은 2~3백만 정도였다.

백제는 태자 문주왕이 우현왕으로 한반도 남부지방을 다스렸고 차남 곤지가 왜왕으로 있었다.

고구려 장수태왕은 백제의 넓은 평야지대를 원했다. 그래서 우선 첩자가 필요했는데 마침 도림이란 자가 나타나 백제에 첩자로 가게 되었다. 도림에게 일부러 죄를 주어 도림이 수하 몇 명과 함께 고구려를 탈출하여 백제로 도망치게 했다.

개로황제가 크게 환대하며 도림에게 고구려군의 배치를 물으니 도림은 황해도 일대의 고구려군 배치도를 넘겨주었다. 백제군은 이 지도를 보고 수군과 육군 5만으로 고구려를 물리쳤다.

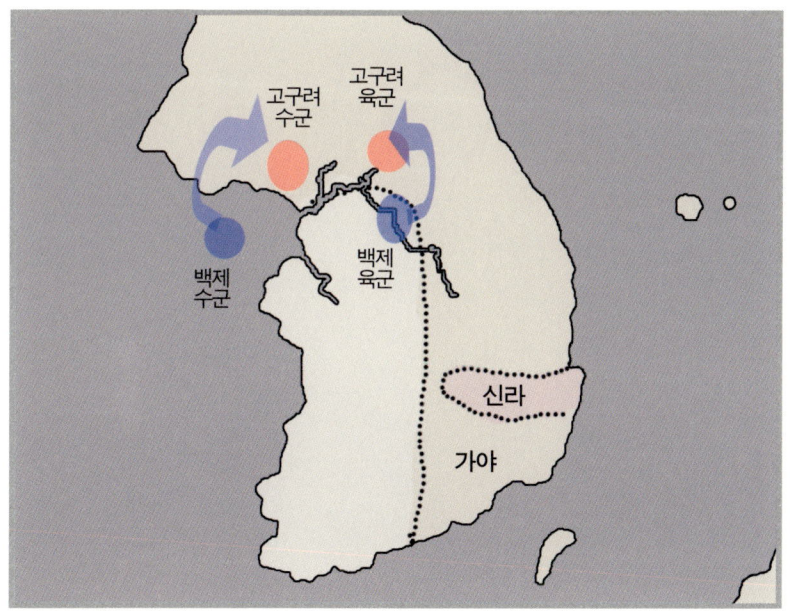

▲ 백제군의 공격로

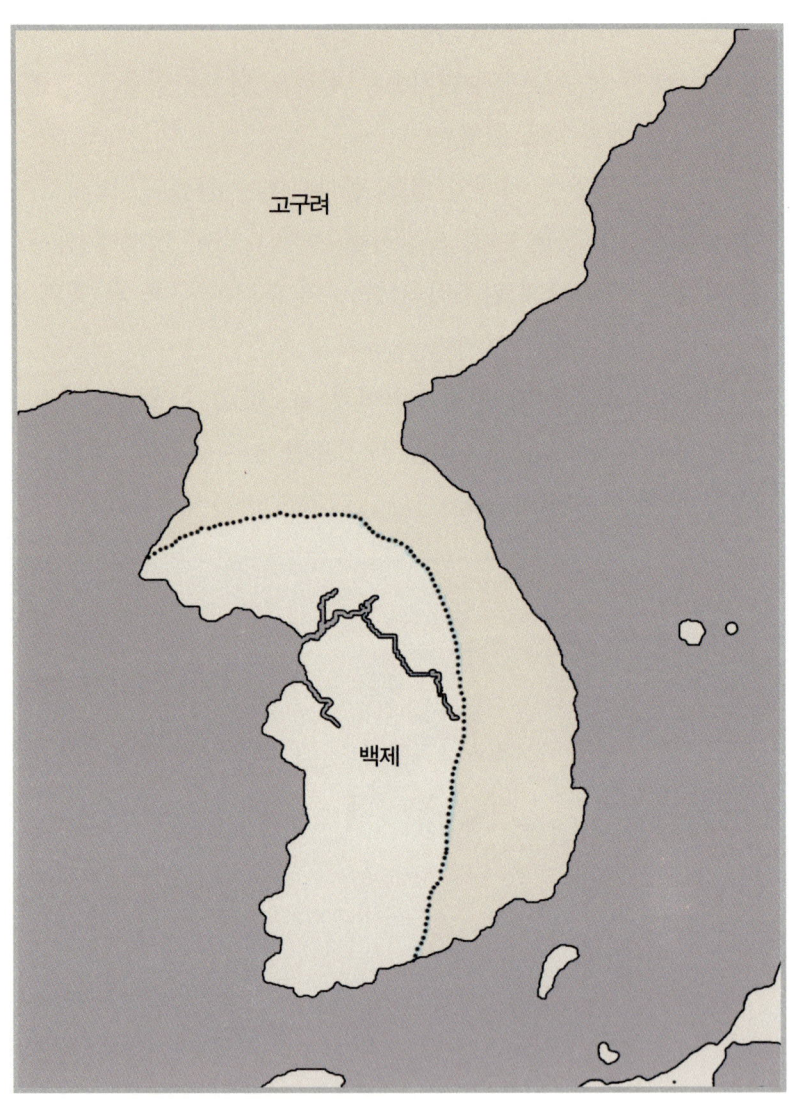

▲ 한반도에서 확대된 백제 영토

473년, 백제의 영토확장에 크게 기뻐한 개로황제는 도림을 중용한다. 도림이 마침 바둑을 잘하니 평소 바둑을 좋아하던 개로황제도 매일 도림과 담소를 하면서 바둑을 두게 된다. 황제가 고구려의 사정을 물으니 태왕이 무능하고 군부는 부패했고 귀족들은 서로 싸우고 있다고 했다. 마침 장수태왕의 맏아들 고추대가古鄒大加 조다助多가 죽으니 맏손자인 문자왕을 태손으로 봉하긴 했으나 여러 왕들과 제후들이 차남 고현을 지지한다고 했다. 게다가 장수태왕은 백제에 공격을 가하지 않았기 때문에 고구려가 내분에 휩싸여 있다고 생각한 개로황제는 내치에 신경 쓰기로 했다.

도림이 담소를 하던 중 개로황제에게 아뢰었다.

"황제의 나라는 사방이 모두 산, 언덕, 강, 바다이니 이는 하늘이 만든 요새이지 사람의 힘으로 된 지형이 아닙니다. 그러므로 사방의 이웃나라들이 감히 엿볼 마음을 갖지 못하고 다만 받들어 섬기기를 원하고 있습니다. 그러므로 황제께서는 마땅히 숭고한 기세와 부유한 치적으로 남들을 놀라게 해야 할 것인데, 성곽은 수축되지 않았고 궁실은 수리되지 않았습니다. 또한 선왕의 해골은 들판

〈참고〉
고구려와 백제의 수도는 고정되어 있지 않고 자주 변했으며 백제의 수도는 산둥성 청주 위례성과 한반도 서울 몽촌토성 두 군데인 것으로 보인다. 이후 백제 땅이 넓어지면서 일본에도 수도에 버금가는 도시를 건설하고 또 하나의 수도를 설치한 것 같다. 북경과 남경, 서경(압록강 이북 고구려의 고대 평양성), 동경 등 지금의 4경에 해당하는 땅을 차지한 나라는 백제가 유일하다. 백제가 웅진, 사비로 천도했다는 것은 한반도 내 한강 이남으로 남하한 것으로 생각되나 이것이 진짜 수도라기보다는 수도의 구실을 하는 도시로 생각된다.
고구려의 수도는 수수께끼이다. 처음 수도는 만주의 평양성(현재 압록강 이북)이었으나 이후 환인(요하 근방)으로 바뀌고 환인이 함락되면서 고조선의 수도였던 왕검성(요동반도 내)으로 옮기고, 장수태왕 때 다시 산서성 평양으로 옮긴다. 이후 다시 환인으로 옮기고 영양태왕 때 비로소 한반도 평양으로 옮긴 것으로 보인다. 평양이란 말은 고구려의 수도를 통칭하는 것으로 생각된다.

에 가매장되어 있으며, 백성의 가옥은 자주 강물에 허물어지니 이는 황제께서 취할 바가 아니라고 저는 생각합니다."

이에 개로황제가 백성들을 모조리 징발하여 흙을 구워 성을 쌓고, 그 안에는 궁실, 누각, 사대를 지으니 웅창하고 화려하지 않은 것이 없었다. 또한 욱리하에서 큰 돌을 캐다가 관을 만들어 아버지의 해골을 장사하고, 사성 동쪽으로부터 숭산 북쪽까지 강을 따라 둑을 쌓았다. 이로 말미암아 창고가 텅 비고 백성들이 곤궁해져서 나라는 누란의 위기를 맞게 되었다.

475년, 도림이 개로황제에게 고하기를, 고구려에 있던 친구에게서 망명하겠다는 연락을 받았는데 그가 고구려 군부 내에 장군으로 있으니 고구려 군부의 내용을 알고 있을 것이라 했다. 친구를 국경에서 만나서 데리고 오겠다고 하자 황제가 흔쾌히 승낙하며 친구에게 줄 금을 선물로 주었다.

도림이 장수태왕에게로 도망하여 백제 내 사정을 말하니 태왕이 크게 기뻐하며 대군을 준비했다. 장수태왕은 직접 근위군 1만과 철기군 2만을 이끌고 남하했고, 대장군 연제는 5만 대군을 이끌고 청주 위례성을 공격했다.

당시 황제는 지금의 몽촌토성에 있었다.*

---

*백제의 수도는 하남의 위례성(산둥성 위치), 몽촌토성(서울 위치) 두 군데가 있었고, 백제황제는 태자 혹은 중요한 왕족을 왕으로 봉해 왜의 동경에 머물게 했다.

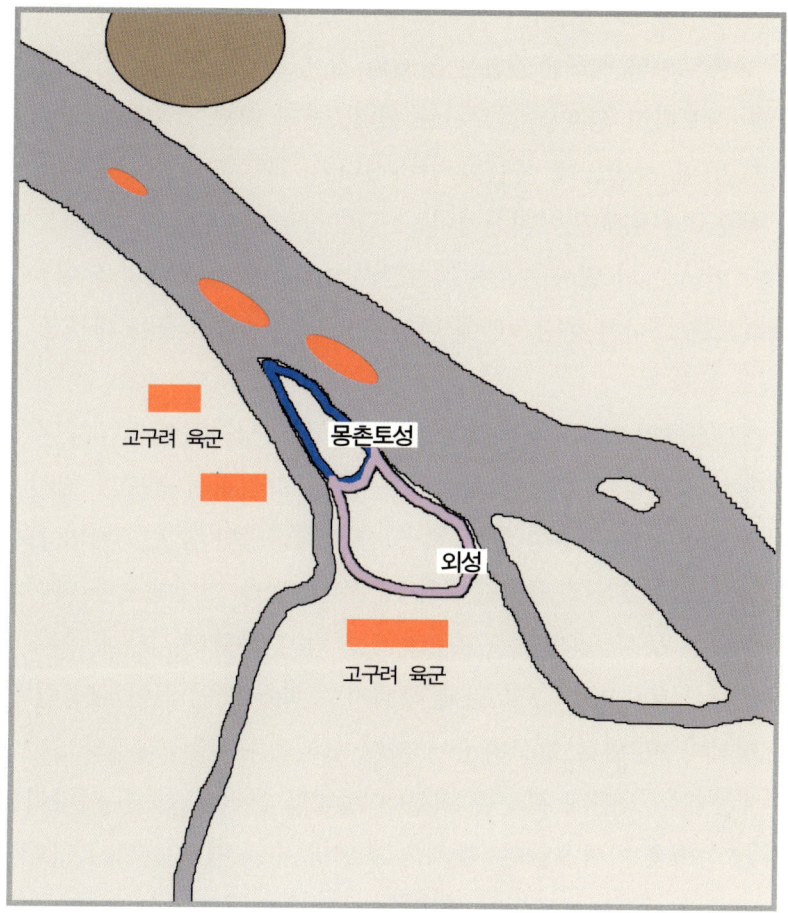

▲ 몽촌토성과 주변 외성(수도를 방어하는 산성)

*몽촌토성은 높이 15m에 폭이 40m에 이르고 둘레가 3㎞ 정도 되는 대규모 토성이었다. 2천년이 지난 지금도 그 원형이 잘 보전되어 있는 것을 보면 백제인들이 얼마나 튼튼하게 쌓았는지를 알 수 있다. 또한 이전에 건축된 전국시대 연나라의 수도 성벽이 높이 10m, 폭 10m도 안 되는 것을 보면 백제의 국력이 대단함을 알 수 있다.

연제의 5만 고구려군이 산둥성을 공격해왔다. 청주의 백제군 4만이 막아섰으나 이기지 못하고 퇴각했다. 한편 한반도 한강유역의 몽촌토성의 백제군 5천은 황제의 정예근위병이었다. 이들은 죽기를 각오하고 황제를 지키기로 했다. 반면 백제 귀족들은 저마다 살기 위해 사병들을 이끌고 남하했다.

백제군의 보루인 아차산성이 고구려 장군 대로 제우, 재증 걸루, 고이 만년 등의 병사 3만에 점령당하고 장수태왕이 대군을 이끌고 내려오자 그나마 한강유역에 대기하고 있던 백제군들은 대부분 도망가 버렸다.

개로황제가 태자 문주에게 병사를 데리고 남하하여 동생 곤지를 왜에서 불러들여 나라를 재건하라 했다. 그리하여 문주가 병사 1만을 데리고 떠나니 한강유역에 있던 백제군 4만 중 단 5천의 근위병만이 몽촌토성에 남았다. 백제군은 한 달을 저항했으나 바다와 육지에서 동시 공격하는 고구려군을 막지 못했다.

외성이 포위된 지 7일 만에 무너지고 하루가 안 되어 내성인 몽촌토성의 벽 위로 고구려군이 기어 올라왔다. 장수태왕의 3만의 정예부대는 성안에 화공을 퍼부어 성내를 혼란케 한 후 사다리를 타고 성벽을 기어올랐다. 황제의 호위병 수백 명이 끝까지 저항했으나 결국 죽거나 포로가 되었다.

고구려 장수 걸루 등이 포로가 된 백제 황제를 보고 말에서 내려 절을 하고 황제의 얼굴에 세 번 침을 뱉고서 그동안 백성을 괴롭힌 죄를 물었다. 고역으로 백제인들이 고통당했던 모든 잘못된 일에 대해 꾸짖었다. 그들은 원래 백제 장군이었으나 황제의 전횡에 분노하여 상소를 올렸다가 파면된 후 유배되던 중 도망하여 고구려로 망명한 후 고구려군을 이끌고 내려온 것이다. 그러나 황제도 분노하며 그들을 향해 나라를 팔아먹은 놈이라 꾸짖었다. 그들은 황제를 장수태왕에게 보냈고 태왕은 황제의 목을 메달아 죽게 했다.

475년, 문주왕이 동생 곤지와 함께 병사 3만을 데리고 수도를 웅진으로 옮겼다. 신라왕이 병사 1만을 보내어 제나동맹이 건재함을 보여 주었다. 문주왕이 황제로 등극했으나 황권은 미약했고 지방은 통제가 되지 않았다. 더구나 황해를 주름잡던 백제의 대규모

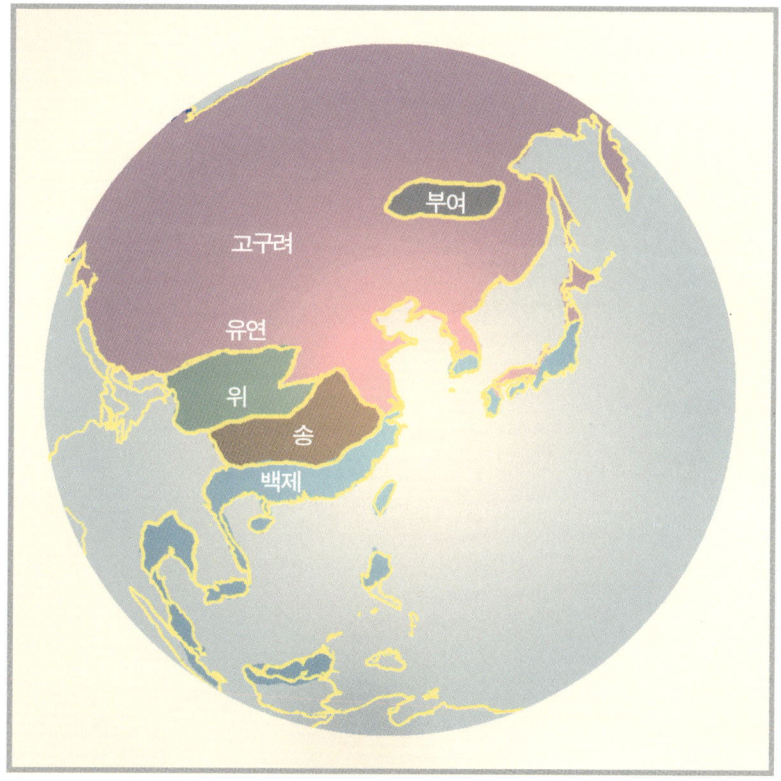

▲ 백제, 양자강 이북을 모두 고구려에 빼앗김

수군은 고구려 수군에 막혀 제대로 활동도 하지 못했다. 한반도에 갇혀 버린 것이다.

　백제 땅 청주는 이미 고구려에게 점령당했고 청주와 예주에 있던 백제 장군들은 황제가 죽은 뒤 고구려에 항복했다. 남방의 백제 영토는 본국과 교통이 끊겨버렸고 동맹국인 송나라와의 왕래도 고구려 수군에 의해 차단당했다.

(2권에서 계속)

| 참고문헌 |

- 「이야기 중국사」, 김희영, 청아출판사
- 「자치통감」, 사마광, 권중달 역, 도서출판 삼화
- 「쉽지만 깊이 읽는 한국사」, 이윤섭, 백산서당
- 「아틀라스 중국사」, 이근명 외 5인, 사계절출판사
- 「삼국사기」, 김부식, 진갑곤 역, 진갑곤의 한자박사 사이트
- 「중국 중세 전쟁간사」, 인민해방군출판사 저
- 「중국의 역사 - 수당오대」, 구리하라 마츠오, 누노메 조후 저, 임대희 역, 혜안
- 「두산백과사전」